情報メディアの社会技術

情報メディアの社会技術

—— 知的資源循環と知的財産法制 ——

児 玉 晴 男　著

信 山 社

序　文

　「e-Japan 戦略」,「知的財産戦略大綱」などの施策は, 情報メディアにおけるコンテンツの健全な流通が促進される高度情報通信社会あるいはユビキタスネットワーク社会をデザインするものである。そして, それら情報政策の課題は, 情報メディアにおけるコンテンツの創作・制作の開発と, その流通・利用を促進するうえでの権利者と利用者との利益調整にあろう。しかし, 21世紀に立案されるそれら施策の内容は, 情報技術の発達・普及に関連づけて装いを新たにしているものの, その多くが1990年代から継続している課題といえる。ここで, 情報メディアにおけるコンテンツの産出システムは, 印刷メディアの印刷情報の産出システムに比べていまだに明確ではない。したがって, 情報メディアにおけるコンテンツの権利者と利用者との合理的な関係もいまだ見いだせない状況のままにある。

　著者は, 印刷メディアの世界から情報メディアの世界に移って2年を経た。印刷メディアの世界では, 印刷情報の制作に関して情報技術の活用に制約がある。しかし, 別な視点からは, 書籍・ジャーナルが発行されれば, 出版流通および国立国会図書館の納本制度等によって, 印刷情報は循環システムを保有している。他方, 情報メディアの世界では, コンテンツの流通に関する情報技術の活用に制約はない。ところが, 情報メディアのコンテンツの循環システムは, 印刷情報と比較して, 制限ないしは全く閉ざされているようにさえ見える。ただし, 知的資源の循環という観点に立てば, 印刷メディアと情報メディアはアプローチの差異に過ぎず, それらが目指すものは同じ対象に向けられているはずである。ここで, 両方のメディアを体験して感じることは, 情報メディアのコンテンツの制作コストが印刷情報の制作コストと比

較して一桁以上の差がある点と，情報メディアのコンテンツの形成・流通・利用に関する実効的な社会制度デザインがなされていないことである。

　本書は，商業出版社が学術出版物の発行を通じて社会的に果たしている機能（以下，これを「学術出版の社会的機能」[1]とよぶことにする）に着目して，その機能がディジタル情報技術の出現によってどのように変化しつつあるかを明らかにしたうえで，知的資源の循環システムと著作権・知的財産権法システムとの相関関係について考究するものである。本書は 8 章からなり，各章の概要は，次のとおりである[2]。

　第 1 章は，本研究の課題を設定し，ディジタル情報社会における学術出版の社会的機能を通して知的資源循環と知的財産法制に関する社会技術研究[3]の基本的考え方を提示する。

　第 2 章は，学術出版の現状を分析する。そして，市場経済システムの中における商業出版社の企業としての特性と，それを前提にして行われている学術出版の現状の分析を通して，学術出版がその経済性と公共性との均衡のうえに成り立っているものであり，ディジタル情報社会においては出版の経済性と公共性との間に新しい均衡を見いだされなければならないことを指摘する。

　第 3 章は，ディジタル情報技術と学術出版との関係を，出版活動そのものの出版産業から情報産業への移行という大きな流れの中で，分析する。具体的には，学術出版をディジタル情報社会の中で展開するためには，従来のような出版産業による経済財としての出版物に代わって，情報産業による情報財の創造が必要であること，またその形成・流通・利用にあたっては，ディ

---

[1] この社会的機能は，情報メディアにおけるコンテンツの形成・流通・利用システムの構築において必要不可欠な要素であり，知的資源の循環システムを形づくるための触媒のような性質をもつと考える。

[2] 本書の構成は『ディジタル情報社会における学術出版の社会的機能に関する研究―学術出版物のコンテンツ形成・流通・利用システムの構築』（東京大学博士論文，2001 年 9 月 20 日）に基づく。

[3] 社会技術とは，社会のための科学技術（science and technology for society）といわれるものである。本書では，このとらえ方を敷衍して，社会技術を情報社会のための情報技術（information science and information technology for information society）に焦点を合わせるものとする。

ジタル情報技術が著作物の伝達・複製に及ぼす変化に適合した技術的な対応と制度的な対応に関して，それらの整合性を十分考慮しながら，検討する必要があることを考察する。

第4章は，情報産業における情報財の創造としてのコンテンツ[4]の形成について分析している。まず，ディジタル情報技術とディジタル的な複製によって産み出されるコンテンツは，文化的所産であると同時に，商業的な利用にも供しうるソフトウェア的制作物であるという二重の性質を兼ね備えている点を指摘する。そのうえで，一方では情報産業によって産み出される情報財であり，他方では著作物の出版にかかる特質から公共的な利用の対象にもなりうるコンテンツの形成・流通・利用に関しては，それらを円滑にするシステムの構築が必要であることを提案する。そして，その論考は，第5章から第7章において，コンテンツの形成・流通・利用のための情報システム，法システム，社会経済システムとしてそれぞれ検討する。

第5章は，コンテンツの流通に関する情報システムの構築について論考する。すなわち，情報ネットワークにおける著作物流通に関する権利管理システムの種々の方式は従来の出版物の流通システムを擬制したものであり，この権利の保護が強調される技術的な権利管理システムが実際的に健全性の付与されたコンテンツの流通を保証するものであるという立場から論じる。

第6章は，コンテンツの流通に関する法システムの構築について論考する。わが国の著作権法上，出版物は著作物をそのまま複製したものであるとされているが，実際には出版物は著作物と全く同じものではない。そして，この差異の明確化を通じて，出版物および出版者に関する制度の現状と慣行上の権利の実情を分析し，その検討を踏まえてコンテンツの流通を円滑にする合理的な法システムの構築を著作権・知的財産権との関連で論じる。

第7章は，コンテンツの利用に関する社会経済システムの構築を論考する。具体的には，情報ネットワークを介したコンテンツの利用に関しては，その経済性と公共性との同時的な均衡が必要であることを再度明らかにしたうえ

---

[4] 本書では，学術出版物のディジタル化により情報メディアに存在あるいは想定される印刷コンテンツの形態をいい，学術コンテンツ，学習コンテンツとよばれるものを指している。

で，その観点から，次のような社会経済システムの構築を論じる。ディジタル情報社会における情報財の表出としてのコンテンツの経済的な利用に関するシステムは，その公共的な利用に関するシステムの構築が優先されるべきとの観点に立ち，コンテンツに関わる権利とコンテンツにアクセスしディジタル的な複製を行うことによって利用するという権利を区別することによって，社会経済システムを構築しようとするものである。そして，このような社会経済システムの構築によって，ディジタル情報社会における学術出版の社会的機能が顕在化し，出版の経済性と公共性の新たな均衡が導けることを考察する。

第8章は，本研究の結論であって，要素システム（サブシステム）としての情報システム，法システム，社会経済システムを総合したコンテンツの形成・流通・利用システムは，情報メディアにおける学術出版の経済性と公共性との間の新しい均衡を可能にし，ディジタル情報社会において学術出版の社会的機能を実現するものになるとするものである。また，そのシステムは，情報世界の現象が現実世界の現象として体感できるユビキタスネットワーク社会における著作者の創作あるいは研究者の発想を支援するシステムともなりうる。それと同時に，これまで出版者が維持・履歴管理してきたコンテンツを研究者（著作者）と利用者との間で循環させることが可能になり，そのことがひいては文化的所産となる知的資源の表出としての情報財の創造をより活発にすることになる。そして，その知的資源の循環システムを機能させるうえの著作権・知的財産権に関わる制度デザインを提示する。

本書は，「日本科学振興会 科学研究費補助金 研究成果公開促進費・学術図書（平成15年度）」の交付を受けた。また，本書の出版にあたっては，信山社の袖山貴氏に多大なお世話をいただきました。ここに，深甚なる感謝の意を表します。

2004年1月

児玉　晴男

目　次

第1章　序　論　　1

- 1.1　ディジタル情報社会における学術出版の社会的機能の明確化 ………… 1
- 1.2　情報産業の中における学術出版の振興のためのシステム構築 ………… 5
- 1.3　ディジタル情報技術と学術出版の社会的機能の乖離 ……………… 10
  - 1.3.1　技術上の課題 ………………………………………………… 10
  - 1.3.2　制度上の課題 ………………………………………………… 12
- 1.4　情報財としてのコンテンツの形成・流通・利用システム ……………… 15
  - 1.4.1　学術出版の法と経済 ………………………………………… 15
  - 1.4.2　ディジタル情報技術と学術出版 ……………………………… 15
  - 1.4.3　知的資源の表出としての情報財の創造：コンテンツ ………… 16
  - 1.4.4　コンテンツの流通に関する情報システム …………………… 16
  - 1.4.5　情報財の流通に関する法システム …………………………… 16
  - 1.4.6　情報財の利用に関する社会経済システム …………………… 17
- 1.5　知的資源の表出としての情報財の循環のための社会制度デザイン …… 17

第2章　学術出版の法と経済　　19

- 2.1　出版産業の中における学術出版 ……………………………………… 19
  - 2.1.1　出版産業の特色との関係 …………………………………… 19
  - 2.1.2　出版産業の規模との関係 …………………………………… 21
  - 2.1.3　情報産業への展開との関係 ………………………………… 23
- 2.2　学術出版に関わる者：商業出版社・学協会・大学出版部 ………… 26
- 2.3　学術出版の対象：出版物 ……………………………………………… 29
  - 2.3.1　出版物の構造 ………………………………………………… 29

2.3.2　出版物の価値と価格 …………………………………………… 31
　　　2.3.3　出版物の経済性と公共性 ………………………………………… 34
　2.4　学術出版と商業出版の相互関係：学術出版の社会的機能の外延 …… 35
　　　2.4.1　出版物の流通に関する経済的な側面：再販売価格維持制度の撤廃問題 ・ 35
　　　2.4.2　出版物の流通に関する公共的な側面：納本制度の在り方 ……… 39
　　　（1）印刷出版物の納本　40
　　　（2）電子出版物の納本　40
　2.5　情報産業における出版の経済性と公共性との新たな均衡 …………… 41

第3章　ディジタル情報技術と学術出版　　43

　3.1　学術出版の対象となるコンテンツの表示形態の変化：
　　　　物からディジタル情報へ …………………………………………… 43
　　　3.1.1　電子ライブラリー ………………………………………………… 44
　　　3.1.2　知的資源 …………………………………………………………… 45
　　　3.1.3　ディジタルコンテンツ …………………………………………… 46
　　　3.1.4　電子書籍 …………………………………………………………… 47
　3.2　学術出版の社会的機能と電子図書館の社会的機能の同一化 ………… 48
　　　3.2.1　国立国会図書館における蔵書のディジタル化 ………………… 49
　　　3.2.2　電子図書館における学術情報のデータベース化 ……………… 52
　3.3　学術出版とインターネットの利用：出版流通システムの統合化 …… 54
　　　3.3.1　ブックオンデマンド ……………………………………………… 55
　　　3.3.2　バーチャル書店 …………………………………………………… 56
　　　3.3.3　ネットワーク系電子出版システム ……………………………… 57
　　　3.3.4　ディジタル情報社会の出版流通システム ……………………… 59
　3.4　学術出版の社会的機能とディジタル情報技術との連携 ……………… 59
　　　3.4.1　著作物の伝達・複製の変化に適合する技術的な対応 ………… 61
　　　3.4.2　著作物の伝達・複製の変化に適合する制度的な対応 ………… 63

第4章　知的資源の表出としての情報財の形成：コンテンツ　　67

　4.1　著作物の構造とコンテンツの構造との差異 …………………………… 67
　4.2　コンテンツの伝達プロセス ……………………………………………… 70

4.2.1　表　　象 ……………………………………………………………　70
　　4.2.2　編　　集 ……………………………………………………………　73
　　4.2.3　固　　定 ……………………………………………………………　74
　　　（1）印刷メディアから電子メディアへ　75
　　　（2）印刷出版物から電子出版物へ　76
　　　（3）版面表示からディスプレイ画面表示へ　78
4.3　コンテンツの複製プロセス ……………………………………………　79
　　4.3.1　アナログ的な複製 ……………………………………………………　80
　　4.3.2　ディジタル的な複製 …………………………………………………　81
　　4.3.3　アナログ的な複製とディジタル的な複製との相互関係 ……………　82
4.4　事例の再検討：データベース振興センター「知的資源利用調査研究
　　報告」………………………………………………………………………　84
4.5　コンテンツの経済的価値の構成：狭義の学術出版の社会的機能 ……　87
　　4.5.1　コンテンツの形成 ……………………………………………………　87
　　　（1）著作物の出版　88
　　　（2）ディジタル著作物の電子出版　92
　　4.5.2　コンテンツの維持・履歴管理 …………………………………………　93
　　4.5.3　コンテンツの頒布・送信 ………………………………………………　95

第 5 章　情報財の流通に関する情報システム　　　　　　　　97

5.1　ディジタル情報技術が学術出版の社会的機能に与える影響 …………　97
　　5.1.1　ディジタル化への過渡的な段階 ………………………………………　98
　　5.1.2　完全なディジタル化 …………………………………………………　98
5.2　コンテンツの流通に関する技術的な保護・管理システム ……………　100
　　5.2.1　コピー管理技術 …………………………………………………………　101
　　5.2.2　アクセス管理技術 ………………………………………………………　103
　　5.2.3　コピー管理技術とアクセス管理技術との融合 ………………………　103
　　5.2.4　コンテンツの権利管理システム ………………………………………　105
　　　（1）トランスコピーライトシステム　105
　　　（2）超流通　105
　　　（3）コピーマート　106

　　　　（4）その他のシステム　107
　5.3　コンテンツの流通に関するコンピュータ・セキュリティ技術 ……… 107
　　5.3.1　権利管理システムと権利管理の範囲：トレーサビリティと消尽 ……… 108
　　　（1）時間的な消尽　108
　　　（2）空間的な消尽　109
　　　（3）時空的な消尽　111
　　5.3.2　権利管理システムと権利の制限との均衡 …………………………… 112
　　5.3.3　コンピュータ・セキュリティの適用範囲の効率性 ………………… 113
　5.4　事例の再検討：国際高等研究所「情報社会における近未来の法モデル」 …………………………………………………………………………… 114
　　5.4.1　出版者の電子出版に関する意識・実態調査報告書：電子出版における出版者の慣行上の権利について ……………………………………… 115
　　5.4.2　出版物の複写に関する権利処理モデル：日米における集中処理機構の現状と個別的権利処理の取組み ………………………………………… 116
　　5.4.3　IT（情報技術）と出版の近未来像 ……………………………………… 118
　　5.4.4　コピーマートのビジネスモデル構築のための諸問題 ……………… 119
　5.5　コンテンツの流通を円滑にする情報システム ………………………… 120
　　5.5.1　登記システム …………………………………………………………… 122
　　　（1）登録システム　122
　　　（2）公示システム　124
　　5.5.2　維持・履歴管理システム ……………………………………………… 126
　　5.5.3　アクセス・複製システム ……………………………………………… 131
　　　（1）ネットワークアクセスシステム　131
　　　（2）ディジタル複製システム　132

第6章　情報財の流通に関する法システム　　　135

　6.1　学術出版に関連する制度上の現状 ……………………………………… 135
　6.2　出版者に想定される権利関係 …………………………………………… 136
　　6.2.1　出版者の権利 …………………………………………………………… 136
　　　（1）設定出版権　138
　　　（2）版面権　140

　　　　（3） sui generis right　144
　　6.2.2　出版者の義務 …………………………………………………… 144
6.3　ディジタル情報技術がコンテンツの流通に及ぼす制度的な影響 …… 146
　　6.3.1　コンテンツの特性 ……………………………………………… 147
　　　　（1） 引用等の様式の変化：カットアンドペースト　148
　　　　（2） 著作物性と特許性の二重性　150
　　　　（3） 経済性と公共性との同時性　152
　　6.3.2　コンテンツに関わる権利の性質の変容 ……………………… 157
　　　　（1） 権利の発生　158
　　　　（2） 権利の所有　159
　　　　（3） 権利の消滅　161
6.4　事例の再検討：日本書籍出版協会（著作・出版権委員会）における
　　　検討事項 …………………………………………………………………… 163
　　6.4.1　印刷媒体における出版者の権利について（第1分科会の検討事項）… 163
　　6.4.2　ディジタル時代に対応した出版契約（第2分科会の検討事項） ……… 165
　　6.4.3　出版者の権利について（第1分科会の検討事項） ……………… 166
6.5　コンテンツの流通を円滑にする法システム ………………………… 168
　　6.5.1　一元的な知的財産権法システム ……………………………… 168
　　6.5.2　知的財産権を横断する利用権システム ……………………… 170
　　6.5.3　情報財としてのコンテンツに対する権利の創造 …………… 171

第7章　情報財の利用に関する社会経済システム　173

7.1　ディジタル情報社会における出版者と公共図書館との関係の再構築　173
7.2　ディジタル情報社会におけるコンテンツの利用システム ………… 175
　　7.2.1　コンテンツに想定しうる要素：著作物編集権 ……………… 176
　　7.2.2　著作物編集権の対象：コンテンツの電子的な版面 ………… 179
　　7.2.3　コンテンツの経済的な利用を円滑にする社会経済システム ……… 180
　　　　（1） 著作物編集権者の公示システム　181
　　　　（2） 電子的な版面の登録システム　182
　　　　（3） ディジタル的な複製に関する複写利用料システム　184
7.3　ディジタル情報社会における出版の経済性と公共性との新たな均衡　186

7.3.1　現実世界と情報世界との相補性 …………………………………… 186
　　　7.3.2　情報共有財の蓄積 …………………………………………………… 188
　　　7.3.3　情報の経済性と公共性との均衡 …………………………………… 192
　7.4　ディジタル情報社会における出版産業と出版文化との調和：広義の学術出版の社会的機能 ………………………………………………………… 194
　　　7.4.1　コンテンツの公共的な利用における出版者と利用者との相互関係 …… 195
　　　　（1）電子的な版面の複製に関する要素：ディスプレイ複製権　196
　　　　（2）電子的な版面の公共的な利用に関する要素：情報利用権　201
　　　7.4.2　コンテンツの公共的な利用を円滑にする社会経済システム ……… 204

第8章　情報財の循環のための社会制度デザイン　　207

　8.1　情報財の循環システム ……………………………………………………… 207
　　　8.1.1　コンテンツの形成・流通・利用システム ………………………… 207
　　　8.1.2　コンテンツの形成・流通・利用システムのプロトタイプ ……… 210
　　　　（1）学習オブジェクトの蓄積・流通・利用システム：ネットワーク系電子出版支援システム　212
　　　　（2）学習オブジェクトの権利管理システム：著作権自動処理機能と著作権契約機能のデュアルシステム　212
　　　　（3）学習オブジェクトの形態：ネットワーク系電子出版物（電子情報）　215
　　　　（4）学習オブジェクトの権利管理情報としてのメタデータ　216
　　　8.1.3　コンテンツの形成・流通・利用システムの法整備 ……………… 219
　8.2　情報財の知的財産法制 ……………………………………………………… 224
　　　8.2.1　コンテンツの法構造 ………………………………………………… 225
　　　　（1）コンテンツの形態：入れ子　226
　　　　（2）コンテンツの機能：二重性　228
　　　　（3）コンテンツの法的性質：準著作物性（準複製権保護可能性）　228
　　　8.2.2　コンテンツの創作者（権利者）の権利構造 ……………………… 229
　　　　（1）著作者の権利構造　230
　　　　（2）発明者の権利構造　231
　　　　（3）その他の知的財産権に関わる創作者（権利者）の権利構造　232
　　　　（4）創作者（権利者）の権利構造の展開　233
　　　8.2.3　コンテンツの権利の保護と権利の制限の構造 …………………… 234

（1）著作権の保護と権利の制限　　235

　　（2）産業財産権の保護と権利の制限　　237

　8.2.4　コンテンツの形成・流通・利用を促進するための制度デザイン ……… 239

　　（1）著作権の制度デザイン　　239

　8.2.5　知的財産権の制度デザイン …………………………………………… 242

　　（1）著作権と産業財産権との相互相関関係　　243

　　（2）著作権・産業財産権の利用権制度　　243

　8.2.6　知的資源循環のための知的財産法制 ………………………………… 244

参 考 文 献　247

和 文 索 引　269

欧 文 索 引　279

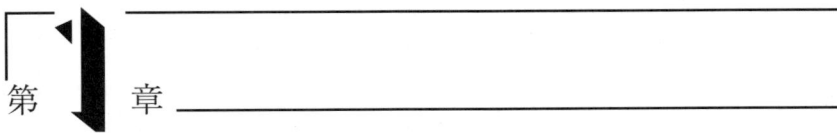

序　論

1.1　ディジタル情報社会における学術出版の社会的機能の明確化

　今日，IT（information technology）あるいは ICT（information and communication technology）に関わる社会基盤の整備において，高速ネットワークの敷設といったハード面に重点がおかれる傾向にあるが，それ以上に信頼性の高いコンテンツ（contents，情報[1]の内容）を多様に提供するソフト面の対策が重要である。このソフト面の対策として，著者は商業出版社（以下では，とくに区別を必要としないときは単に出版社（publishing house）と表記する）が果たしてきた学術出版[2]を情報ネットワーク環境において展開することに

---

[1] 情報は，現実世界において認知され思考の対象となる実体と定義できる（平澤茂一『コンピュータ工学』培風館，2001 年，1 頁）。そして，情報という概念は，DNA の発見によって，物質・エネルギーと同列に，客観的対象として自然の中に存在すると認識されたという（竹内啓『科学技術・地球システム・人間』岩波書店，2001 年，36 頁）。

[2] わが国において，学術は，学問，科学という似た言葉とともに，きわめて乱雑に用いられてきており，それら三者はほぼ同一の意味に用いられることもあれば，区別されることもある（務臺理作「科学の研究と人間の形成」『科学・倫理・宗教』培風館，1955 年，25 頁）。法律用語として学術，学問，科学は，次のように規定されている。学問の自由はこれを保障するとされる（憲法 23 条）。そして，学問の自由を尊重し，文化の創造と発展に貢献するように努めなければならない（教育基本法 2 条）。また，学問，科学は，学校教育法において用いられておらず，そこでは学術という言葉が用いられている（務臺・26 頁）。たとえば，大学は学術の中心として，深く専門の学芸を教授研究すると規定されている（学校教育法 52 条）。また，

着目している。なぜならば，学術出版の果たしてきた役割は信頼性の高いコンテンツを提供する主要な機能をもち，その信頼性の高いコンテンツはディジタル情報社会における知的資源の表示としての情報財の創造における最も完全なモデルを与えると考えるからである。

　ところが，ディジタル情報技術が誘因する出版産業から情報産業への変化の中で，とくにわが国において最も関心が薄いものが学術出版に関するものといえる。著者は，出版社に帰属する編集者（editor）として，学術出版という研究成果の公表が現実問題として困難な状況にあることを実感していた。さらに，著者は，その学術出版物[3]の発行を通して出版社が果たしてきた機能が，ディジタル情報技術の活用において何らかの対策がなされなければ，出版社が学術出版を遂行していくモチベーションを消滅させかねない状況にあることを危惧している。このような点を強調するのは，学術出版が出版産業あるいは情報産業との相互関係があって恒久的に維持されると考えるからである。この関係は，わが国の状況においては明らかではないが，たとえばエルゼビア（Elsevier）社が国際シンポジウムのプロシーディングスの発行および学術雑誌の電子化によって展開する学術出版の事業化を想起すればよい。ただし，欧米で機能するシステムをそのままわが国に取り込むだけでは適切なシステムにはならない。ここに，わが国において信頼性の高いコンテンツの多様な提供を可能にするためには，わが国の社会環境に適合するシステムの構築が必要である。

　本書は，著作物のディジタル化・ネットワーク化[4]と学術出版の関係にお

学術という用語は，著作権法2条1項1号に，文芸，美術または音楽とともに，思想または感情を創作的に表現したものの範囲として併記されている。本書では，学術とは，学問の研究，科学の研究と同義とみなすことにする。したがって，学術出版とは，学問（科学）の研究に関わる成果物が著作物の出版によって公表される形態をいう。

[3]　学術出版物とは，とくに学術的価値が擬制される出版物をいい，無体物である著作物の出版により形成される出版物は有形的媒体への複製（固定）を伴う。

[4]　著作物のディジタル化・ネットワーク化の技術的な意味は，ディジタル化が著作物の記録形式の変化，ネットワーク化が著作物の伝達形式の変化を意味しよう。ディジタル化とネットワーク化は，著作物の複製と伝達に関する様式の変化に対応づけられる。以下では，著作

いて，出版社が直面する次の二つの問題を契機にして，そこに含まれる課題の解決を通してディジタル情報社会において学術出版の社会的機能が活性化するシステムを考察する．

(1) 著作物の出版，すなわち出版物の発行を通して機能してきた出版社の潜在的な役割（「学術出版の社会的機能」[5]，すなわち「学術的価値の実現に対する支援とその維持・履歴管理システム」[6]）がディジタル情報技術との関係で切り離される傾向にあること

(2) 著作物を編集し複製されていく出版物に対するコピー問題[7]，および著

物のディジタル化が完全な形態で形成されるものをディジタル著作物（digital works）とよぶ．ただし，著作物のディジタル化の多くは出版物のディジタル化であり，著作物のディジタル化・ネットワーク化は出版物の流通システムと類似する．なお，マルチメディアはディジタル化・ネットワーク化と同じ意味で使用されるが，マルチメディアは著作権法上あまり使われることはない．

[5] 出版社は，書籍（単行本）の出版活動によって学術出版の社会的機能を果たしている．この一般的なとらえ方は，1) 情報の収集，2) 企画の立案と決定（テーマ，執筆者の選定，市場の調査，発行スケジュール，体裁，企画部数，定価など），3) 原稿の執筆依頼，4) 原稿の整理，5) 写真，イラスト，図表等の検討，準備，6) 目次，索引，奥付け等の付物の準備，7) 造本計画の立案と決定，8) 組体裁の決定（割付），9) 校正，10) 印刷・製本，11) 頒布からなる（たとえば，文化庁『著作権審議会第 8 小委員会（出版者の保護関係）報告書』（1990 年 6 月）9～11 頁を参照）．ここで，出版活動において，1)～3) は，出版活動が著作物の持ち込み依頼により代替されることも多い．また，9) と 10) は出版社と印刷会社との関係，11) は出版社と取次会社・書店との関係になる．ただし，本書では，出版社の機能は，そのような一般的なとらえ方を用いないで，著作物自体に加えられる機能に着目し限定的にとらえることにする．

[6] 学術的価値の実現に対する支援とは，いわゆる良書を発行することである．ここで，良書とは，言語活動が本質的に対話であり，潜在的な会話を提供する度合に応じて良書とされるという言説に近いものになろう（Ortegay Gasset, José, *La rebelión de las masas* (Revista de Occidente, 1930)（桑名一博訳『大衆の反逆』白水社，1991 年，9～10 頁））．したがって，著者が想定する学術的価値の実現に対する支援は，編集者が著作者の研究成果である著作物の出版に公共性を見いだし，それを商業出版社が学術出版として発行する一連のシステムの流れによりなる．その一つの典型例として，Rachel Carson が著した *Silent Spring*（日本語訳：沈黙の春）が Houghton Mifflin に帰属する一編集者によりその学術的価値が見いだされ当該出版社で 1962 年 9 月に発行されたことがあげられる．そして，その学術出版物の発行は，環境法システムに多大な影響を及ぼした．そこには，当然，その学術的価値を維持管理するサービスが必要である．

[7] コピー問題は，主に，出版物の売上げの減少という経済的な損失の面からいわれる．しかし，コピー問題に対して，次のような見解がある．コピー（複写）問題の解決は，決して出版産業を保護することを直接の目的とするのではなく，出版者が出版のリスクを負担しきれ

作物のディジタル化が出版物を介して形成され，それがディジタル的な複製に供せられていくときに顕在化する出版物と出版者（publisher）[8]の位置づけが不明確なままにあること

なお，学術出版が対象にするものは，公共図書館[9]，とくに大学図書館（学部，学科の図書資料室を含む）に収蔵される学術的価値をもつ主として自然科学系の著作物を想定している。

このディジタル情報技術と学術出版との適切な関係は，ディジタル情報社会における学術出版の社会的機能を明確にし，情報産業において学術出版を活性化するシステムの構築に求められる。

ず，したがって，人々が優れた著作物にアクセスできる機会が減少することに歯止めをかけようとするものである（齊藤博「著作権法の課題──複写問題の一つの側面」法律時報，Vol. 55, No. 7（1983年）28頁）。このとらえ方は電子的な複製問題においてもいえることであり，コピー問題（および電子的な複製問題）はコンテンツの流通・利用の全体的なシステムの中で課題解決することが必要である。

[8]　わが国の著作権法に従えば，出版者とは，著作物を文書または図画として出版することを引き受ける者，すなわち，出版物を頒布の目的をもって発行する者となろう（著作権法79条1項）。また，出版者とは，営業活動として行うか否かを問わず，発意と責任をもって出版物の企画から発行に至る活動を全体として行う行為，すなわち出版行為を行う者である（文化庁・前掲注5）37頁）。その現実的な組織形態は，商業出版社・大学出版会・学協会が想定されるが，電子出版においては著作者も含まれよう（電子出版の技術的な評価としては安西祐一郎「情報革新と電子出版」三田評論，No.930（1991年11月）18～25頁，制度的な評価としては Ithiel de Sola Pool, *Technologies of Freedom* （Harvard University Press, 1983）（堀部政男監訳『自由のためのテクノロジー──ニューメディアと表現の自由』東京大学出版会，1988年，235～279頁）を参照）。本書では，出版者とは，出版社が著作物の出版を通して果たしてきた役割をディジタル情報技術との関係において継受する者に拡張する。ここで，出版活動には著作権法上の創作性は考慮される余地はないし，本書でも著作者としての出版者は除外する。

[9]　公共図書館とは，著作権法31条でいう公共的な機能を有するものをいう。この機能の面では，出版の公共性で協調関係にある。ここで，公共図書館と，国立図書館および大学図書館との区分が必要であろう。国立国会図書館は，7章で検討する納本制度との関係で公共図書館の中で特別な意味を有する。また，大学図書館は，保管する資料の公表にあたって著作者としての創作的な活動を伴うことが考えられる。ただし，本書で対象とするそれら公共図書館は，著作権法のいかなる権利者となるものでない。

1.2　情報産業の中における学術出版の振興のためのシステム構築

　グーテンベルク（Johannes Gensfleisch Gutenberg）の活版印刷術の発明が，著作者の創作を促し，出版産業の中で多様な文化的所産としての出版物を産出してきた。ディジタル情報技術との関係において，その産出機能が継受されるべきものであることは容認できよう。そのために，まずディジタル情報社会において出版社が果たしてきた産出機能の態様が情報産業との関連から明確にされる必要がある。ここで想定する産出機能は，次のようにモデル化できる。

　ある研究者[10]がその成果を著作物の出版という形で発表し，利用者がその出版物を自ら購入するか，あるいは公共図書館で閲覧することによって，その著作物に含まれている学術情報[11],[12]が利用・使用[13]される状態に置かれ，

---

[10] 1948年12月10日に，第3回国際連合総会において採択された世界人権宣言（Universal Declaration of Human Rights）では，創作者（author）であるすべての人は，科学的（scientific），文学的（literary）または美術的（artistic）な成果物（production）から生ずる精神的（moral）および物質的（material）な利益を保護される権利をもつ（世界人権宣言27条2項）。そして，国際人権規約の「経済的，社会的及び文化的権利に関する国際規約」（A規約）（International Convention on Economic, Social and Cultural Rights）の15条1(c)は，世界人権宣言27条2項に対応する。この国際人権規約（A規約）の15条1(c)を具体的に保障する対象が，著作権と工業所有権であり，それぞれ「1886年の文学的及び美術的著作物の保護に関するベルヌ条約」（ベルヌ条約）と「1883年の工業所有権に関するパリ同盟条約」（パリ条約）になる。1948年，コロンビア（Bogota）で開催された第9回米州会議（Inter-American Conference）において，世界人権宣言27条2項に該当する次の条項が採択されている。

> He likewise has the right to protection of his moral and material interests as regards his inventions or any literary, scientific or artistic works of which he is the author.

また，1948年4月，フランス代表は，第3回交際連合会議に次の案を起草委員会に提出している。

> The authors of creative works and inventors shall retain, apart from financial right, the moral right over their works or discoveries which shall remain extant after the finacial rights have expired.

このように世界人権宣言27条の制定に至る経緯を見ると，27条2項の主体と客体の実質的な意味は，発明者（inventor）・発明（invention）と著作者（author）・著作物（literary, scientific and artistic work）の関係になっている（UNESCO "Copyright and the Declaration of Human Rights" Copyright Bulletin, Vol.II, No.1 (1949) pp.42-47）。すなわち，科学的な成果物を創作する研究者は，著作者（author）であり，また発明者（inventor）になる。

その学術情報は利用者でもある研究者との間で循環する。ここで，学術出版は，図 1.1 に示すような研究成果の発表の流れの中の一つの要素として位置づけられる。そして，この循環システムは，出版社が出版物の発行によって出版の経済性と公共性との均衡を通して果たしてきた学術出版の社会的機能になる。

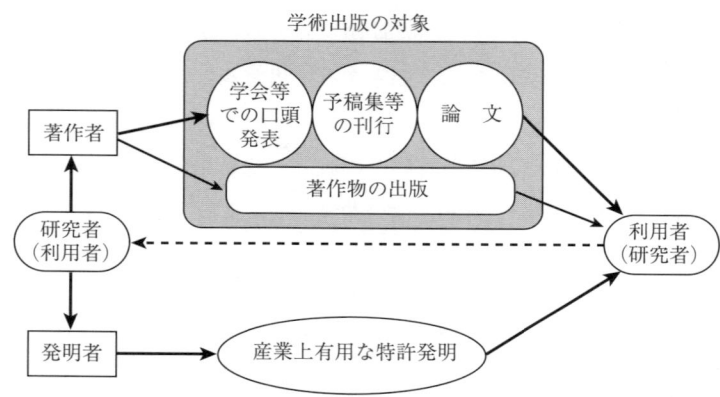

図 1.1 研究成果の発表の流れからとらえた学術出版の対象となる領域

---

11) 情報という言葉は，1876 年に，フランスの兵書の翻訳『仏国歩兵陣中要務実地演習軌典』の中で酒井忠恕により，renseignement の訳語として使用されたという説が有力とされる（小野厚夫「明治期における「情報」と「状報」」神戸大学教養部紀要論集，No.47（1991 年）81〜98 頁を参照）。その後，情報は，intelligence の訳語として現れ（斉藤栄三郎『熟語本位英和中辞典』1916 年），『大英和辞典』（1921 年）の information の項に情報が出現し，これ以後「information」と「情報」が結びついたとされる。なお information には，本来「情報を伝える」という過程が含まれているが，日本語の「情報」には，「報知」のような「伝える」という意味はない（浦昭二他共編著『情報システム学へのいざない――人間活動と情報技術の調和を求めて』培風館，1998 年，17〜18 頁）。

12) 必ずしも厳密に置き換えられるものではないものの，新聞が社会情報と置き換えられている。ここでいう学術情報は，学術出版物の情報の内容（コンテンツ）をいう。その対象は，わが国の著作権法 2 条 1 項 1 号でいう「思想又は感情を創作的に表現したもの」であり，特許法 2 条 1 項でいう「技術的思想」を意味するものである。それらは，データ，情報，知識がメディアを通して，思考を表現する。広義には，不正競争防止法（平 5 法 47）でいう財産的情報，または技術情報を含んだ概念をいう。学術出版物は，書籍・ジャーナル形態で学術情報を流通させる媒体の一つを意味する。ここでいう学術情報は，媒体の種類によらずに伝達・複製されるコンテンツ自体を指している。

著作者は，憲法が保障する学問の自由，表現の自由，言論・出版の自由を著作物の出版を通して履行する。そして，出版者は，その出版物の発行に関与することにより，学問の自由，表現の自由，言論・出版の自由に寄与していることになる。その関係は，著作者の権利が著作権で保護され，出版物の発行は著作権を現実世界で実現する中心的な役割を果たすものになる[14]。この著作者と出版者との関係は，著作権制度の歴史の中で恒常的なものではなく，著作権の権利の主体には転換があった。すなわち，著作権の始原は筆写術から出版・印刷技術という複製技術の変化によって起こり，著作権は出版・印刷に携わる者に帰属する権利としてとらえられていた。その経緯がディジタル情報技術の進展に伴って現在の著作権の法理の混乱を招く要因になっていると考える。

　上で述べた著作者と出版者との関係を学術出版から言い換えると，次のようになろう。わが国の憲法は，「学問の自由」を保障しており，この自由には「研究の自由」と「研究成果の発表の自由」も含まれる（憲法23条）[15]。これと関連して，研究成果の発表という点では，学術出版は主要な社会的な機能を果たしてきたといえる。学術出版に関しては，出版者の協力なしに研究者が自分で研究成果を学術出版物として発行するのは困難であり，活版印刷術の発明以来，出版者は学問の発展に多大な貢献をなしてきた。逆説的には，それゆえに，情報の伝達手段がディジタル化されると，学術出版の社会的機能自体を過小に評価してしまうことになる。

　著者の視点は出版者および出版社に帰属する編集者によるものであり，ま

---

[13] 本書では，利用と使用は同義に解するが，対象とするものをそのまま複製するという意味で使用を用いることがある。なお，著作権法で意味をもつのは著作物の利用（exploitation）であり，出版物を読むことは使用で著作権法の関与しないものであるとされてきたが，著作物のディジタル化は利用と使用（アクセス）の区別を混淆しているという指摘がある（齊藤博「デジタル環境下での著作物の利用と電子的許諾」『牧野利秋判事退官記念論文集知的財産法と現代社会』信山社，1999年，676頁）。

[14] わが国の著作権法では，出版者は著作者である複製権者が出版権の設定（著作権法79条1項）を行うことを通して著作権と関係づけられる。

[15] たとえば，伊藤正己『憲法』弘文堂，第3版，1995年，305〜328頁を参照。

た学術情報（学術出版物のコンテンツ[16]，以下では単にコンテンツとよぶ）のサービス提供者[17]に置いている．したがって，ディジタル情報技術の進展の中で学術出版を振興していくためには，研究成果の発表を支えてきた出版者および編集者の役割を学術出版の社会的機能として明確にし，それを図1.2で示すコンテンツの流通・利用システムの中で関係づける必要がある．

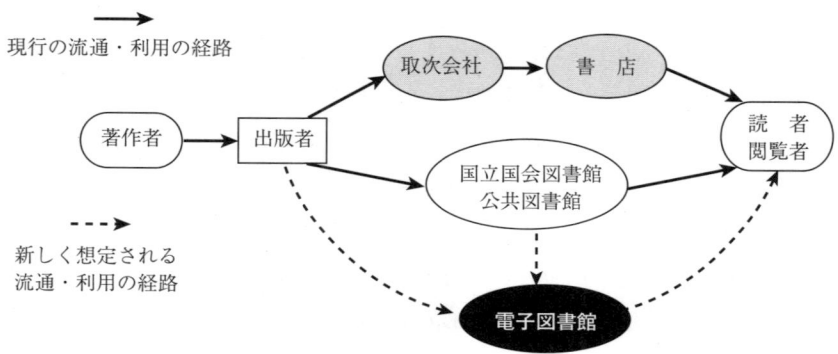

図 1.2 コンテンツの流通・利用の関係

　それには，まずコンテンツの流通・利用の経路において著作者が出版者を通さずに電子図書館の学術情報データベースの構築に直接関与することに対して，著作者が出版者を通して納本されて電子図書館で利用されることより相対的に比率が高くなるか否かの判断を考慮する必要がある．そして，その評価が出版者の学術出版物の発行を通して果たしてきた学術出版の社会的機

[16) コンテンツは，アナログ的な複製からディジタル的な複製への変化によって性質を変える．それは，物からディジタル情報への変化であり，出版物の一つの物から出版物の版面一つひとつが分離された形態への変化を伴う．コンテンツは，出版物の版面が電子的な版面の形態でディジタル的な複製の機能をもって流通・利用される対象を指す．そして，コンテンツは，出版物と同様に複製の対象であり，データ（数値データ，非数値データ（文字データ，論理データ））とプログラムからなる情報構造を想定する．

17) 国際出版連合（International Publishers Association，IPA）は，電子社会，ディジタル情報社会において，出版者を情報のサービス提供者と位置づけている．本書は，その見解を敷衍して，出版者は著作物を版面（ディスプレイ）形式のコンテンツにプレゼンテーションして伝達するサービス提供者とする．

能がディジタル情報社会において正当化されうるかどうかが導出されることになる。

　ここで，出版社に帰属する編集者の役割は，欧米において知的職業に位置づけられる。しかし，その評価はわが国においてそのままあてはめられるものではなく，その評価を得るためには編集者の格段のスキルアップが必要であることも事実である。このスキルアップは，ディジタル情報技術と学術出版の関係からも要請される。なぜならば，この知的職業としての編集者が加える編集は，多様な性質を見せるディジタル著作物に対する関係においていっそう重要性を増すことになると考えるからである。

　また，出版社に帰属する編集者は，著作物の出版の寄与とは別な役割も果たしてきたといえる。その役割とは，潜在的ではあるものの，学術出版物の質的な面に対しての維持管理機能である。そして，ディジタル著作物が情報ネットワークを介して伝達される社会になっても，たとえ従来の形態が変わることがあったとしても，研究成果の発表の流れの中で信頼性の高い学術情報を循環させていくためには，出版社に帰属する編集者の果たしてきた役割は引き継がれることに重要な意義があろう。

　上で示したことを具体的に例示すれば，大学図書館が収集した研究成果をディジタル化しコンピュータに入力して電子図書館を構築する試みがあげられる。著作者および利用者の視点に立ったとき，電子図書館は従来の公共図書館よりも，何倍も有効に機能することが最低条件になる。この関係は，国家レベルの電子図書館についても全く同じである。このためには，単に学術情報データベースを形成するだけでは不十分であり，その維持管理が前提になる。これが，出版物の発行によって付与されてきたサービスであり，ディジタル情報技術と学術出版の関係から着目されなければならない点である。

　ここに，本書の目的は，出版産業が情報産業へ移行していく環境，そして図 1.2 に示すような出版物の流通・利用に関する印刷システムがコンテンツの流通・利用に関する情報ネットワークシステムへ移行する状況において，情報産業の中で出版の経済性と公共性との新しい均衡のもとに知的資源の循

環機能としての学術出版の振興に資する総合システムを構築することにある。

1.3　ディジタル情報技術と学術出版の社会的機能の乖離

　学術出版の現状は，脆弱な地盤のうえにある。それは，学術出版に関わる組織的な面と，良書が必ずしも売れ行き良好書とは限らないといわれていることに起因する。これは，出版社が一般的な産業の基準でいえば零細と表記されるカテゴリーに属するものであり，良書が絶版（実態は品切れ状態に置くことが多い）の中に学術的価値の高いものが多く含まれていることから推察できよう。このような学術出版をとりまく構図は，出版社が学術出版を行っていこうとするインセンティブを減退させる大きな要因となっている。ただし，そのような構図をもつものではあるが，出版の経済性と公共性との均衡のもとに学術出版は出版産業の中で維持されてきたし，欧米で展開されているような学術出版は，それ自体に積極的な経済的価値を見いだすものになっている。それらを考慮してディジタル情報技術と学術出版の関係を情報産業との関連でとらえていくときに，次の二つの課題をクリアする必要があろう。

1.3.1　技術上の課題

　ディジタル情報技術は，学術出版の社会的機能を果たすうえに制約されてきた技術上の問題を解決できる面をもつ[18]。これは，既存の学術出版物をディジタル化することによって行うものについてもいえる。それに対し，ディジタル情報技術が誘引する著作物の伝達・複製の変化は，印刷システムにおいて了解されてきた関係の変容をきたすことになる。具体的には，出版物のコピー問題と同様の摩擦が著作物のディジタル化のプロセスにおいて生じていることがあげられる。

---

[18]　このようなケースで共通する点は，著作権が消滅した出版物および著作者が許諾した著作物のディジタル化をボランティアが非営利的に行い，それらのコンテンツが自由にダウンロードできるようにホームページで公開されることにある。

その課題が明らかにされる前に，すでに，電子図書館の社会的機能が研究成果の発表の一連の流れの中で紙メディアの出版物や出版者の介在が不必要になるとの前提がある。さらに，貴重な図書の半永久的な保存と幅広い市民への開放という二律背反してきた公共図書館の目的を同時に満たすことに対し，そこに何らかの調整が加えられなければ，ディジタル情報技術の進展と出版社の果たしてきた機能の協調を進展させていく機運を減退させかねない。すなわち，ディジタル情報技術は，著作物の出版を通して行ってきた印刷システムを代替し，現実世界において出版物の発行から出版物の流通まで棲み分けされていた関係を競合させることになろう。

具体的には，出版の経済性と公共性との均衡が維持されてきた公共図書館との関係が，電子図書館構想[19]および電子出版物の納本制度の提言[20]によって，不均衡な状況を呈するようになっている。そのような傾向をもって，現実世界の学術出版に関わる課題の対応を残したまま情報世界[21]に移入されてしまうと，よりいっそうの混乱を招くことが懸念される。たとえ著作物のディジタル化と表現されるにしても，そのプロセスが出版物の版面を通して行われる限り，公共図書館における出版物のコピー問題と同様な関係でディジタル的な複製において摩擦が生じる要因がある。また，電子図書館構想および電子出版物の納本制度の提言でいう著作物の利用・使用は著作物の出版を対象にするのであって，その摩擦の存在は，学術出版の社会的機能を消滅

---

[19] 国立国会図書館電子図書館推進会議『知識・情報・文化の新しい基盤の構築をめざして―自由で創造的な情報社会のために』（1998年2月），国立国会図書館『国立国会図書館電子図書館構想』（1998年5月）を参照。

[20] 納本制度調査会『中間答申―電子的な媒体の出版物の納入に関する制度及び運用の在り方について』（1998年5月28日），納本制度調査会『答申―21世紀を展望した我が国の納本制度の在り方～電子出版物を中心に』（1999年2月22日）を参照。電子出版物のうちパッケージ系の電子出版物の納本制度は，2000年10月1日に施行されている。

[21] 情報世界は，サイバースペースとよばれることが多い。ただし，人間とコンピュータの共生関係（William Gibson, *Neuromancer* (Ace Books, New York, 1984)）で表象されるサイバースペースは，至るところにコンピュータがあり，グローバルな相互接続を想定するものではなく，主に企業または軍隊にとどまるものである。したがって，サイバースペースの意味は，今日用いられている意味とは明らかに異なる。

させ，情報世界での学術情報の形成を枯渇させかねない点にある。ここに，電子図書館構想および電子出版物の納本制度が想定する電子図書館の「蔵書」の構築[22]にあたって，学術出版の社会的機能を果たしてきた出版社の積極的な参加は，不可欠な要件のはずである。

　本来，研究成果の発表において，出版者と公共図書館は協調関係にあるべきはずである。電子図書館との関係においても，その関係に変わる点はないだろう。そうであるのに，ディジタル情報技術の影響によって，それらの間には対立関係が覆っている。

1.3.2　制度上の課題

　ディジタル情報技術の法的問題は，次のように集約されよう[23]。著作物がディジタル化されネットワーク上で利用されるとき，その利用形態は公的／私的の区分けを困難にする。このような環境において，従来のアナログ形式を前提として定められた権利の制限規定がそのまま適用できるかが問題となってくる。具体的には，個人的または家庭内その他これに準じた範囲での使用，また公共図書館や教育目的での使用が，どのような条件で許容されるかにある[24]。このような著作物の公共的な利用を著作権の制限の及ぶ範囲の線引きに求める問題の解決を複雑にするのが，著作物と著作物の化体した出版物との間の違いであり，この点に制度的な対応が与えられていないことである。

---

[22]　電子図書館が構築する電子的情報資源を電子図書館の「蔵書」と表記し，その種類は印刷物（国立国会図書館に納本された出版物をさすものであろう）を電子化した資料，電子出版物などが考えられるとしている（国立国会図書館・前掲注 19）5 頁）。なお，本書では，学術情報データベースを電子図書館の「蔵書」と同じ意味で用いる。

[23]　『第 5 回 SOFTEC Symposium パンフレット（権利制限規定のあり方）』（1995 年）3 頁。

[24]　ディジタル情報技術と制度的な関係では，次のような検討が必要になろう。ディジタル的な複製は，私的使用のための複製に対する著作権の適用除外（著作権法 30 条）が無条件になしうるとすることに関して判断が分かれる。そして，図書館等における複製に関して，改めて著作権法 31 条に合理的な権利関係が加えられることを要請しよう。また，引用・転載・掲載における著作権法 32 条，33 条については，ディジタル的な複製がどのような許容範囲で適用しうるかになる。

このような権利と義務に関する主要な法律は、著作権法によろう。ただし、図1.3に示すように、出版界は著作権制度とは設定出版権を通して接点をもつにすぎない関係にあり、図書館界と著作権制度とは著作権界の枠外（著作権の適用除外）の関係になる。今日の著作権に関わる問題は、著作権界と図書館界との界面に生じている課題といえるものであり、その多くが出版界に関わる問題である。

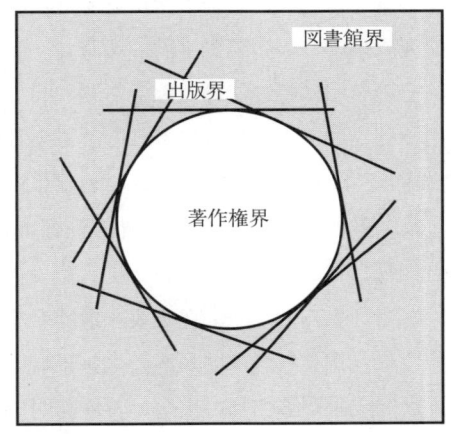

図1.3 出版界と図書館界における著作権制度との関係

そして、著作権法自体、独自の論理体系をもっている。しかも、上の目的に適合させていくためには、国際的な著作権法システムとの調和が必要となる。著作権法の目的は、著作者の権利の保護を第一義とし、公正な利用は二義的に解されている[25]。そのとき、著作者の権利と著作物の公正な利用はまず権利の保護があり次に公正な利用という関係にあるが、それを情報世界に適合させるためにはそれらが同時的な連関にあることを考慮する必要があろう。また、著作権の解釈は、単純化していえば、著作者の創作に対する権利と見るか、著作物の複製物（copyrighted work）に対する権利と見るか、という二つ

---

[25] 齊藤博『概説 著作権法』一粒社，第3版，1994年，13〜14頁。半田正夫『著作権法概説』一粒社，第7版，1994年，57頁。

の法理（大陸法システムと英米法システム）へ還元される。したがって，それらの調和は，大陸法システムと英米法システムに対応づけられるauthor's rightアプローチとcopyrightアプローチとの調整になる[26]。しかし，二つの大きな思潮が併存する国際著作権界が，現段階で，一つの方向性をもつことは困難との見解がある[27]。さらに，創作性（originality）の程度に関わる知的創作物と制作物および知的創作者と制作者の関係は，複製技術の変化が著作権法システムに与える著作物と著作者の解釈に対する根源的な課題になる。

また，著作物が研究成果の一つの発表手段であれば，もう一つの手段に発明がある。そして，その発明は特許法の対象であり，特許法は工業所有権法システム（産業財産権法システム）で規定される。この著作権と工業所有権（産業財産権）との関係については，次の例をあげればよいだろう。電子出版物の使用・利用は，著作権だけではなく，特許権，商標権を含むものとなる。また，ディジタル著作物自体が，それら権利を併せ持つ。実際，印刷出版物の中においてさえ，プログラム・リストが主要な構成をなすものがある。それがディジタル情報で取り込まれれば，当然，コンピュータ・ソフトウェアになる。すなわち，研究成果が著作物の出版と特許発明によって公表される流れが情報世界に置き換えられると，保護対象に著作権と工業所有権（産業財産権）が重なり合う部分があることが想定できる。

このように，コンテンツは，現行制度において想定しえなかった新しい性質をもつ。このとき，コンテンツの流通・利用に関する法システムは未整備の状態にある。

---

[26] 出版社が著作物の出版を行う著作権法上の権利関係は，わが国の出版社は出版権者として，英米系の出版社は著作権者（copyright holder）に二分される。この関係は，前者は後者より相対的に弱い関係にあるように見える。このとらえ方は，出版物を通して著作物がディジタル化されるときも同様になろう。ところが，それら性質は，前者が著作権の支分権である複製権の期限付き譲渡，後者がcopyrightの期限付き譲渡である。少なくとも著作物の出版に限れば，それらの権利の性質に大きな違いはない。そうであるならば，それらの間は合理的に関係づけられよう。

[27] 齊藤博「著作権法制の行くえ」ジュリスト No. 1000（1992年）331頁，336頁。

1.4　情報財としてのコンテンツの形成・流通・利用システム

　出版産業の中における学術出版の現状を踏まえてディジタル情報技術との関係をとらえると，出版産業における商品としての出版物は情報産業の中で新しい情報財の創造がなされなければならない。情報財としてのコンテンツの性質が明らかにされたうえで，コンテンツの流通に対する技術的なシステムと制度的なシステム，さらにコンテンツの利用に関する経済性と公共性との均衡に裏づけされた社会経済的なシステムの構築が求められる。

　このような観点を与えるのは，情報財の法理とその制度デザインが情報財としてのコンテンツの形成・流通・利用に関わる全体的なシステムを解明することにより可能になると考えるからである。そして，この課題解決は，次のようになる。

1.4.1　学術出版の法と経済

　出版産業の企業と市場の経済システムの中における学術出版の置かれた現状の分析を通していえることは，学術出版が出版の経済性と公共性との均衡のうえに成り立つものであり，ディジタル情報社会においては出版の経済性と公共性との新しい均衡が見いだされなければならないことである。

1.4.2　ディジタル情報技術と学術出版

　学術出版が情報産業の中で振興されるためには，出版産業の中の経済財としての出版物に代わる情報産業における情報財の創造が必要であり，その流通・利用にあたってはディジタル情報技術が及ぼす著作物の伝達・複製の変化に適合する技術的な対応と制度的な対応およびそれらの整合をはかる検討が加えられる必要がある。

1.4.3　知的資源の表出としての情報財の創造：コンテンツ

　ディジタル情報技術とディジタル的な複製にリンクされて産み出されたコンテンツは，文化的所産であると同時に産業的な利用に供しうるソフトウェア的制作物という二重の性質を兼ね備えている。すなわち，このコンテンツは，情報産業における情報財となる一方，著作物の出版にかかる性質から導かれる公共的な利用の対象にもなる。このコンテンツの形成・流通・利用を円滑にするシステムの構築が本書の課題解決にあたって直接の考察対象になる。

1.4.4　コンテンツの流通に関する情報システム

　情報ネットワークにおける著作物の流通に関する電子的著作権管理システム（electronic copyright management system，ECMS）の種々の方式は，出版物の流通システムに対応し，またそれを擬制したものといえる。ここでは，この権利の保護が強調されている技術的な管理システムは，実際的には，健全性が付与されたコンテンツの流通を保証するうえの要素技術という観点に立って情報システムを構築する。

1.4.5　情報財の流通に関する法システム

　わが国の著作権法上，出版物は著作物をそのまま複製するものである。ところが，実際は出版物は著作物と全く同じものではない。この著作物と出版物とのとらえ方のずれが，国際的な法理の差異から派生する混乱および著作物のコピーやディジタル化にあたって問題になる。ここでは，この課題の解決を通して，出版物および出版者に関連した制度的な現状と慣行上の権利の実情を分析して，コンテンツの流通を円滑にする合理的な法システムを構築する。

1.4.6 情報財の利用に関する社会経済システム

　情報ネットワークを介して利用されるコンテンツの利用は，その経済性と公共性の同時処理が必要である。この観点からいえば，情報財としてのコンテンツの経済的な利用に関するシステムと情報共有財としてのコンテンツの公共的な利用に関するシステムは，コンテンツに関わる権利とコンテンツにアクセスしディジタル的な複製を伴って利用する権利の創造が要件になる。そして，その要件の相互関係がコンテンツの経済システムに内包した形態の社会経済システムの構築によって，ディジタル情報社会における出版の経済性と公共性の新たな均衡が導けることを提案する。これは，電子図書館の社会基盤のソフト面に民間の資本を活用する形態をとることになり，出版産業に関与してきた出版者が情報産業においても積極的に信頼性の高い学術的価値をもつコンテンツの産出機能に寄与できる環境を与えることになる。

1.5　知的資源の表出としての情報財の循環のための社会制度デザイン

　基本システムとしての情報システム，法システム，社会経済システムおよびそれらの要素（サブシステム）を総合して構築されるコンテンツ形成・流通・利用システムは，情報産業の中で出版の経済性と公共性との新しい均衡を保持して，ディジタル情報社会において学術出版の社会的機能を実現するものになる。このシステムは，著作者の創作ひいては研究者の発想を支援するシステムとよびうるものであり，出版者によって維持・履歴管理されたコンテンツが研究者（著作者）と利用者との間に相互作用し循環していくことになる。そして，この制度デザインが文化的所産の産出を促進し，情報財の創造を導出することになる。

第2章

学術出版の法と経済

2.1 出版産業の中における学術出版

著作物の一つの表現型の書物（印刷出版物）は，著作者が全身全霊で著作するものである。読者は，その書物の中からそこに表現されたものの精神を読み解くことになる。学術出版は，書物の歴史の中で，著作者の創作のインセンティブを与え，著作物を出版物として発行することによって読者と結ぶ機能を果たしてきた。以下では，出版産業の中に置かれた学術出版の現状を分析し，情報産業における学術出版の新しい位置づけについて考察する。

2.1.1 出版産業の特色との関係

出版は，大学の研究を促進してきた。その関係は，すでに活版印刷術の発明による出版の様式において見られる[1]。この出版社が書物を通して行ってきた役割は，新聞社が新聞を通して実現してきた役割と同じである[2]。他方，

---

[1] たとえば Thompson, James Westfall, *The Frankfort Book Fair : The Francofordiense Emporium of Henri Estienne Edited with Historical Introduction* (Chicago, 1911)（箕輪成男訳『出版産業の起源と発達—フランクフルト・ブックフェアの歴史』出版同人，1974年）を参照。

[2] 新聞は，書物の歴史からいえば，次のような関係でとらえられる。18世紀のアメリカに生まれた後発の印刷業者が新聞を発行し，読者をつかまえ，読者のもとに届けるために，郵便業者と印刷業者が相互に関連をもつことになる（Febvre, Lucien and Henri-Jean Martin, *L'apparition*

活版印刷術の発明によってもたらされた書物の産業的な側面は，アルド（アルドゥス）家やエチエンヌ家のように，出版業者が同時にユマニストであり学者であった場合ですらいえることである[3]。これを今日の状況で置き換えれば，大学出版部または学協会がジャーナルを発行するとき，そこには価格決定と資金調達に関わる要素が必要であり，それらはたとえ直接的ではないにしても大学出版部あるいは学協会が行う学術出版においても商業出版社の行う商業出版のシステムと同じはずである。

出版社が出版物を発行するためにまず必要なことは，印刷・出版のための資金を調達し，読者の求める商品としての出版物を競争価格で流通に載せ，営利を作り出すシステムを保持することである。この出版物の市場も他の電化製品や情報機器の市場となんら変わるものではない。事実，出版産業は家電産業と構造的に類似する点が見られ[4]，そこには出版物の複製（増刷），すなわち単一商品・大量生産が基準にある。

出版産業の中における学術出版の置かれている状況は，まず複製技術の進展において検討が余儀なくさせられることになる。それは，コピーによって学術出版物の売り上げの減少を招いたといわれるものである。その問題に関する出版社の直接的な対応策は，出版物の定価を上げることによって，売上げ額を調整することにあった。しかし，この調整は，さらに販売部数の低下に跳ね返っていくことになる。そして，1990 年前後のバブル経済の崩壊は，高価格本の販売部数の落ち込みを招いた。この傾向は，著作者が一定部数の出版物を買い上げるか一定部数の教科書採用をするかを条件にした出版へ向かわせることになる。

---

　　du livre (Éditions Albin Michel, Paris, 1958) pp.298-299.（関根素子・長谷川輝夫・宮下志朗・月村辰雄訳『書物の出現』筑摩書房，1998 年，（下）87～88 頁））

[3]　Febvre & Martin（関根他訳）・前掲注 2）p.165（(上) 285 頁）。

[4]　たとえば竹内啓「家電産業」吉川弘之監修，日本インダストリアル・パフォーマンス委員会（JCIP）編集『メイド・イン・ジャパン―日本製造業変革への指針』ダイヤモンド社，1994 年，79～102 頁を参照。そして，電子出版において出版産業と家電産業に共通する点があるにしても，他の産業と比較して出版産業の出版物と家電産業の家電製品には物の流通システムにおいて類似性が見いだせる。

2.1.2　出版産業の規模との関係

　出版は，不況に強い業種といわれ，また不景気のときは相対的には逆に好況になるといわれてきた。書籍新刊点数は毎年増加の傾向にあるが，書籍新刊推定発行部数は，1997年度から下降に転じ1999年度まで連続で前年度実績を割り込んでおり[5]，これは2000年度以降においても同様の傾向になっている。この書籍の発行部数の減少は，世界各国で同時進行している現象といえる。

　このような出版産業における流通上の構造変化として，1997年度の出版科学研究所の調査によれば，1) 公共図書館での貸し出し冊数が大幅に伸びており，本を借りて読む人が増えていること，2) いわゆる「古本」を扱うチェーン店[6]が急増し，利用者も増えていることが指摘されていた。ただし，それらについては，学術出版物だけを対象にするものではないものの，出版産業における定性的な傾向といえよう。

　公共図書館での貸し出し，古本市場の形成は，学術出版物の発行部数が僅少になればなるほど，売上げに直接影響してくる。そのような学術出版を取り巻く危機的状況は，商業出版社が学協会の委託出版を引き受け，大学出版部の学術出版物の販売だけでなく編集までも商業出版社に委託している状況[7]も勘案すれば，学術出版のインセンティブを減じさせるものになろう。

---

[5] 『出版指標・年報2000年版』(2000年4月25日) 156～159頁を参照。新刊の陳腐化率（通常，新刊はあたかも半減期のように年ごとにある比率で販売部数を減らしていく）の低下傾向とあいまって，書籍販売部数は，書籍新刊推定発行部数の低下の比率より高い減少を見せている。

[6] たとえば新刊書に近い古本，いわゆる新古書を扱うブックオフコーポレーション，古本市場，ブックマーケットなどの新古書店があげられる。新刊書を扱う書店が減少する中で，新古書店のうち最大手のブックオフコーポレーションは2003年12月には749店ある。この新刊書と古本の流通システムに関して両者間に問題が生じているが，利用者が著作物（コンテンツ）を有体物として所有する形態の違いによる古本と新刊書の区分けは著作物（コンテンツ）にアクセスする視点からいえば存在しない。

[7] 著者が実際に関与している例としては，日本材料学会編『材料と評価の最前線』培風館，2001年3月30日がある。これは，この10年間の「材料学」に関する新たな進展を中心に解説する日本材料学会創立50周年記念出版物である。当学会は，40周年記念出版物および30周年記念出版物をオーム社で出版している。この経緯から明らかなように，このような記念出

この影響は，すでに大学出版部も総じて啓蒙書の発行を指向しており，また大学出版部として有力な東京大学出版会が商業出版社と出版傾向に大きく変わる点のないことからも，例証しうることになろう。

　また，学術出版物として高い評価が得られたとしても，それが必ずしも売れ行き良好書とはいえず，通常，逆の傾向さえ見せる。このことは，絶版または品切れの出版物の中に学術的価値の高いものが多く含まれていることに現れていよう。そして，定性的であるにしても，既刊書の陳腐化の速度，すなわち売行き傾向の低減速度の早まっていることが指摘しうる。すなわち，増刷される学術出版物が少なくなり，全集の予約限定出版のように，初刷部数の販売が確保されたうえで出版される。しかも，初刷り自体が減少傾向にある。たとえば，学術出版物のこれまでの重版を含めた最低ロット1,500〜2,000部は過去のものであり，今では1,000部を切るところにあり，重版においては200〜300部になっている。そして，初刷のみの発行が増える傾向にある。したがって，学術出版物の総売上部数は1,000（10^3）のオーダーである。そこでは，広く頒布するという出版の意味が，印刷出版物による伝達手段では薄れている。

　わが国の出版産業を担う出版社の規模は，一般産業の企業体の基準からいえば，零細であり，しかも同族経営によるものが多い。とくに学術出版を行う出版社の規模は，従業員数30名以下，株式会社の最低資本金である1,000万円であっても平均以上とさえいえる。このように，出版産業の中の学術出版は，脆弱な基盤のうえにあるといわざるをえない[8]。出版産業の市場規模

版物は，出版の経済性の面ではマイナスの評価さえ加えうる。また，商業出版社と大学出版部との究極的な例として，2000年10月，1934年に設立されたアイオワ州立大学出版会（Iowa State University Press）が商業出版社のブラックウェル（Blackwell）社へ売却される決定がなされたことがあげられる。

[8] 『出版年鑑2002資料・名簿編』（2002年5月30日）によれば，たとえば理工系出版社の朝倉書店は，従業員数54名，資本金2,400万円である。そして，大手出版社とみなせる岩波書店でさえ，従業員数250名，資本金9,000万円である。しかも，それらの出版社の従業員数およびその中に占める正社員の比率は，減少傾向にある。ところで，岩波書店や中央公論新社はすでに同族経営を維持できなくなっており，筑摩書房は新社がつけられた経緯から明らかなように倒産を経て再建されている。また，三田出版会は，親会社の倒産によって解散している。

は，出版産業全体の売上げ額がたとえば日本電気（NEC）1社の売上げ額より少額（2000年度の比較で約1/2である）であることから推察しても，出版産業の中に置かれた学術出版の状況は理解できよう。

2.1.3 情報産業への展開との関係

学術出版の基盤である出版産業は，縮小傾向にあるといわざるをえない。そして，出版産業が印刷システムに準拠した形態の延長線上では市場規模の拡大が見込めないことも論をまたない。このとき，新たな産業の枠組みの中で展開することが必要になろう。

出版産業は，北米産業分類システム（North America Industrial Classification System，NAICS）において情報産業に含まれる。この分類は，メディア別に，また著作権法的な観点からいっても整然と分類されている。わが国においても，日本標準産業分類（JSIC）の大分類項目に情報産業の体系が情報通信業として検討されている中で，出版産業が情報の伝達を目的として加工するコンテンツ制作業として位置づけされている[9]。ところで，情報産業は著作権法的な観点で整理できる。これは，著作権産業（Copyright Industry）の枠組みから，ディジタル情報技術の発展を考慮して，出版産業（JSICの小分類の出版業）を印刷出版の中で位置づける[10]。いずれにしても，それらは，ディ

---

[9] 坂巻俊夫「日本標準産業分類第11回改訂について」情報通信学会・情報経済研究会（第4回）（2000年12月9日）の講演によれば，出版産業が主として紙メディアによることから，情報通信業に含めるべきかという検討課題が最終段階まで残されたという。なお，コンテンツの制作というとらえ方は，わが国の制度上においては，矛盾がある。なぜならば，著作物の出版によるコンテンツの制作は書籍の出版活動を指すものであろうが，著作権法上では書籍の出版活動は著作物をそのまま複製することを超える機能を有しえない。ここに，出版産業をコンテンツ制作業とするのであれば，著者が指摘するように，著作物と出版物は当然区別したものでなければならないことになる。

[10] この分類法はIIPA (International Intellectual Property Alliance), *Copyright Industries in the U.S. Economy* (1998) によって公表されたものであり，わが国においてもこの分類法を参考にして著作権情報センター附属著作権研究所『著作権白書──著作権産業の側面からみて』（2000年11月1日）が公表されている。ここで，著作権産業は「著作物を通じて行われる法人及び個人事業主による経済活動の総体」と定義されている（著作権研究所・15頁）。なお，1998年度（1990歴年基準）の著作権産業が生みだした付加価値総額は10兆9040億円であり，出版印刷

ジタル情報技術の発達によりカテゴライズされるといえるものであり，さらにインターネットの普及が出版産業の構造を情報産業の中で新しく位置づけている。

現在，欧米における学術出版に関わる出版社は，企業の合併と買収（M＆A）によるコングロマリット化にある。この流れは，当初（1990年前後）におけるM＆Aは学術出版と商業出版の連携を目的とする出版産業の再編にあったといえるが，今後は出版産業からコンテンツ産業またはメディア産業への変化を指向するものになっていくだろう[11]。欧米の出版社のグループ化が示唆しているように，わが国の出版社も現状のままの企業数を維持していくことは困難になってくるだろう。しかし，わが国の出版社どうしのM＆Aのケースはない。それは，わが国の出版社に，同族会社が多く，また出版者団体への入会条件において排他的であり，その閉鎖性により出版産業に自由競争の下地が存在しないことによると思われる。これは，印刷出版が電子出版に変化していくとき，また出版産業が情報産業へ移行していくためには，大きな障害になる。

ところで，マルチメディアやインターネットといったディジタル情報技術の普及は，産業（工業）社会から情報ネットワーク社会への移行に連携するものである[12]。このプロセスは，次の説明が可能である。クラーク（Colin

---

が1兆8280億円であり，そのうち出版産業は5830億円である（著作権研究所・88頁，93頁）。

[11] 欧米の学術出版社では，出版産業としての経営上，合併・買収（M＆A）が行われる。たとえば，プレンティス・ホール（Prentice Hall）社は，サイモン・アンド・シュスター（Simon & Schuster）社に，吸収・合併されたことがあるが，これは小学館が岩波書店を傘下におさめたようなものである。また，アジソン・ウェースレイ（Addison-Wesley）社は，ロングマン（Longman）社に吸収・合併され，ベンジャミン／カミングス（Benjamin/Cummings）社などとともにLongmanグループの傘下に加えらることになる。ところが，その後，Prentice Hallの発行人（imprint）は，Simon & Schusterからピアソン・エデュケーション（Peason Education）社に変わり，Addison-WesleyおよびBenjamin/CummingsもLongmanとともに，Peason Educationの傘下に入っている。他方，情報産業の再編の中のM＆Aは，リード・エルゼビア（Reed Elsevier）社，ウォルタース・クルーワ（Wolters Kluwer）社，ベルテルスマン（Bertelsmann）社およびシュプリンガー（Springer）社の動向が示唆するメディア統合への展開を想定している。

[12] 今井賢一『情報ネットワーク社会の展開』筑摩書房，1990年，13～16頁。

Grant Clark）の産業分類は，第一次産業（農林水産業），第二次産業（鉱工業），第三次産業（商業・運輸業・サービス業）となる。この分類を適用すれば，そのプロセスは，ペティの法則によって，第二次産業から第三次産業への転換といえよう。また，情報産業を加味した分類，すなわち農業の時代，工業の時代，精神産業の時代という分類[13]によれば，工業から精神産業への転換になろう。さらに，そのプロセスは，産業社会（第二の波）から情報社会（第三の波）への転換期に現れてくる[14]。このような分析に対し，科学技術の発展の歴史は旧石器革命，農業革命，産業革命（工業革命）の3段階からなるとし，この観点から人類の文明史をマクロに見ると，情報革命は産業（工業）革命とは一体であり，農業革命に対する新たな段階とする見解がある[15]。この見解は，印刷出版と電子出版との間に適切な関係を与えるものと考える。したがって，この見解を出版における印刷システムと電子システムとの関係に照らし合わせるものが，著者のとる観点になっている。

ディジタル情報技術によって，個人が著作者となって，印刷会社・出版社・書店の仕事を兼ね，情報発信できるようになることがいわれている。ここで，情報産業の規模は，出版産業の規模と同列ではない。そして，学術出版が小規模な商業出版社による脆弱な基盤のうえで営まれている現状を考慮すれば，情報産業の中の学術出版の基盤がそこに何らかの対策がない限り強固になることは考えにくい[16]。このように，わが国においては出版社間にM＆Aを

---

[13] 梅棹忠夫「情報産業論」コンピュートピア（1985年1月）117～118頁。なお，本論文は，放送朝日（1963年1月）に掲載され，1963年の中央公論（1963年1月）に再録されたものである。

[14] Toffler, Alvin, *The Third Wave* (William Morrow & Company, New York, 1980) pp.15-16（徳岡孝夫監訳『第三の波』中央公論社，1982年，34～35頁）。

[15] 竹内啓『高度技術社会と人間』岩波書店，1996年，149～150頁。

[16] ただし，アルプス電気の子会社（アルプスシステムインテグレーション（ALSI））は，イギリスの出版社マクミラン（Macmillan）社の日本法人（マクミラン・ランゲージハウス）と提携し，Macmillanが発行する語学教育テキストをCD-ROMやパソコン用ソフトとして編集して語学教育用コンテンツの商品化をはかり，小学校から大学までの教育機関向けに販売を始めている。このような異業種による連携は，電子出版のシステム技術と制度的な関係において不可欠な要件である。

経験することはなかったが，情報産業の中で再構成されていく近い将来において，出版社の淘汰を伴いながら選択と集中という経営上の判断からM＆Aを同時に体験せざるをえない状況になることが考えられる．

2.2 学術出版に関わる者：商業出版社・学協会・大学出版部

出版物を頒布する主体が出版者である．すなわち，著作物を流通にのせる主体が著作物に関するサービス提供者としての出版者になる．そして，著作物は，出版者によって，書籍・ジャーナルという出版物によって公表される．出版者は，主に商業的な出版物を取り扱う商業出版社[17]と，主として専門性に特化した出版物を発行する学協会[18]，そして大学出版部[19]に大別できる．

---

[17] 現存出版社数は4424社ある（『出版年鑑2002 資料・名簿編』（2002年5月30日）288〜289頁）．出版社数は，あたかも新陳代謝の繰り返しによっているかのように，ほぼ一定の数を維持している．

[18] 学協会は，『全国学術研究団体総覧』（日本学術会議）に掲載された学術研究団体をいう．学術研究団体は，四つに大別される．第一は日本学術会議に登録された団体，第二は日本学術会議が広報協力学術団体と指定した団体，第三は第二の広報協力学術団体に準ずる要件・内容を備えているその他の団体，第四は各大学から提供された資料による大学関係学会である．

[19] 大学出版部協会（1963年6月11日設立）に加盟する出版者は，北海道大学図書刊行会，東北大学出版会，流通経済大学出版会，聖学院大学出版会，麗澤大学出版会，慶應義塾大学出版会，産能大学出版部，専修大学出版局，大正大学出版会，玉川大学出版部，中央大学出版部，東海大学出版会，東京大学出版会，東京電機大学出版局，東京農業大学出版会，法政大学出版局，放送大学教育振興会，明星大学出版部，早稲田大学出版部，名古屋大学出版会（愛知県の4大学が協力校として参加），三重大学出版会，京都大学学術出版会，大阪経済法科大学出版部，大阪大学出版会，関西大学出版部，九州大学出版会，関西学院大学出版会の27大学出版部で構成されている（2003年4月28日現在）．

なお，九州大学出版会は，九州大学，福岡教育大学，九州工業大学，佐賀大学，佐賀医科大学，長崎大学，熊本大学，大分大学，大分医科大学，宮崎大学，宮崎医科大学，鹿児島大学，琉球大学，山口大学，福岡女子大学，北九州大学，熊本県立大学，下関市立大学，福岡大学，九州産業大学，西南学院大学，中村学園大学，福岡歯科大学，久留米大学，九州国際大学，産業医科大学，熊本学園大学，梅光女学院大学の27大学が加盟している．また，1999年9月に公立大学で初めて東京都立大学出版会が設立され，東京外国語大学出版会，東京学芸大学出版会，上智大学出版会，立教大学出版会などが設立されている．そのほかに，金沢医科大学出版局，松本歯科大学出版会，女子栄養大学出版部，金沢工業大学出版社，青森大学出版局など大学出版部協会に加盟していない大学出版部がある．ところで，大学出版部協会設立時に加盟していた日本図書文化協会（東京教育大学）は，1978年8月25日に退会している．また，東

学術出版物を発行する出版者は，国際出版連合（International Publishers Association, IPA）に加盟し，また理工系でいえば科学・工学・医学出版者国際連盟（International Association of Scientific, Technical & Medical Publishers, STM）に参加している商業出版社[20]と IEEE (Institute of Electrical and Electronics Engineers, Inc.) など外国の学協会と提携するわが国の学協会をいう。わが国でいえば，広義には日本書籍出版協会に加盟する出版社[21]，狭義には，たとえば日本理学書関連の出版社[22]または自然科学書協会[23]，工学書協会[24]の会員出版社になる。なお，大学出版部は，商業出版社と同じ性質をもつ。

商業出版社と学協会は，情報のサービス提供者としては同一性があるものの，権利の面では差異がある。すなわち，学協会は著作権者であるのに対して，商業出版社は著作権者となるケースは限定される。さらに，出版物を発行する商業出版社と学協会の異なる点は，学協会がその発意と責任のもとに

京理科大学出版会は 1985 年 4 月 25 日に大学出版部協会へ加盟したが，1995 年 10 月 17 日に退会している。

[20] STM の会員数は 113 社である（1993 年 4 月現在）。なお，STM 日本部会は，1995 年 9 月 20 日に設立され，STM 日本会員 8 社（培風館，医学書院，学会出版センター，紀伊國屋書店，丸善，南江堂，オーム社，東京大学出版会），STM 外国会員社の日本法人 9 社（Chrchill Livingstone Japan, Elsevier Science Japan, HBJ, 医学書院 MYW, Addison-Wesley Publ. Japan, メディカルサイエンスインターナショナル, Oxford University Press, Springer Tokyo, John Wiley），自然科学書協会（法人会員）の三つのグループからなる（STM Japanese Chapter, *STM Japan News*, No. 1 (June 1996) p. 2）。

[21] 2003 年 11 月 12 日現在，480 社あり，その中に 20 の大学出版部（北海道大学図書刊行会，東北大学出版会，慶應義塾大学出版会，産能大学出版部，玉川大学出版部，中央大学出版部，東海大学出版会，東京大学出版会，東京電機大学出版局，法政大学出版局，明星大学出版部，早稲田大学出版部，名古屋大学出版会，京都大学学術出版会，大阪大学出版会，大阪経済法科大学出版部，関西大学出版部，関西学院大学出版会，九州大学出版会の 19 出版部，および大学出版部協会に非加盟の女子栄養大学出版部の 1 出版部）を含む。

[22] 『日本理学書目録』掲載の出版社数は 173 であり，その中に 10 の大学出版部（北海道大学図書刊行会，東北大学出版会，玉川大学出版部，東海大学出版会，東京大学出版会，東京電機大学出版局，名古屋大学出版会，京都大学学術出版会，大阪大学出版会，九州大学出版会）を含んでいる（『2001 年版日本理学書総目録』による）。

[23] 会員数は 74 社である。当該協会は，自然科学書出版の向上をはかり，もってわが国の自然科学分野の隆昌に寄与することを目的としている。

[24] 会員数は，東京大学出版会，東京電機大学出版局を含む 31 社である。

法人として著作者となりうることにある。また，理工系の学協会についていえることは，所属する学会員が，当該論文誌に論文を投稿するとき，著作権の当該学協会への譲渡または帰属が投稿規約に明記されていることである[25]。このように，学協会と商業出版社・大学出版部とは，著作権の主体になりうるか否かで違いがある。

ところで，商業出版社と学協会は，出版行為が商業出版と学術出版で区分けされることがある。すなわち，出版物は商用的な側面でいわれ，一方ジャーナルは非商用的な面を見せる。この点からいえば，学協会員のみに提供されるジャーナルについては，その見解があてはまる。しかし，学協会が編者となって商業出版社が書籍を出版するケースがあるし，学協会の会員以外に機関誌を販売することもある[26]。それは，商業出版とみなせる。

したがって，広義には，出版社は，大学出版部や学協会も含まれる。著作物の伝達に関連づけていえば，商業出版社と学協会とを分けることは，社会通念に適合するにしても，著作物の流通が有体物と切断される情報ネットワークを介して流通する環境において，それらの関係はあいまいとなり，それらを明確に線引きしえないものとなろう。さらに，出版物の発行において，さらに情報ネットワークを介する学術出版物のコンテンツの流通・利用を考慮すれば，それらを峻別する実際的な意味は少ない。それでもなお，それら

---

[25] 著作権の学協会への譲渡等の移転を明記する論文投稿規定は，㈳日本物理学会，応用統計学会，㈳電子情報通信学会，㈳電気学会，㈳情報処理学会，㈳日本機械学会など理工系の学協会に見られる。なお，㈳計測自動制御学会の論文集投稿規定は，掲載された論文等の出版権を当該学会に帰属させるとする。

[26] たとえば『情報処理』，『電気学会誌』は，オーム社を通じて発売されている。同様に，権利能力なき社団である著作権法学会と日本工業所有権法学会の機関誌の『著作権研究』と『日本工業所有権法学会年報』は，商業目的の出版を行う有斐閣の編集制作により発行し，販売されている。また，企業法学会や比較法史学会は，その機関誌の発売所をそれぞれ㈳商事法務研究会（現在，（株）商事法務）および未來社とし，商業出版物と同じ形式で発行している。著作物を流通にのせるためには，出版社を通して取次会社，書店に配本されなければならない。ただし，計測自動制御学会は商業目的の出版物と機関誌『計測と制御』を発行する。また，IEEEにあたる学会である電子情報通信学会は，IEEEと同様，ジャーナル以外に，商業出版物を発行し，または商業出版社に委託して商業出版物を発行する。

を同一視することに批判が加えられようが，学術的価値の実現において，それらは等しく文化の昂進に寄与するものであり，組織の目的の制約はあるものの，本書に関する限り棲み分けする必要性はないと考える[27]。

2.3 学術出版の対象：出版物

学術出版の対象物は，それぞれ単行本と定期刊行物として日本標準規格（JIS）の国際標準図書番号（International Standard Book Number, ISBN）および国際標準逐次刊行物番号（International Standard Serial Number, ISSN）によりコード化され，司書情報として記録される。単行本（書籍）は，ISBNコードが翻訳・改訂にあたってもそれぞれ固有に割り当てられ，定期刊行物（ジャーナル）は時系列的に順次付加されていくコンテンツがすべて一つのISSNでくくられる。

2.3.1 出版物の構造

書物は，古く修道院に保管されていた手書きの本を書き写し，それを人間が持ち運ぶという形で使われてきた。活版印刷術の発明は，そのような限定されていた書物（写本）に対して，大量の複製と一般への頒布を可能にした。これを今日の状況で言い換えると，次のようになろう。書籍・ジャーナルは，グラフィック記号（文字，図形，数字，符号，図表など）によって有形的媒体（紙）に記録された複製物である。そして，出版物は，書籍・ジャーナルの形態で著作物を流通させる一つの伝達媒体を意味する。出版物は，わが国

---

[27] それは，次のような例をあげればよいだろう。学協会のIEEEと大学出版会のオックスフォード大学出版局（Oxford University Press）が発行する啓蒙書，教科書，専門書は，商業出版社のそれらとは差がない。その関係は，わが国における電子情報通信学会と東京大学出版会にあたろうが，商業出版社と出版傾向において変わる面はない。また，国際的に学術的に価値の高いジャーナルとして評価されている"nature"（Macmillan Magazine Ltd.）と"Science"（American Association for the Advancement of Science）がある。それらは，商業出版社が商業目的に発行する出版物とはいえ，しかも学術的価値の実現において学協会の論文誌より相対的に評価が高い。

においては単行本と文庫本，欧米ではハードカバーとペーパーバックという著作物を蓄積する伝達媒体である。そして，印刷出版物は，「ページという単位をもち，ページが時系列につながる線形構造を有するもの」であり[28]，著作物を頒布・伝達する器（vehicle）によって形づくられている。

　印刷出版物のページめくりは，公共図書館において，マイクロフィッシュをマイクロフィッシュリーダで操作することで置き換えられる。そして，ディスプレイ画面上の InDesign または日本語 TeX でプレゼンテーションされた形態も，1 ページ単位または見開き 2 ページ単位の集積で形成されている。しかし，印刷出版物の形は，そのような見かけとは異なっている。つまり，印刷出版物は，1 ページまたは 2 ページ（表裏）を単位に集積した構造ではなくて，1 台とよばれる 16 ページまたは 32 ページが折りたたまれ，その 1 台が重ね合わされた形をもっている。すなわち，印刷出版物である書籍の合理的な形は，図 2.1 のような 32 ページが 1 枚の平面（紙）の表裏のアレイにある規則に従って転写され，それが折りたたまれて，それが積層化されていく構造を有している。具体的には，1 台は，1 枚の紙に表と裏の番号，たとえば 1 と 2，3 と 4 といった一対の表裏をもち，ある規則に従って組み合わされている。ある規則とは，図 2.1 の横線①，③，縦線②，④をその順番に，それぞれの線が手前にくるように，そして左右，天地を合わせるように 4 回

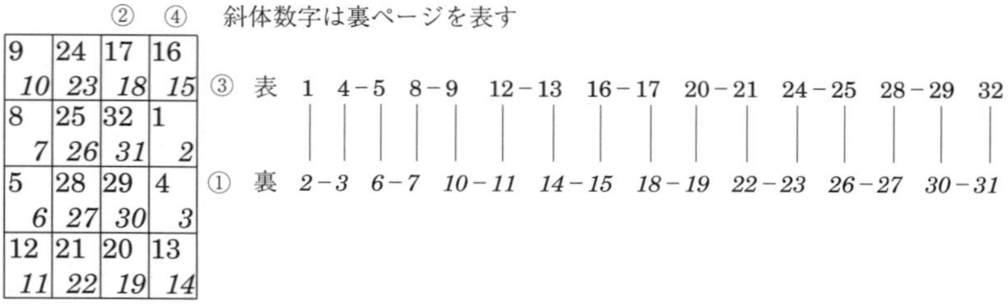

図 2.1 印刷出版物の形

---

[28] ICOT-JIPDEC AI センター編『知的ハイパーテキストに関する調査研究 編集版』（1991 年）9〜10 頁。

折り込んだ結果が1ページから32ページまでの通し番号になるように配列することである。

著作物の伝達手段としての出版物は，紙メディアの中に，著作物として表現されたコンテンツを書体（font）とその大きさ（point）に変換し，行間（baseline skip）をとって配列し，版面に枠づけることよりなる。今日，学術出版の対象物が紙メディアを用いる必要性のないことがいわれるが，出版物は著作物のプレゼンテーションを紙メディアという有形的媒体において版面を一単位とする最適な構造化がなされている。そして，その最も進化した形態が，新書であり，文庫になる。

2.3.2　出版物の価値と価格

著作物の伝達が，筆写術から印刷メディアへ，さらに印刷メディアから電子メディアへの変化は，著作物の経済的価値を増殖させる。たとえば発展の形態と内容を新結合の遂行（Durchsetzung neuer Kombinationen）という定義によって与えられるというモデルは，原則的には，新結合は旧結合と並んで現れるという解釈そのものの事実に適合するものであって，新結合は旧結合から発生するのではなく，それと競合するものとみなすものである[29]。ここで，新結合と旧結合のたとえを鉄道と郵便馬車との関係においているが，その関係が電子出版物（ディジタル著作物）と出版物（著作物）の関係に置き換えれば，そこには新結合の遂行と同様なとらえ方ができよう。また，産業主義社会（第二の波）では，生産と消費の分離によって，市場機構が形成され，製品ばかりでなく，労働も思想も芸術や魂までも売買の対象になり，新聞からラジオ，映画，TVに至るマスメディアについても，工場の基本原則が見られるという[30]。伝達技術の変化に伴う性質は，そのような原理に則っ

---

[29] Schumpeter, Joseph A., *Theorie der wirtschaftlichen Entwicklung* (2. Aufl, 1926) S.99-100, 122, 322, 336. （塩野谷祐一・中山伊知郎・東畑精一訳『シュムペーター 経済発展の理論―企業者利潤・資本・信用・利子および景気の回転に関する一研究』岩波書店，1977年，（上）180〜182頁，213〜214頁・（下）192頁，214頁）

[30] Toffler（徳岡監訳）・前掲注14）p.35, 41（57頁，65頁）.

て理解されよう。したがって，著作物の価値は，それが潜在的にもつ価値だけでなく，それが出版物として有形的媒体に表象され，出版物という伝達手段によって著作物が広く参照され利用されていく点に価値を見いだすことができる。

　著作物に関する現実的な価値は，著作物の一つの表現型である出版物を起点にして，その文化的価値と経済的価値の評価を変える。したがって，「厳密には著作物そのものではなく，その複製物の財産価値が認識されていたにすぎない」[31]といわれるように，出版物は著作物の複製物として実際に経済的価値を与えてきたことになる。まず，著作物の経済的価値は，著作物の複製による印刷出版物の印税に連動した評価が与えられる。すなわち，著作物は，その内容（情報）の価値とはなんら関わりのない器に入れられて提供されている。そして，ソフトカバー（並製本）とハードカバー（上製本）との価格差は，情報の価値ではなくて伝達媒体に要するコストに対応する価格差による[32]。しかも，その価格差は，実質的というよりも見かけによるものといってよい。したがって，印刷出版物の価格は，著作物またはそのコンテンツの価値に連動するものではない。

　この情報の価値（value）に連動した価格（price）を見いだすことは，出版社にとって究極のテーマである。この究極のテーマを追求した考察は，情報の価値をカテゴライズして評価することに向かわせる[33]。しかし，現実世界

---

[31]　齊藤博「著作者人格権の理論的課題」民商法雑誌，Vol.116, No.6（1997年）818頁。

[32]　たとえば廣松毅・大平号声『情報経済のマクロ分析』東洋経済新報社，1990年，29頁を参照。書籍の価格は，そこに表現されている情報自体の価値に対応づけて決定されるものではなく，情報のコード化・ディジタル化や製本に要する費用と売上見込部数との原価計算により算出される。たとえば出版物の価格は，売上原価率46％，粗利益300万円を基準にして，シミュレーションによって決定されることがある。ソフトウェアの価格も，出版物の価格と同様な基準をとっており，コンピュータ・プログラム自体の財産的価値に連動するものではなく，プログラミングに要する（人×日）を基準に定められている。また，レコード・CDは，実演家や楽曲の内容や制作にかかる費用に関係なく，同一価格になっている。これは，文庫や新書で学術出版の対象物が提供されるときの基準と同じ観点によるものといえる。

[33]　玉井克哉「情報と財産権―報告」ジュリスト，No. 1043（1994年）74～83頁。

において価格と価値は別である。空気や文化財のように，特定のだれかに帰属するものではなくて，だれでも自由に享受できる対象は，必要不可欠な価値をもつものの，価格はつけられない。しかも，情報の価値をカテゴライズすることは，情報の所有の観点から情報の価値と価格をつなぐものといえる。しかし，出版物のコピー問題が惹起し，著作物のディジタル化が誘引する学術出版物のコンテンツのディジタル的な複製によって健在化させた課題は，情報の利用の観点から解決すべきものである。このとき，情報の価値のカテゴライズは，適切な尺度にはなりえない。

出版物のコピー問題において，日本複写権センター（Japan Reprographic Rights Center, JRRC）[34]は，1992年4月から各企業と契約交渉を開始し，その契約算定基準として，「頒布を目的とせず，出版物の少部分かつ少部数」（複写利用規程3条）の範囲で，2円/頁/部の単価が設定されている。その単価は，コピーする対象物の知価に直接の関連を有するものではないし，海外の複写権管理機構との複写権管理相互協定契約において複写使用料額の格差の解消に至っていないことに現れているように合理性のあるものとはいえない。知的財産の価値（著作権料，特許料，原稿料，講演料，演奏料，出演料など）は，経済学の決定理論が適用されるものではなく，経済外的現象として計量化できない性質をもっており，ここにお布施の原理（社会的・公共的価格決定原理）が情報の価格決定法であると指摘するものがある[35]。情報の価値がそうであるように，その印刷出版物の価格も厳密に定められるもので

---

[34] JRRCは，1991年9月30日に設立された「出版物の複写に関し，著作権を擁護するとともに，著作物の公正な利用を図り併せて著作権思想の普及に努め，もって学術・文化の発展・普及に寄与すること」を目的とする任意団体であり，現在，社団法人となっている。JRRCに参加している団体は，3グループ13団体ある。3グループは，著作者団体，学協会，出版者団体である。著作者団体は，㈳日本文芸著作権保護同盟，㈶日本脚本家連盟，日本美術著作権連合，全日本写真著作者同盟，㈳日本グラフィックデザイナー協会の5団体からなる。

学協会は，学術著作権協会をいい，日本工学会，日本薬学会，日本歯科医学会，日本農学会の自然科学系4学会で構成されている。出版者団体は，㈳出版者著作権協議会，㈳日本書籍出版協会，㈳日本雑誌協会，㈳自然科学書協会，㈳出版梓会，㈳日本図書教材協会，㈳日本専門新聞協会の7団体をいう。

[35] 梅棹・前掲注13）119〜120頁。

はない。

　ここで，近代経済学の一般的な説明によると，消費財は，その利用可能な回数によって，消耗財（1回）と耐久財（複数回）に分類される。そして，耐久財は，三つの市場，すなわち新品，中古品，レンタル品の市場を形成している。それらの市場を耐久財としての出版物にあてはめると，それぞれ書店，古本屋，貸本屋により形成されるものに対応づけられる。しかし，実際は，再販売価格維持制度（以下，再販制度とよぶ）や公共図書館の利用などによって，それら三つの市場は不均衡な形態になっている。すなわち，出版物のレンタル市場という視点からとらえ直すと，単価2円／頁／部は，再販制度により制約されてきた不完全な市場を新品とレンタルの二つの市場に転換し，それらを均衡する一つの基準と言い換えることができる。たとえばデータベースを想起すれば理解できるように，そのコンテンツは，たえず更新し続けなければ消耗財的な性質を有するといえる。したがって，データベースのような電子情報は，消耗財と耐久財との中間的な消費財と仮定してよいだろう。このようなずれは，上でみた三つの市場のうち，潜在化していたレンタル市場（貸本屋）を顕在化させるものといえよう。

2.3.3　出版物の経済性と公共性

　文化財としての著作物は，著作権法の保護のもとに出版物として伝達されていく。そこには，文化の伝達様式が見いだせる。文化は，環境のうち人為的な部分であり，いろいろな変容を受けつつも次々に新しい世代に伝達されていく[36]。また，情報は公共財であるといわれる一方で，多くの情報は私的経済活動の枠内で生産・利用されている[37]。このとき，情報の生産に関する社会的効率性の観点に立つ議論と，情報の利用に関する社会的効率性の観点に立つ議論とが対立することが多い[38]。

---

[36]　碧海純一『法と社会―新しい法学入門』中央公論社，1967年，6〜7頁。

[37]　野口悠紀雄『情報の経済理論』東洋経済新報社，1974年，10頁。

[38]　野口・前掲注37）43頁。

このように，出版物は，情報の性質としての経済性と公共性を併せ持つ。情報の価値は，情報を利用する者にとっては，文化性・公共性により評価する。他方で，情報の流通に関与する者にとっては，その経済性が強調されることになる。このような情報の経済的価値と公共的価値との共通の尺度は，アクセスまたは複製される行為と頻度にあると考える。これは，著作物の複製による出版物に対する基準であり，学術出版物のコンテンツの利用に関する指標となろう。

2.4　学術出版と商業出版の相互関係：学術出版の社会的機能の外延

　出版社が出版物の発行を通して履行してきた学術出版は，現状の規模および現状のシステムにとどまる限り，経済的に成り立つものとはいえない。印刷・出版のそもそもの起源から，本質的に利潤を目的としており，また大量生産であったと同時に一種の選別作業でもあった[39]。他方，出版は文化性が強調される。その結果，出版物の流通において，出版の経済性と公共性が対立することになる。出版物が，一方で経済的な面から市場におかれ放任される状況になり，他方で公共的な面から著作物と同義に解されコピーが自由になされる状況になれば，学術出版と商業出版との従来の区分けを有名無実化さえすることになる。ここに，学術出版と商業出版との相互関係が，ディジタル情報技術による影響との関連でとらえ直す必要があろう。

2.4.1　出版物の流通に関する経済的な側面：再販売価格維持制度の撤廃問題

　出版物の流通システムは，注文制（買い切り方式）の少数の出版社を除くと，書店が取次会社や出版社に売れ残った本を返品できる委託販売制を採用している[40]。委託販売制は，地方の書店でもリスクを負わずに本を販売できるという保護救済を目的とする。そして，出版物は，常備寄託契約で配本

---

[39]　Febvre & Martin（関根他訳）・前掲注 2）pp.350-351（（下）162 頁）。
[40]　西谷能雄『出版流通機構試論―取次店・書店・大学生協』未来社，1981 年，43～58 頁。

される。出版物の流通システムである取次制度は，出版物を配送するネットワークになる[41]。この構造は，新規参入しようとする出版社に対して閉鎖性をもつ。すなわち，新規参入の出版社は，それら取次会社に口座の開設をしなければ，取次制度という出版物の物流システムに参入し，書店に配本してもらうことはできない。また，出版流通の問題点に，出版社の出版物を品切れ状態におくことがある[42]。

出版物は，その経済的な側面から規制される対象になる。「私的独占の禁止及び公正取引の確保に関する法律」（昭22法54）（以下，独占禁止法と表記する）では，著作物を著作複製物として，その著作複製物を出版物と同義に解し，書籍，雑誌および新聞としていた。そして，音楽用テープ，音楽用CDは，出版物のカテゴリーに含め，書籍，雑誌，新聞，音楽用テープ，音楽用CDの6品目は，「法定再販商品」として独占禁止法の適用除外になっている（独占禁止法旧24条の2第4項，独占禁止法23条4項）。また，音楽用テープ，音楽用CDは著作物として類推適用され[43]，独占禁止法は，再販売価格維持行為（以下，再販行為とよぶ）を禁止している[44]。しかし，著作

---

[41] この制度は，多くの利点を有する反面，大手取次会社（1位の日本出版販売（日販），2位のトーハン）がその市場の約80％を占める恒常的な独占状態の構造をもつ。二大取次会社（日販，トーハン）の寡占，返本率の高さ，取次会社からの機械的な比率による配本（パターン配本）が推し進められる。このような環境の中で，2002年春に，出版取次1位の日販，3位の大阪屋，4位の栗田出版販売，5位の太洋社の4社は，物流事業の統合に乗り出している。なお，出版流通市場における4社の合計シェアは50％を超える。

[42] 返品率の増加は出版社の経営基盤を不安定にする最大の要因であり，売れ行きが良好でないものは在庫量を制限して品切れ状態におくことが多い。したがって，品切れの状態の出版物を紙メディアで増刷することは，それが小部数であればあるほど，物理的な制約が強まる。

[43] 1953年の規定当時，公正取引委員会は，著作物の範囲が法定されていないので，書籍，雑誌，新聞およびレコード盤の4品を著作物と解釈していた。

[44] 植木邦之編『最新 独占禁止法』商事法務研究会，1990年，328頁。アメリカ，カナダ，オーストラリア，ドイツおよびフランスは，再販行為を独占禁止法違反とする点で一致している。アメリカは1975年に全廃し，カナダおよびオーストラリアと同様，適用除外を認めていない。イギリスは，1957年に新聞は外され，1995年9月，再販行為適用除外を利用する出版社の定価販売協定が廃止され，書籍について価格維持制度をとらない大手出版社が増えている。ドイツ，ノルウェー，フィンランド，ルクセンブルグでは，出版物は独占禁止法の規制適用除外になっている。ドイツは，1973年に一般商品について廃止しているが，日本と同様，新聞・

発行物（出版物など）については，独占禁止法の適用除外として，再販制度が認められており，出版者が販売業者（書店等）に定価販売を遵守させることができる[45]。この著作発行物に対する再販制度の撤廃が，規制緩和との関連で1990年代において検討されることになる。

出版物の取引が，売買であるか，法律上の委託販売であるかによって，独占禁止法における取扱いは，異なったものになる[46]。再販制度は，出版物の取引が売買のときに問題となるものである。したがって，もし委託販売をとるのであれば，独占禁止法上の問題は生じない。すなわち，出版社が，出版物の所有権を留保し，自らその販売・管理の危険負担と責任を負う取引であればよい。しかし，書籍・雑誌の取引形態が「委託」，「買切」，「常備寄託」のいずれの形式であっても，返品条件付き売買とする理解は，出版者団体と公正取引委員会とに共通する[47]。

公正取引委員会の事務総局の私的研究会「政府規制等と競争政策に関する研究会・再販問題検討小委員会」は，1998年1月13日に公表した中間報告書の中で，再販制度は維持すべき理由に乏しく，基本的には廃止の方向で検討されるべきであるとしている。ただし，本来的な対応とはいえないとしながら，再販制度のこれまでの役割について，文化・公共的な観点から配慮する必要があり，直ちに廃止することには問題があると考えられるとしている。このような留保条件が付いているとはいえ，この報告書は，著作出版物の再

雑誌・書籍は文化政策の見地から適用除外の措置をとっている。フランスは，1979年に推奨価格（出版社希望小売価格）を禁止し，自由価格制に移行し，2年後に「書籍定価法」により再販制度を導入している。なお，イギリス，フランス，アメリカ，オランダ，ベルギー，イタリア，アイルランド，ギリシャ，スペインでは，定価販売の商慣習がある。このような事例から判断すると，再販制度の撤廃が，流通システムにおいて仮定されているすべての弊害を除去することにはならない。

45) 植木編・前掲注44) 327～328頁。

46) 根岸哲「出版物の法定再販制度」ジュリスト，No.1086（1996年）41頁。正田彬「書籍の再販制について」ジュリスト，No.1086（1996年）31～36頁。

47) 日本書籍出版協会・日本雑誌協会「出版物再販制の意義」新聞経営別冊『新聞の公共性と再販』（日本新聞協会，1995年2月28日）。公正取引委員会事務局『書籍・雑誌の流通実態等に関する調査報告書』（1995年7月25日）5～7頁。

販制度を撤廃する方向づけを与えるものである。なお，公正取引委員会は，「著作物再販制度の取り扱いについて」（1998年3月31日）をまとめ，そこでは「一定期間経過後に制度自体の存廃についての結論を得るのが適当である」としている。

また，1998年3月31日に閣議決定された「規制緩和3カ年計画」（平成10年度から平成12年度まで）では，再販制度見直しに対し，再販制度を「維持すべき相当の特別な理由が必要であり，今後，行政改革委員会の最終意見の指摘する論点に係る議論を深めつつ，適切な措置を講ずるものとする」とし，1998年度以降の是正に先延ばししている。なお，公正取引委員会は，「著作物再販制度下における関係業界の流通・取引慣行改善等の取組状況等について」（1998年12月2日）において，著作物の再販制度自体の存廃については，引き続き検討することとしていた。

このような見解に対し，「活字文化に関する懇談会」（日本新聞協会，日本書籍出版協会，日本雑誌協会）と文化庁は，再販制度見直しを打ち出した上記中間報告に反論する見解をまとめている[48]。現行の再販制度による制度的な保護は，経済原理を後方におき，文化的事業としての色彩を強調するものである。規制緩和による流れに乗った再販制度の撤廃は，出版文化に寄与する出版者に対しても自由競争を求めることになる。

文化の普及に貢献するための出版は，本来的に経済的な利益に直接結びつくことはなく，営利事業の一種であるところの一般ジャーナリズムとは原則的に結びつくものはない[49]。しかし，現実には，学術出版においても，営利事業と結びつけられている。「政府規制等と競争政策に関する研究会・再販問題検討小委員会」が問題とする出版とは，営利事業に対してのものである。一方，「活字文化に関する懇談会」がいう出版とは，文化の普及や著作物の発信による表現の自由（言論・出版の自由）の保障[50]の視座に立ったもので

[48] 活字文化懇談会「再販問題検討小委員会中間報告書について」（1995年7月31日）。
[49] 梅棹忠夫「学術情報における流通と蓄積」『情報管理論』岩波書店，1990年，107～108頁。
[50] 清水英夫「表現の自由保障と著作物の再販制度」図書，No.586（1998年2月）10～13頁。

ある。その関係は出版物という同じ対象に向けられるものの，それら二つの立場は相反するものであり，それらを二者択一的に判断することは適切ではない。

1991年から続けられてきた再販制度の撤廃の是非に対して，公正取引委員会は，「著作物再販制度の取り扱いについて」(2001年3月23日)において，再販制度の廃止に対する国民的合意が形成されるに至っていない状況にあるとし，当面同制度を存置することが相当であると考えると結論づけている。このように結論づける根拠は，国民各層から寄せられた意見に，再販制度の廃止が書籍等の発行企画の多様性を失わせ国民の知る権利を阻害する可能性があるなど，文化・公共面で影響が生じるおそれがあるとし，同制度の廃止に対する意見も多く見られたことによっている。ただし，この結論は，著作物の流通に関する現状を肯定するものではなく，消費者利益の向上につながるような運用，たとえば時限再販・部分再販など再販制度の運用の弾力化を求めており，再販問題の判断には出版の文化性・公共性と出版の経済性との調和の観点からの構造的な改革が必要である。

公正取引委員会が著作物とよぶ対象が著作出版物であることからいえば，著作物の流通に関して著作物と出版物は，峻別してとらえ直す必要がある。この点からいえば，著作物が出版物によって流通する限り，出版物の流通に関する経済的な側面に，独占禁止法が適用される余地は存在しよう。

2.4.2　出版物の流通に関する公共的な側面：納本制度の在り方

国立国会図書館は，昭和23年の創立以来，国内で刊行された出版物については，国立国会図書館法(昭23法5)の規定する納本制度により，国政審議および国民一般の利用，貴重な文化財の保存等を目的として，国・地方公共団体・民間出版物を問わず，その収集がはかられている(国立国会図書館法25条1項)。ここで留意しなければならないことは，納本制度でいう出版物とは，あくまで著作物の器の意味を超えるものではないことである。これは，電子出版物についても，同様である。すなわち，納本される著作物の化

体した出版物は，国立図書館に納本されると，著作物の複製に関する私的な権利を内包する共有財として形成されていく。

(1) 印刷出版物の納本

出版者（発行者と称せられる）は，文化財の蓄積およびその利用に資するために，出版物を国立国会図書館に，発行の日から30日以内に最良版の完全なもの1部を納入しなければならず（国立国会図書館法25条1項），これを懈怠したときは過料に処せられる（同法25条の2）。ここでいう出版物とは，図書，小冊子，逐次刊行物，楽譜，地図，映画の著作物，レコードの著作物であって，文書または図画として複製した著作物をいう（同法旧24条1項の各号）。しかし，国立国会図書館法でいう出版物は有形的媒体である紙への固定を前提にしている。CD-ROMに関しては，印刷技術その他の機械的または化学的方法によって文書または図画として複製されたもの（同法旧24条1項8号）とみなせるかどうかで判断が分かれることになる。したがって，CD-ROMといった電子出版物に対する納本制度の適用について，検討が必要になった。

(2) 電子出版物の納本

国立国会図書館長の諮問機関であり，衆参両議院運営委員会の承認を得た納本制度調査会規定に基づき設立された納本制度調査会が，電子出版物の納本について検討を加え答申を行っている[51]。この答申では，国立国会図書館法にCD-ROM，DVD等のパッケージ系の電子出版物も対象として加えることを求めている。この答申に基づいて，パッケージ系電子出版物の納本を義務づける法改正が行われている（国立国会図書館法24条1項9号）。また，インターネットなどで出版されるネットワーク系の電子出版物も，印刷媒体やパッケージ系と変わらない内容もあるとして，今後すべてに納入の義務づけをすべきであるとしている[52]。

---

[51] 納本制度調査会『答申—21世紀を展望した我が国の納本制度の在り方〜電子出版物を中心に』（1999年2月22日）。

この答申で指摘しておかなければならないことは，電子媒体に固定された電子出版物は，その発行者に電子出版物（CD-ROM 等）という物の所有権があり，それが国立国会図書館に納本されたとき，発行者のその有体物に関する権利は納本時に放棄することにより消滅するという見解である[53]。答申が指摘するように，出版物自体には著作権法上の権利はない。しかし，無体物である著作物が有体物の出版物という有形的媒体に固定されるときの著作権法上の権利，すなわち出版権（著作物を複製する権利）は，電子出版と同様な行為に対して対抗しうると考えられる。この答申の見解は，著作権法界の二つの法理を誤認し混同するものであり，ディジタル情報社会における著作権問題の議論の混乱を象徴するものといわざるをえない。しかも，答申でとる見解を推し進めることは，学術出版物1冊が納本されれば，その利用については出版者と無関係に権利処理できることを想起させる。この懸念が解消されない限り，商業出版社による文化財の蓄積およびその利用の対象である学術出版物の発行は減少し，かえって納本制度の目的自体が破綻することになりかねない。

2.5 情報産業における出版の経済性と公共性との新たな均衡

出版の方法がアナログ（印刷出版物）からディジタル（電子出版物）へ変化しつつある現在，出版社不要論ともいうべき見方がある。それは，ディジタル情報技術を活用することによって，出版社が行っている学術出版が容易になるとの意識の高まりによる。ところが，ディジタル情報技術が推し進める情報ネットワーク環境が学術出版を簡便にするといいきることはできない。なぜならば，学協会が，また大学出版会が，そして著作者が，情報ネットワークを介して独自の伝達手段をとれるはずであるのに，商業出版社に学術出版の委託をする比率が増加しているとさえいえるからである。この要因は，学術出版が単に出版物を発行するだけで維持できるものではないことによろう。

---

[52] 納本制度調査会・前掲注51) 43～44頁。
[53] 納本制度調査会・前掲注51) 37～38頁。

出版が学術出版と商業出版に分けられ，また前者が主として学協会や大学出版会に後者が商業出版社に対応づけられることがあるにしても，出版社は出版の文化的な側面と経済的な側面とのクリティカルな均衡を維持してきた。学術出版においても，公共図書館が学術出版物の主な購入先[54]という側面で出版社と協調的な関係が存在していた。このように，学術出版に関わる商業出版社は，出版の文化的な側面と経済的な側面との均衡を維持していくことに腐心してきた。しかし，そのような均衡はすでに消散している。出版物の性格が文化財としてではなく，大衆的な消耗財としての傾向は，出版物の質を均一化し，さらに出版物の質の低下や自転車操業的な発行を招くだろう。

ここに，著作物のディジタル化・ネットワーク化が象徴するディジタル情報技術を活用した出版の変化は，出版の大衆消費財的な傾向を助長することになるかもしれない。逆に，その変化は，今まで学術出版が果たしてきた社会的機能の原点にもどすチャンスを与えてくれることも考えられる。さらに，それらは，出版の分化を進めることになることも想定できよう。いずれにしても，著作物のディジタル化・ネットワーク化が誘引する課題の解決は，

(1) ディジタル情報技術および複製技術の変化を積極的に受け入れ
(2) 著作物のディジタル化・ネットワーク化と学術出版の社会的機能との協調をはかり
(3) ディジタル情報社会において学術出版が多様性を維持し一定の質を保持していくために出版が果たしてきた経済的な機能と文化的な機能との新たな均衡を見いだす

ことに求められる。

---

[54] 学術出版物の企画部数，すなわち3年間の販売予想部数は500〜1,500部が妥当なものとなっている。たとえば大学図書館集計は『日本の図書館—統計と名簿— 2002』(㈳日本図書館協会，2003年1月15日，229頁)によれば，大学附属図書館の数は，国立大学が298（本館：99，分館・分室：199）館，公立大学が107（本館：73，分館・分室：34）館，私立大学が840（本館：494，分館・分室：346）館，短期大学が345（本館：337，分館・分室：8）館，高等専門学校が61（本館61）館であり，合計1,651館になる。すなわち，大学図書館等に，都道府県レベルの公共図書館を加えた絶対量は，学術出版物が商業的に成り立つ販売部数の境界をなしている。

第3章

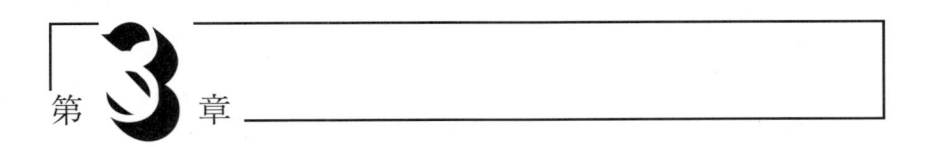

ディジタル情報技術と学術出版

3.1 学術出版の対象となるコンテンツの表示形態の変化：物からディジタル情報へ

　出版社は，出版物を作成するためにディジタル情報技術を利用している。すなわち，出版物の制作プロセスにおいて，電子化されたデータが蓄積されている。したがって，そのデータに着目すれば，もはや伝統的な印刷システムで著作物を伝達する必要性は少なくなっている。出版物の将来の形態は，読者（ユーザー）によるアクセスによってコンテンツを加工するものになるかもしれない。その情報源としては，著作物がある出版社で発行されて維持管理および履歴管理されたコンテンツから抽出されるものが考えられる。そのとき，その新しい情報システムとコンテンツの形成および流通に関わる伝統システムとの間に衝突（conflict）が生じよう。ところが，その技術的な進展に合致する制度的な対応が十分に加えられているとはいえない。その状況は，文化的な資産である出版物がディジタル化されていくとき，情報ネットワークを介して伝達されるコンテンツを利用する者にとって障害になりかねない。

　ディジタル情報技術の普及は，予想を超える勢いで新たな社会通念，価値，文化をつくり出していくと考えられる。これまで慣れ親しんだ印刷メディア

や，従来型のアクセス手段に依拠する情報活動が根本から崩れる可能性があることにも留意しなければならない。以下では，学術出版の対象となるコンテンツの表示形態を事例をもとに検討する。

3.1.1 電子ライブラリー

　出版界と図書館界における有志によって 1991 年 1 月設立された「電子ライブラリーコンソーシアム」は，情報の提供者である「出版社」，その利用技術を提供する「情報機器メーカー」，情報を活用する「ライブラリー（図書館，美術館，博物館）」がそれぞれの立場の違いを超えて，横断的に「利用者」の観点に立って協力し，出版の振興，ライブラリーの発展を目的としたものである。ディジタル情報技術は情報資源のあり方を根本的に変え，出版に関しても従来の印刷メディアから電子メディアに変えている。そして，図書館，美術館，博物館もそのメディア技術の変化への対応を迫られている。このような状況にあって，電子ライブラリーの出現が待たれている。とくに，マルチメディアとネットワークという二つの技術要素が，図書館，美術館，博物館のサービスの仕方に影響を及ぼすとする。

　上記コンソーシアムは，当初の 2 年間は広く有識者の意見を聴取するという活動を行っていた。その後の 1994 年度，1995 年度は次項で述べる「知的資源利用に関する調査研究」に委嘱する形で，休止状態にあった。1996 年度からは，「知的資源利用に関する調査研究」の報告を踏まえて，さらに電子ライブラリーの可能性について検討を加えることになっていた[1]。しかし，このコンソーシアムの意図したものとは逆に，出版界と図書館界との間で，学術出版の対象になるコンテンツの利用者へのサービス提供に類似性があることから，電子出版物の納本制度，さらに国立国会図書館の蔵書のディジタル化に関して利害の衝突が生じている。

---

[1] この活動は，十分な検討が加えられることなく，会長である安江良介（元岩波書店社長）の病死により廃止された。

3.1.2 知的資源

　情報基盤の整備に重点を置くだけではなくて，そのコンテンツとなる情報の存在形態についてもバランスよくとらえておく必要がある。知的資源の利用についての調査は，知的資源の利用に関わる情報基盤・利用技術・利用システムのイメージを，有識者を対象にした2回の政策デルファイ法によるアンケート調査を行い，それをもとにして知的資源の利用に関するフレームワークをデザインすることを目的としたものである。ただし，調査は収斂を前提しないものとなっている[2]。本調査は，図書館，美術館，博物館（12箇所）における情報資源の表現形態の検討を把握したうえで，さらに1994年2月15日に閣議決定された行政の情報化が1995年度から5カ年で実施されるという背景のもとに，それらを広く知的資源ととらえて，その利用のあり方について調査したものである。その調査概要は，次のようなものである。

第1回調査概要
1. 調査対象者（回収数）

大学等の高等教育機関・研究機関	81
民間企業	67
行政機関・行政関連団体	40
評論家・ジャーナリスト・民間団体等	22
合計	210

2. 調査方法　郵送法
3. 調査時期　1993年10月下旬
　　　　　　　　〜11月下旬

第2回調査概要
1. 調査対象者（回収数）

大学等の高等教育機関・研究機関	60
民間企業	47
行政機関・行政関連団体	28
評論家・ジャーナリスト・民間団体等	16
合計	151

2. 調査方法　郵送法
3. 調査時期　1994年1月下旬
　　　　　　　　〜2月下旬

　ここでいう知的資源とは，情報資源，利用システム，利用技術が相互に関連をもち，それらが融合して新しい体系となり，ある形をなすもののことを

---

[2] 本調査研究は，委員長に竹内啓（当時東京大学教授，現在明治学院大学教授），委員に廣松毅（東京大学教授）他により組織され，有識者を対象にした次の2回の「21世紀にむけての我が国の課題対応と知的資源の整備についての有識者調査」をもとにする。そして，その報告が，データベース振興センター『知的資源利用に関する調査研究［中間報告］』（1994年3月）およびデータベース振興センター『平成6年度 知的資源利用調査研究報告書』（1995年2月）である。

いう。ここでは，データベース形態のディジタルコンテンツのモデルを与えるものであるが，明確な形を提示するに至っていない。なお，この検討事項については，4.4 節で改めて検討する。

3.1.3 ディジタルコンテンツ

1997 年より，通商産業省（現在，経済産業省）における「情報産業部会基本問題小委員会デジタルコンテンツ分科会（知的財産政策部会との合同会議）」において，ディジタル化されたコンテンツの取引の安定化・活性化に向けた検討がなされている[3]。その後，アナログも含めた「コンテンツ」に拡張され，その適切な保護と新たな市場の展開の双方が実現されるような環境整備のあり方についての検討が加えられている。これは，EU が提唱した創作性のないデータベースの保護に関する指令「データベースの法的保護に関する 1996 年 3 月 11 日の欧州議会及び理事会指令」(Directive of the European Parliament and of the Council of 11 March 1996 on the legal protection of databases（96/9/EEC））に連動する。そして，アナログも含めるようになったのは，EU の指令のいうデータベースが非電子的なものも対象（96/9/EEC 前文（14））にしていることに合わせるものといえる。しかし，知的財産権の対象が無体物であり，それに対してわが国がとる著作権の法理において，コンテンツの情報形態がアナログであってもディジタルであっても本質的に差異はないはずである。この検討は，データベース制作者の投資保護の面から検討されているものといえる。そこでは，データベースのコンテンツの全部または質的および／または量的に実質的なものと認められる部分の抽出および／または再利用を禁じるための権利の規定が定められている（96/9/EEC 7 条（1））。ただし，国際的な条約は，まだ締結されるには至っていない。

ここで読み取れることは，コンテンツの流通において，著作権を超え知的

---

[3] 相崎裕恒「デジタルコンテンツの取引の安定化・活性化に向けた課題について―産業構造審議会デジタルコンテンツ合同会議中間論点整理の概要」機械振興，Vol. 31, No. 10（1998 年）61～66 頁を参照。

財産権を鳥瞰した観点からの法システムの構築が要請される点である。

3.1.4　電子書籍

　これまで，電子出版物は，エレクトロニクスメーカーの主導で開発されてきた[4]。つまり，メーカーの開発したハードに合わせて出版社がソフトをつくってきたのである。そのために，それらは使い勝手の点では問題があり，それは辞書を検索するという範囲内にあり，ページをめくるという読書の感覚とは異なっていた。読書の感覚の欠落は，単行本の縦長の版面表示を横長のディスプレイ画面表示に置き換えることにより生じていると思われる。この置き換えは見開き2頁の表示という単行本のプレゼンテーションであるが，これを踏襲する「イーブック端末」がイーブック・イニシアティブ・ジャパン（東芝・NTTと共同開発）によって試作されている。これは，たとえばアドビ（Adobe）社の電子書籍管理閲覧ソフト「Acrobat eBook Reader」によって実現可能になる。この環境は，松下電器の「ΣBook」のように携帯型機器を携行して電子書籍を印刷物のレイアウトと同じ形態で読むものであり，文庫や新書の感覚と同一になっている。

　他方，出版社が主導する電子出版物も計画されている。電子書籍コンソーシアム（1998年10月2日設立）は，通商産業省（現在，経済産業省）の出資による情報処理振興事業協会（Information-technology Promotion Agency, IPA）が展開する「電子商取引共通基盤整備事業」の一環として，1998年度情報関連予算の補助金を受けて実行される「ブックオンデマンドシステム実証実験」のための企業集合体である[5]。「電子書籍」は出版物の書式を取り込む書籍の

---

[4]　たとえば「デジタルブック」はNECが開発し，「電子ブック」はソニーがプレーヤーを開発している。

[5]　ブックオンデマンドシステム実証実験は，1998年9月から実験が開始され，2000年1月末日に終了した。参加した出版社は小学館，講談社，角川書店，集英社，文藝春秋，中央公論新社，日本交通公社，主婦の友社，日本文芸社，日本放送出版協会，徳間書店，旺文社，日経BP社，出版ニュース社など約60社であり，その他に通信メーカー，印刷・取次・ソフトウェア関連事業社の約140社が参加している。

電子化である。それは，通信衛星で書籍内容をデータとして配信し，書籍の形態に似せた形態で読書専用端末で読むことができるシステムである。なお，このような流通は，情報ネットワークという有線から通信衛星という無線へのメディアの変化があり，国境を越えて受信されることが想定できる点で，著作権に関わる今日的な課題がある。たとえば「衛星放送とケーブル再送信に適用される著作権及び著作権に関連する特定の規定の調整に関する 1993 年 9 月 27 日の理事会指令」(Council Directive of 27 September 1993 on the coordination of certain rules concerning copyright and right related to copyright applicable to satellite broadcasting and cable retransmissioni （93/83/EEC）) において検討がなされている。

　ところで，出版物は，情報の二つの表現形式を併せ持っている。第一は，目次（content）で表されているように意味が前後に連関がある本文（text）とみるものである。第二は，本文を各項目の配列（array）が五十音順またはアルファベット順の索引（index）である。電子書籍は，それら二つの分離された目次と索引の関係を情報世界において両方とも兼ね備えた表現形式に変態させるものになる[6]。ここで，電子書籍のシステムは，書店と取次会社を含めた出版物の流通システムであり，さらに公共図書館における利用システムと合致する。この形態は，ネットワーク系の電子出版物の流通・利用に関する機能になる。ここに，出版物の流通システムと利用システムを統合化した新たなシステム構築が出版界と図書館界におけるサービス提供に関する調整のために必要になる。

3.2　学術出版の社会的機能と電子図書館の社会的機能の同一化

　国立国会図書館および公共図書館において借り出されてしまった蔵書（印刷出版物）は，利用者がそれを読みたいと思ってもすぐには読めない場合が

---

[6]　『岩波 電子広辞苑』，『LEXIS（レキシス）』は，印刷メディアにおける編集著作物が電子メディアにおけるデータベースに置き換えられた典型的なケースである。

ある。また，視覚障害者が直接に蔵書の版面から利用するには不便な面が多い。蔵書（印刷出版物）のディジタル化は，そのような不都合な状況を解決する有効な手段である。ただし，そのような情報形態の利用・使用は，出版物の読者への提供が公共図書館の蔵書の閲覧と全く同一の機能であることを明確にする。さらに，それは，国立国会図書館に納本される出版物を対象に蔵書のディジタル化および電子図書館における学術情報データベース（電子図書館の「蔵書」（電子的情報資源））が構築されることによって，出版社が果たしてきた学術出版の社会的機能と電子図書館の社会的機能が同一化することを意味する。

3.2.1　国立国会図書館における蔵書のディジタル化

　国立国会図書館に納入された出版物（蔵書）であって，すでに著作権の保護が及ばない学術出版物，とくに希少本や劣化の激しい書籍はディジタル化されて保存しておくことは文化的な点では疑問を挟む余地はない。この先例として，国立国会図書館と丸善が昭和24年3月までの社会科学系書籍のディジタル化をすすめていることがあげられる[7]。しかし，それら出版物が市場に置かれて著作物の伝達機能を維持しているならば，また市場に置かれることがたとえないにしても著作物の維持・履歴管理機能が加えられているならば，まずそれらコンテンツを活用する方策をとるべきであり，国立国会図書館に納入された出版物（蔵書）を商業出版社である丸善が独占的にディジタル化し商業化する積極的な意味は存在しないはずである。

　また，児童書専門の国立国会図書館である「国際子ども図書館」は，2000年5月6日から，国立国会図書館に納本された蔵書を含め収集された児童書

---

[7]　このケースは，書籍の版面を1頁ずつマイクロフィルムに撮影したうえで電子化するものであり，CD-RとDVDに収められたパッケージ系の電子出版物として1セット1億数千万円で販売されるものである。これは，蔵書のディジタル化の先例とみなせるものであり，著作権者だけに，ディジタル化および電子出版物化の許諾を求めており，電子出版物の納本制度の提言が電子出版物の利用においてとった見解を印刷出版物のディジタル化に対しても適用するものといえる。

をディジタル化し，インターネットを介して学校および家庭にマルチメディアサービスも行うという．つまり，閲覧者（利用者）はコンテンツにアクセスすると，今まで漠然と分けられていた蔵書（出版物）の閲覧という公共性と，出版物の購入に伴う経済性との対立が生じることになる．

　ところで，出版物の制作プロセスにおいて，著作物はコード化されている．すなわち，出版者が発行する紙メディアの書籍・ジャーナルは電算写植システム（CTS）やワープロソフトにより入力されており，テキストデータとして保管されている．この情報形態は，文字一つひとつを分離してポイントの大きさや書体さえも自由に選択でき，自由にレイアウトの変更や内容の改変もできる状態にあることを意味する[8]．また，そのコード化された情報は，InDesignまたは日本語 TeX のページ記述言語により自動的にレイアウトされ，汎用標準マーク付け言語（SGML（Standard Generalized Markup Language）（1986年 ISO 8879，1992年 JIS に採用），HTML（Hyper Text Markup Language），XML（Extensible Markup Language））により，ディスプレイ画面内に版面形態でアクセスできるものとなる[9]．それは，著作物の出版によって有形的媒体に固定された状態をイメージしてコマンドが付加されたディジタル情報として保存されることになる．

　そのようなコード化されたテキストデータの時系列的なとらえ方に対して，印刷出版物の版面を擬制した電子的な版面のとらえ方ができるものがある．サン・マイクロシステムズ（Sun Microsystems）社は，プログラミング言語 Java^TM によって TV と同じようにして，コンピュータをネットワークにつなぐ構想をもつ．このとき，パーソナルコンピュータは，ネットワークターミナルになる．このとき，プリンタ出力の標準的なデータ形式である PostScript

---

[8]　いったん紙に固定され出版された著作物のディジタル化にあたっては，同一性の点で問題の生じる可能性が指摘されている（半田正夫「マスコミと著作権」コピライト，Vol.39，No.459（1999年6月）20頁）．

[9]　石塚英弘「電子出版—その概念と技術」電子情報通信学会誌，Vol.78，No.9（1995年）891～898頁．石塚英弘・根岸正光「情報システム基盤技術としての SGML—文書データベースから WWW そして CALS まで」情報処理，Vol.37，No.3（1996年）207～212頁．

第3章 ディジタル情報技術と学術出版　　　　　　　　　　　　　51

と HTML の機能をもつ PDF（Portable Document Format）は，ディスプレイ画面上で，目次を見ながら，章だての構造が保存された文献を相互参照させながら表示させることができる[10]。すなわち，情報世界にあっても，印刷出版物と同様に版面形式の電子フォーマットが，プラットフォームの種類によらないで，形成されていくことになる[11]。これは，ディスプレイ画面内において版面形式で表示されるコンテンツを共有する環境を形成しよう。

　マルチメディア表現やインターネットの利用に伴って，情報の新たな流通・利用が喧伝されている。そして，国立国会図書館に保管されている蔵書のディジタル化・ネットワーク化は，公共図書館の主要なサービスである閲覧をディスプレイ表示のアクセスとディジタル的な複製（複写）に置き換える。このように，コンテンツが情報世界で形成されるとき，その情報の発信者である著作者と受信者である利用者は，直接，リンケージされる。そのとき，私的使用が私的目的のための複製に転用されると，著作権の適用除外（権利の制限）の規定の法解釈がクリティカルになる。そして，この課題は，出版社と公共図書館との関係において，コピー問題と同様な利害の衝突が繰り返されることになる。ただし，このような課題は，基本的には，紙を媒体にする印刷出版物の相互関係の上においても本質的な差異はなく，紙メディアでは，とくに問題が表面化していなかったといえる。

---

[10] たとえば Adobe™ Acrobat™ は，コンピュータの非互換性を一掃して，文献や図版をオリジナルなレイアウトと字体を保持したままディジタル的に複製可能にする。

[11] 1997年7月よりサービスを開始したエルゼビア・サイエンス（Elsevier Science）社の Science Direct 21 は，学術ジャーナルを WWW によりフルテキスト情報として提供するものであり，他に学術出版物や学協会の出版物も収録する科学技術分野全般をカバーする電子ジャーナルである。この Science Direct 21 は，HTML で記述されるサマリーとフルテキストをブラウザで表示し，PDF で記述されるフルテキストを Adobe Acrobat Reader で表示・複製できるシステムをもつ。この表示・複製システムは，シュプリンガー（Springer）社の電子ジャーナル LINK についても同様な形式で利用できる。

3.2.2 電子図書館における学術情報のデータベース化

既存の著作物（出版物）が，コード化・ディジタル化され，また著作物の一つの複製形態である出版物の一部が電子出版物（CD-ROM (Compact Disc-Read Only Memory), MD (Mini Disc), DVD (Digital Versatile Disc)）のディジタルコンテンツに利用され制作物として形成されていく。さらに，その状況が情報ネットワークを利用した出版（送信）や電子出版物のコンテンツの流通・利用へ新しく展開されていくとき，従来の慣行においては隠されてきた障害が表面化し，または調整されてきた［著作者］—［出版者—公共図書館］—［利用者］の間の相互関係に新たに電子図書館の利用システムが付加されることによる混乱が生じている。

国立国会図書館が関西文化学術研究都市に建設計画を進めてきた電子図書館構想は，端末から書籍や文献の検索ができ，フルテキストが呼び出せるものである[12]。また，奈良先端科学技術大学院大学電子図書館，早稲田大学情報化推進プログラム，学術情報センター（現在の国立情報学研究所）が，それぞれ電子図書館の構築を最終的な目標に蔵書のディジタル化をすすめている[13]。さらに，電子情報通信学会は，国立情報学研究所に対して電子図書館サービスに限って，平成5年以降の会誌，和・英論文誌，技術研究報告，総合・ソサイエティ大会講演論文集の使用権を非独占的に与えて，実施している。そして，1998年1月から筑波大学の電子図書館サービスは，従来の文献検索サービスに加えて，筑波大学で管理している貴重書，学位論文，紀要，研究成果の全文データを閲覧できるようになっている[14]。ただし，電子図書

---

[12] 正井良知「電子図書館をめざして—国立国会図書館関西館（仮称）構想」情報処理, Vol.37, No.9（1996年）831～835頁, Atkins, Daniel K. and Ranadall L. Frank, Wendy P. Lougee, Katherine F. Willis（杉本重雄訳）「ミシガン大学におけるディジタル図書館計画」情報処理, Vol. 37, No. 9（1996年）848～856頁, 図書館研究所図書館情報学調査研究プロジェクト「主要国における国立図書館の将来構想」班「世界の国立図書館の将来構想と電子図書館への挑戦」国立国会図書館月報, No. 431 （1997年2月）2～21頁を参照。

[13] 安達淳「学術情報センターのディジタル図書館プロジェクト」情報処理, Vol.37, No.9（1996年）826～830頁。今井正和「大学における電子図書館の構築—奈良先端科学技術大学院大学電子図書館」ディジタル図書館, No.8（Oct. 1996）16～24頁。

館の概念は，国立国会図書館電子図書館構想によれば，国立国会図書館が実現する電子図書館は「図書館が通信ネットワークを介して行う一次情報（資料そのもの）及び二次情報（資料に関する情報）の電子的な提供とそのための基盤」と定義されている。しかし，この定義は，電子図書館がサービスする電子図書館の「蔵書」において明確とはいえない。その「蔵書」の点からいえば，図書館情報大学（現在，筑波大学）は，1）蔵書のすべてのディジタル化，2）出版社とのリンクの二つの考え方を提示している。いずれにしても，公共図書館が所蔵する出版物（書籍・ジャーナル）をディジタル化し，各個人が家にいながらにして端末によって検索できるシステムが電子図書館サービスの指向する機能といえよう。

現状において，電子図書館の全文データに，たとえ当該大学や研究機関に属する教官の著した出版物であっても加えられるケースは稀である。その原因は，著作者が当該出版物へのアクセスに著作権，著作者人格権と関連づけて制限を加えることが想定され，また出版社が出版物を通しての著作物のディジタル化に対して非協力的であることによる。したがって，そのような状況が続く限り，電子図書館は利用システムとして機能しえない。その障害は，印刷メディアで何らの問題点も意識することなく想定していた既得権が，電子メディアではその関係が反転し，または消滅してしまう法現象で表象されよう。

電子図書館に公共機関の成果物のコンテンツを入れただけでは成り立たないことは，公共図書館を利用したことがあれば自明である。ここに，公共性の実現者として出版社が行ってきた学術出版の社会的機能の構造が明らかにされ，著作物のディジタル化が与える課題に対する不適切な対応が足枷となっている状況を改善することが必要である。

電子図書館における学術情報の利用において，次のことが考慮される必要があろう。電子ジャーナルの Springer の LINK および Elsevier Science の

---

[14]　「電子図書館特集」つくばね（筑波大学附属図書館報），Vol.23, No.4（1998年）。栗山正光「電子図書館と著作権処理」情報の科学と技術，Vol.48, No.8（1998年）436頁，438頁。

Science Direct 21 が，大学図書館との契約により，当該大学の構成員（教員，学生，職員）に限定されて利用されている。この利用の仕方と直接関連するものではないにしても，公共図書館における閲覧が有料で提供されると予測する見解と共通する視点があろう[15]。このとき，ディジタル情報技術の普及は，出版社と公共図書館とが情報サービス提供者として同一性をもつことになる。ここに，営利事業としての出版と文化の振興としての出版との均衡をはかり，公共図書館と協調する利用システムの構築が求められると解する。

3.3 学術出版とインターネットの利用：出版流通システムの統合化

学術出版物の流通の不備は，注文した書籍が 2 週間ほどの待ち時間を要する点に現れている。近年の情報システム化の推進により，取次と書店とのネットワーク構築による改善措置がとられている。たとえば書籍の頒布については，注文品のような多品種少量化する出版物に対し，本の宅配便サービスである「ブックサービス」等を併用している。この出版流通の問題点は，前にも指摘したように，良書とされる学術出版物ほど品切れや絶版が多いことである[16]。文化的に価値の高い学術出版物が容易に手に入らない状況は，出版社が文化の普及の担い手という大義名分からいえば自己矛盾していよう。

ディジタル情報技術の発展は，社会的・文化的にさまざまな影響力を与え，それによって新たな諸概念，たとえば仮想商店街，電子取引，電子出版，仮想社会を産み出している。それは，情報流通をもとにする情報産業を創出する。出版産業は，その流れの中で，まずコンテンツ産業のコンテンツのサービス提供者として位置づけられよう。

---

[15] たとえば新フランス図書館では，図書館への利用者の参加意識の向上を求める必要を理由に，図書館サービスに料金制を検討している（加藤木理勝「二一世紀の不確実性への不安——電子技術と図書館」国立国会図書館月報，No.423（1996 年 6 月）19 頁）。

[16] 出版契約では，絶版条項はあるが，品切れについての規定はない。品切れは，絶版条項に触れることを避けるための操作である。これは，継続して出版する義務に違反する（著作権法 81 条 2 号）。

3.3.1 ブックオンデマンド

1993年10月21日，ゼロックス（Xerox）社は，オンデマンド印刷（DocuTech）を出荷している。これは，ブックオンデマンドを指向した新しいコンテンツの流通システムの動きを導いている。そして，1994年4月19日，Xeroxは，AT&Tと提携した「ドキュメント（文書）スーパーハイウェイ」というリバイバルの構想を発表した。本システムは，通信回線を使って遠隔地から文書をディジタル信号化して，送信，印字するものである。これは，オンデマンド出版とよばれるシステムになり，注文に応じて僅少な部数にも対応できるシステムをもつ[17]。

オンデマンド出版は，出版に印刷システムの中間段階の機能をそっくりそのまま代替する[18]。これは，出版社に印刷システムにおいて既得権益があるかのように見られている要因が製版された紙型またはフィルムを所有することによるものであって，著作権法上のものではないことを明確にする。

著作物がいったんある出版社によって発行されると，通常，その増刷にあたって出版社を変えることはない。諸外国においても，同様である。しかし，そうでない例が見られる[19]。このような状況は，ブックオンデマンドが普及

---

[17] オンデマンド出版は，出版社だけではなくて，書店，取次会社，印刷会社が単独または提携して事業を計画または開始している。具体的には，ブッキング（日本出版販売），電写本（紀伊國屋書店と富士ゼロックス），デジタルパブリッシングサービス（凸版印刷とトーハン），HONCO on demand（大日本印刷）がある。そのうち，日本出版販売が小学館や角川書店など出版社29社から出資を募り，1999年10月1日から事業を開始したオンデマンド出版サービス会社「ブッキング」は，絶版あるいは品切れの書籍の版面データを出版社から預かって電子化し，インターネットか書店を通じて注文を受け，印刷・簡易製本して読者に届けるシステムである。その他に，大日本印刷は，絶版や品切れの対応だけではなくて，自社が発行する雑誌『本とコンピュータ』からの新しい書籍をオンデマンドで出す構想ももっている。

[18] オンデマンド出版における著作権処理は出版者が行うものとしており，そのためには絶版あるいは品切れの書籍に対しても設定出版権の存在が前提になる。新しい書籍をオンデマンドで出す場合は，当然，著作物を複製する出版者と著作権者との契約関係と同様に，オンデマンド出版する者と著作権者との契約関係になる。国立国会図書館に納本される電子出版物，および印刷出版物のディジタル化・ネットワーク化による利用にあたっての契約関係も，この延長線上にあろう。

[19] たとえば "Structured Systems Analysis and Design Methodology" は，イギリスの Paradigm Publishing Ltd. で1987年に初版（first edition）が出版され，1988年に再版（reprint）されてい

するに従って恒常化しよう。ここには，ブックオンデマンドの依拠するコンテンツの所有に関わる問題がある。

3.3.2 バーチャル書店

インターネットは，出版物の流通を支援する。わが国では，取次制度が完備しており，その流通システムにのる出版物は，原則的に，わが国全土の書店に配本できる。その限りにおいて，出版流通システム上に不都合な点はない。しかし，小規模出版社や地方の出版社の中には，取次制度を利用できないものがある。インターネットの主な利用のされ方として，まずその隙間を埋めることが考えられる。

従来，書店におけるインターネットの利用は，書籍目録索引の検索サービスの一環としての比重が高い。したがって，インターネットを利用した配本システムが取次制度にとって代わると考えることは現実的ではない。これは，バーチャル（仮想）書店が取次制度が完備していないアメリカで発達したことから明らかである。1994年にシアトルで設立されたアマゾン・ドット・コム（Amazon.com）社は，ネット販売のビジネスモデル特許であるワンクリック注文方式[20]による出版流通システムを発明している。ただし，出版流通システムは物流システムとの提携がない限り成り立たない[21]。著作物の伝達手段としてのインターネットの利用は，従来の出版物の流通システムの延長上にあるものではない。インターネットの利用の出版流通システムにおいて留意しなければならないことは，物流の要素がインターネットの出版流通システムの外部に残っていることである。

る。その後，1989年にBlackwell Scientific Publicationsで再版され，1991年に改訂版（second edition）が出されており，1992年にその再版がなされている。さらに，そのcopyrightはAlfred Waller Limited（publishers）に譲渡され，1993年に再版が出されている。この著作物には「© Geoff Cutts 1987, 1991」と著作者名が表示されており，この表記は出版者への著作権の譲渡の慣行がないわが国の出版物の発行にあたっての権利関係と同様である。

[20] Method and system for placing a purchase order via a communications network （US5960411）.
[21] Amazon.comは，わが国では，取次会社の大阪屋と業務提携している。

3.3.3 ネットワーク系電子出版システム

　アメリカのコンピュータ月刊雑誌 "WIRED" は，最新号（当該月）以外の記事はインターネット上で無料公開する。また，同じように，1995年1月から出版している Springer のコンピュータサイエンス誌は，購読者が同社のネットワークにアクセスし，利用期間に応じて購読料を支払うものとなっている。ペーパーや電子媒体（CD-ROM）の形態での提供は，ネットワークにおける公開から1年半後になされるという。

　この現象が示すことは，著作者または編集者が出版社の代表になる場合，インターネットの利用が効果的になる点である。Wellesley-Cambridge Press は，インターネットによって印刷出版物の注文をとっている例である。その出版社は数学者のストラング（Gilbert Strang）が代表者になっており，彼は発行する出版物のすべてに著作者として関与している。この出版の形態は，ネットワーク系電子出版の原型といえよう。

　電子出版の別な形態としては，1971年にアメリカのシカゴの大学生であったマイケル・ハート（Michael Hart）が始めた「グーテンベルク計画（Project Gutenberg）」が考えられる。この計画は，copyright が切れた古典や重要な文書をコンピュータに入力し，無料公開する運動として知られている。この文書の入力は，英語圏を中心に約1,000人のボランティアにより，以前は1語ずつ，現在は読取り装置によって行われており，2000年末までに3,071の文献が入力されて，公開されている。また，「青空文庫」は，わが国の小説を主な対象に1,000冊を超える著作権が消滅した出版物および著作者が許諾した著作物のディジタル化をボランティアが非営利的に行い，それらのダウンロードは自由にしてホームページで公開している。このように，インターネットを利用して著作物を電子的に伝達する学術出版は，技術的に可能になっている。とくに，ジャーナルに関しては，このような研究成果の発表手段は紙メディアで伝達するより有効であるといえる[22]。そして，科学技術振興機構の

---

22) 時実象一「インターネット時代の学術雑誌出版」学士会会報，No.828（2000年7月）77～82頁を参照。

J-STAGE は，学協会のジャーナルの電子出版のプラットフォームになっている。書籍（書物）で行われてきた著作物の出版においても，同様に有効になろう。

ところで，書物は，今日，見られるように，必ずしも製本されて流通していたのではない。活版印刷術の誕生の頃において，製本と装丁にかかる経費および輸送費の点から刷り本（刷り紙）のまま樽に詰められて各都市に発送されて流通し，刷り本の売れ行きに応じて小部数ずつ製本され[23]，また19世紀の蒸気印刷機や製紙機械の出現によってより早く安く大部数の書物を印刷できるようになると製本せずに仮綴じのまま売られ読まれる書物も増えてくる[24]。これは，印刷出版物の物流として最も効率的な形態を有しているといえるし，ブックオンデマンドまたは電子出版のシステムの原型とさえいえる。この観点からいえば，インターネット利用の出版流通システムは，書物の出現時に行われていた物流の合理的な形態を含むものになる。そして，インターネットと学術出版の関わりで重要な点は，活版印刷術が発明されたときと同様に，出版・印刷に関わる者が出版流通を含めて一元化しうることである。

したがって，課金システムの存在を前提にして，次の点が考慮されるべきものであると考える。それは，オンラインでドキュメントを出版する形態であるハイパーテキスト（ネットワーク系の電子出版物）が印刷出版に対比しての簡便さによる利便な供給に対して，それぞれの制作者に報酬が与えられるとする見解である[25]。そのとき，出版者は，ディジタル情報技術を活用することによって，コンテンツの制作者とよびうるものになる。このとき，ある著作者（自然人，法人）の著作物を履歴・維持管理してコンテンツとして

---

[23] Febvre, Lucien and Henri-Jean Martin, *L'apparition du livre*（Éditions Albin Michel, Paris, 1958）p.159.（関根素子・長谷川輝夫・宮下志朗・月村辰雄共訳『書物の出現』筑摩書房，1998 年，（上） 276 頁）

[24] Febvre & Martin （関根他訳）・前掲注 23）p.164（282 頁）。

[25] Drexler, K. Eric, *Engines of Creation : The Coming of Era of Nanotechnology*（1986）.（相澤益男訳『創造する機械—ナノテクノロジー』パーソナルメディア，1992 年，300～301 頁）

リアルタイムに表出するものがネットワーク系の電子出版物とよびうるものになり，ネットワーク系電子出版システムになろう。

3.3.4　ディジタル情報社会の出版流通システム

　1999年12月，電子文庫出版社会（角川書店，講談社，光文社，集英社，新潮社，中央公論新社，徳間書店，文藝春秋の8社が参加）が組織され，電子書籍へのアクセスの入り口を共有し，各社が独自の電子書店を出店するという条件のもとに，2000年9月から電子書籍配信の事業展開をはかっている。この電子書籍配信システム「電子文庫パブリ」は，会員登録したユーザが「電子文庫パブリ」のホームページで，各出版社の横断的なリストから，欲しい本を探しだし，ユーザのパソコンにダウンロードしてクレジットカードにより購入するものである。この「電子文庫パブリ」は，学術出版のインターネット利用を考えたとき，ブックオンデマンド，バーチャル書店，ネットワーク系電子出版システムを統合する現実のシステムになりうる。すなわち，電子書籍配信システムは，情報世界にネットワーク系電子出版により形成された電子書籍がバーチャル書店を通して流通・利用するシステムであり，電子書籍の現実世界とのインタフェースがブックオンデマンドになる。これは，コンテンツの形成・流通・利用システムの一つの方向性を与えるものといえる。しかし，「電子文庫パブリ」が出版物を擬制した電子書籍全体を一つの単位としている点で，部分的な利用であるコピー問題を電子的な複製問題の課題にそのまま内包していることになる。したがって，上記の出版流通システムの統合化のシステムにおいても，コンテンツの部分的な利用に対応するシステム構築が残されることになる。

3.4　学術出版の社会的機能とディジタル情報技術との連携

　ディジタル情報技術の普及は，情報の発信を容易にし，情報の即時的な伝達を可能にしている。それは，出版産業がこれまで著作物の出版（出版物の

発行）を通して行ってきた従来の印刷システムに大きな変革を迫りつつある。このような状況は，出版物の流通を取り巻く環境の変化を促して，出版産業の多品種少量生産に対応してこなかった構造的な課題を顕在化し，その対応の遅れが出版産業の経済的な基盤を脆弱にして，短期的にはマイナスの影響を与えるという見方がなされる[26]。この見方は，そのような出版産業を取り巻く環境において，学術出版に関与する出版社が文化的な面に対する使命を従来にも増して見いだしにくいものにしている。

　出版産業がディジタル情報社会に適応していくために，国際出版連合（IPA），日本書籍出版協会・自然科学書協会は，電子環境における出版社の担う役割および著作権法の見直しを含めた検討を行っている[27]。そして，その検討の方向性は，著作権の保護をはかっていく延長線上に出版社の保護を位置づけるものである。その議論の中心は，電子出版と電子図書館の利用が出版社と公共図書館とに利益相反する関係を生じ，その利益調整をどのようにはかっていくかという点にある。著作物のディジタル化・ネットワーク化に関わる問題の主因は，学術出版の対象となるコンテンツの表示形態が「有体物に入れられた無体物」から「抜き身のままの電子情報」へ変わり，複製に関する概念の変化をもたらしたことによっていよう。

---

[26] ㈳日本書籍出版協会には，電子出版委員会および著作・出版権委員会が設けられている。前者は，電子出版（パッケージ系，ネットワーク系）に関する諸問題，とくに新たな流通形態，新技術の動向の検討を行っている。また後者は，ディジタル時代に対応した出版契約と出版者の権利関係について検討を行っている。その検討の中で，著作物のディジタル化または出版の電子化は，従来の印刷メディアにおいて履行されてきた出版社の役割が不明確になるとの意見も多い。

[27] 第4回 IPA 国際著作権シンポジウムにおいて，電子的な版ならびにデータベースに対する排他的な権利，ディジタル環境における許諾技術，著作権をめぐるパートナー間の協力，著作権の遵守に関する決議が 1998 年 1 月 24 日に採択された（IPA "The Publisher in The Changing Markets" *Proceedings of The IPA Fourth International Copyright Symposium* (Tokyo, 1998))。

3.4.1 著作物の伝達・複製の変化に適合する技術的な対応

　ディジタル情報技術の普及が及ぼす影響は，知的財産権の関連で検討されることが多い。その先駆けが，全米情報基盤（National Information Infrastructure, NII），いわゆる情報スーパーハイウェイ（information superhighway）構想に関する報告書である[28]。また，ヨーロッパ連合（European Union, EU）においても，全欧州情報基盤（Trans European Information Infrastructure）との関連の報告書が出されている[29]。それらの検討は，現状を総合的に調査するものである。一方，わが国の検討は技術先行で知的財産権の検討は，情報機器の発達・普及に関連しての法整備の提言[30]，科学技術政策・情報通信政策と

---

[28] Information Infrastructure Task Force, Working Group on Intellectual Property Rights, *Intellectual Property and the National Information Infrastructure : A Preliminary Draft of the Report of the Working Group on Intellectual Property Rights*（July 1994）. Information Infrastructure Task Force, Working Group on Intellectual Property Rights, *Intellectual Property and the National Information Infrastructure : The Report of the Working Group on Intellectual Property Rights*（September 1995）. 1996年電気通信法（Telecommunication Act of 1996）は，情報ハイウェイ構想への法的対応の意味をもつ。なお，NIIまたは地球的規模の情報基盤（Global Information Infrastructure, GII）と知的財産権との検討に先立ち，情報化社会における知的財産権に関する検討がなされている（U. S. Congress, Office of Technology Assessment, *Intellectual Property Rights in an Age of Electronics and Information*, OTA-CIT-302（U.S.Government Printing Office, 1986）（北川善太郎監修『電子・情報時代の知的所有権』日経マグロウヒル社，1987年））.

[29] Commission of the European Communities, *Green Paper on Copyright and Related Rights in the Information society*, COM（95）382 final（Brussels, 19 July 1995）.

[30] ディジタル情報技術と法制度改革に関しての提言としては，相次いで文化庁『著作権審議会第9小委員会（コンピュータ創作物関係）報告書』（1993年11月）と，権利処理の問題についてまとめた文化庁『著作権審議会マルチメディア小委員会第一次報告書─マルチメディア・ソフトの素材として利用される著作物に係る権利処理を中心として』（1993年11月）とが出された。さらに，知的財産研究所『Exposure（公開草案）'94─マルチメディアを巡る新たな知的財産ルールの提唱』（1994年2月），権利そのもののあり方等についての検討課題と対応例を検討した著作権審議会マルチメディア小委員会ワーキング・グループ『著作権審議会マルチメディア小委員会ワーキング・グループ検討経過報告─マルチメディアに係る制度上の問題について』（1995年2月），『マルチメディア社会実現のために必要な知的所有権ルールに関する調査研究』（1995年7月）が公表され，法制度の改正に向けての検討がなされている。
　なお，世界知的所有権機関（World Intellectual Organization, WIPO）の新条約との関係から，著作権審議会マルチメディア小委員会ワーキング・グループ『著作権審議会マルチメディア小委員会ワーキンググループ（技術的保護・管理関係）中間まとめ─コピープロテクション等技術的保護手段の回避について』（1998年2月），『著作権審議会マルチメディア小委員会ワー

の関連の提言[31)]で取り上げられることになる。

　このような中で，国際的な出版者団体である国際出版者著作権協議会（International Publishers Copyright Council, IPCC）は，出版の電子化との関係で公共図書館との著作物（実際は出版物）の合理的な利用にかかる課題を検討することになる[32)]。この動きに対し，国際的な図書館の団体である国際図書館協会連盟（International Federation of Library Associations, IFLA）は，電子図書館においても，従来，公共図書館に適用されてきた同じ条件で出版物が利用できる旨の提言を行っている[33)]。これを受けて，IPCCは，出版社と図書館はともに読者や利用者に提供するサービスの方法を再定義する必要があるとする[34)]。わが国においても，自然科学書協会がディジタル情報技術の及ぼす出版物に関する著作権問題を検討している。また，STMの日本部会が，国際的な視野に立って，電子環境における出版社の担う役割や，ディジタル情報技術に対応した著作権法の見直しを含めた検討を立ちあげている。さらに，日本書籍出版協会は，IPAと連携し，国際シンポジウムを開催し，その中でディジタル化とネットワーク化の進展に伴って派生する出版者の保護に関わる諸問題の検討を行っている[35)]。しかし，著作物（出版物）のコンテ

キング・グループ（技術的保護・管理関係）報告書』（1998年12月）では，コピープロテクションを解除するための装置の製造や販売について，刑事罰を含め法的に規制すべきとし，社会全体に与える影響の大きさを踏まえ，規制のあり方を検討することが適当としている。

[31)] 　ディジタル情報技術に関する政策提言では，通商産業省産業構造審議会情報産業部会『高度情報化プログラム』（1994年5月）の報告書と，マルチメディア社会の構築に向けた光ファイバ網の整備のあり方に関する電気通信審議会『21世紀の知的社会への改革に向けて　情報通信基盤整備プログラム』（1994年5月31日）の答申が出された。通商産業省産業構造審議会情報産業部会『今後のソフトウェア政策に関する基本的な考え方』（1995年3月29日）では，ディジタル情報社会に適合した知的財産制度の見直しを指摘する。

[32)] 　IPCC, *The Publisher in The Electronic World* （1994）.

[33)] 　IFLA "Libraries, Copyright and the Electronic Environment" （November 1995）.

[34)] 　IPCC "IPCC Response to IFLA's November 1995 Position Statement on Libraries, Copyright and the Electronic Environment".

[35)] 　IPA国際著作権シンポジウムの第1回は1986年にハイデルベルグで，第2回は1990年にパリで，第3回は1994年にトリノで，そして第4回（1998年1月22～24日）が東京で「変化する市場における出版者」と題して開かれた。

ンツの伝達（頒布または発信）に関わる各種団体による検討は，問題提起にとどまり，明確な方向づけを与えるに至っていない。また，ディジタル化・ネットワーク化に対応したコンテンツの開発および知的財産権の在り方について検討した民間団体による報告書も出されている[36]。しかし，それらの提言で共通することは，ディジタル情報技術と知的財産権（とくに著作権）の課題が指摘され，また課題解決が併記されるにとどまり，具体的なビジョンが示されているとはいえない点である。

ディジタル情報技術による著作物の伝達・複製の技術的な変化は，著作物が書物を通して伝達され受容されてきた様式から著作物が情報ネットワークを介して伝達され受容されていく環境への変化をもたらす。このとき，ディジタル情報技術の普及は，印刷と出版を統合化し，印刷と出版が分離し形成してきた相互関係にずれを生じさせる。そのずれは，著作物が化体した出版物がディジタル化され，コンテンツが情報世界で形成されて，それが現実世界でディジタル的な複製を伴う利用により生じるものであり，出版物が紙メディアで流通しているときにはその利用が制約されており潜在化していた相互関係に交錯や衝突が発現している現象といえる。この課題解決は，コンテンツの流通がネットワーク系電子出版物（電子情報）として適正に機能する情報システムの構築により与えられると考える。

3.4.2　著作物の伝達・複製の変化に適合する制度的な対応

ディジタル情報技術と知的財産権に関するとらえ方は，総じて，過去一世紀に及ぶ知的財産制度は無効であり，ディジタル情報技術に対応した新しいルールづくりが必要であるとの傾向性をもつ。すなわち，ディジタル情報技

---

[36] デジタル化に係る知的財産権問題検討委員会『デジタル化・ネットワーク化に対応した知的財産権問題について』（1995年12月）。なお，本委員会は，音楽電子産業協会，㈳情報サービス産業協会，㈶データベース振興センター，電子ネットワーク協議会，㈳日本玩具協会，㈳日本電子機械工業会，㈳日本電子工業振興協会，日本電子出版協会，㈳日本パーソナルコンピュータソフトウェア協会，㈳日本ビデオ協会，㈶マルチメディアソフト振興協会の11団体により組織される。

術の普及の前後で，知的財産権の法理に断絶が想定されている。今日の著作権問題に対する共通認識は，ディジタル媒体の著作物を保護するために，アナログ媒体の著作物を前提とした現行の著作権制度の運用を転換し，または新規立法の設計をしておかなければならないとするものになる。

その一つの見解に，著作権法が著作物の模倣による著作者への侵害を取り締まる公法的な方向性を帯びてきているというものがある[37]。そして，アナログ形式の著作物を対象とした現行著作権法と並行して，ディジタル形式の著作物を対象とする新規立法の必要性を唱えることになる[38]。そのような見解の対極の議論が著作権法の不要論・軽視論に投影される。すなわち，伝統的なメディアからはみ出したものは，従来の著作権法で縛ることに限界があるとするものになる[39]。もう一つは，著作権等の知的財産権はもとより，不正競争防止法，契約法など広義の知的財産権の観点から適切な保護と新たな市場の展開の双方が実現されるような環境整備の在り方についての検討があげられる[40]。また，プログラム著作物，マルチメディア著作物の制作物を，いわゆる「情報保護法」の新規立法により保護すべきとするものになる[41]。この傾向は，著作権のある情報については，情報の伝送と利用とは必ずしも一致しないため，著作権法の存在は流通の中断要因ともなるとの見解に現れている[42]。この見解の指摘することは，「権利者側の希望を満たし，かつ低コストで情報を流通させるという要請を満足させるための法制は，現在の財産権システムに存在しない」[43]によっていよう。

---

[37] 半田正夫「過渡期における著作権制度」著作権研究，No.23（1997年）103～104頁。

[38] 半田・前掲注37）108頁。半田正夫「デジタル化時代の著作権」コピライト，Vol.38，No.446（1998年5月）21頁。

[39] 名和小太郎『サイバースペースの著作権—知的財産は守れるのか』中央公論社，1996年，170頁，184頁。

[40] これは，通商産業省（現在，経済産業省）における「情報産業部会基本問題小委員会デジタルコンテンツ分科会（知的財産政策部会との合同会議）」が検討するものをいう。

[41] 中山信弘『マルチメディアと著作権』岩波書店，1996年，168～177頁。

[42] 中山信弘「著作権保護と情報の利用・流通促進の基本的視点」ジュリスト，No.1057（1994年）51頁。

それらの見解は，問題解決の起点を，前者は狭義の著作権法システム内に，後者は著作権法システム外に，置くものに分けられる。そして，前者の考え方は，必ずしも今日的なものではなく，すでに出版条例や版権法時代の先例に見られる[44]。また，その方向づけは，財産権である著作権法の枠外の課題といえる。後者をとる見解は，コンピュータ・プログラムやデータベースのような制作物が伝統的な著作物と同一のカテゴリーに含みえないとみなすことからくる一連の経緯による[45]。この二つの方向づけは，技術の変化が産み出した創作物の相互関係をそれぞれ著作権のカテゴリーで解釈するか工業所有権のカテゴリーで解釈するかを検討する前にすでに予定調和されており，情報世界で形成される対象の特性を正当に考慮し評価した結果を踏まえた見解とはいえない。そして，このような解決法は，さらにユビキタスネットワーク社会における法的課題に対して後追い的な対応にならざるをえないことになる。

　今日の多様で複雑な法現象を見せる知的財産権問題は，ディジタル情報技術の普及および複製技術の変化から派生していよう。ディジタル情報技術による著作物の伝達・複製の様式の変化は，立法当時において予測可能といえないことからいえば，新しい制度的な対応が必要であることは論をまたない。しかし，それらの調整を，現行法の法解釈の欠陥を指摘し，即座に新規立法に結びつけることに求めるのは，今日の知的財産権問題の議論において再考されなければならない。なぜならば，ディジタル情報技術との関連の制度設

---

[43] 中山信弘「ディジタル時代と著作権」コピライト，Vol.37，No.436（1997年）1頁．

[44] 知財産の利用を規制する流れとしては，たとえば『西洋旅案内』の無断出版の横行に対し，著作者である福沢諭吉が新聞に意見広告を出し，海賊版出版の差し止めを要求したことが，出版条例の制定につながったとされることがあげられる。そして，明治20年12月28日公布の版権条例（勅令77）の独立公布に伴い，出版条例を出版取締法に改正している。同様な傾向に，出版物の複写，貸しレコード，偽ブランド商品，コンピュータ・プログラムの複製といった課題に対する法改正があろう。

[45] 「半導体集積回路の回路配置に関する法律」（昭60法43）や「プログラム権法」（法制化には至らなかった）といったディジタル情報技術の発展に対応した知的財産権に関わる新規立法の法理は，使用権を設けて人格権を認めない，著作権法と特許法の折衷（要件のそれぞれの組み合わせ）でとらえている。

計の傾向性が,「しばしば賢明な法が作られたが,それを作った理由を保持することを怠ったので,いくつかの法は無益なものとして廃止され,それらを立法し直すために人々は再び不幸な経験によってその必要性を認識させられなければならなかった。」[46]といえるからである。また,「われわれが古くから有しており,われわれの意見や習慣が長いあいだ従ってきた制度や慣行は,きわめて慎重な検討をもってしか変えないようにしよう。われわれは,過去の経験によってそれらの制度や慣行がもたらす不都合はよく知っているが,それらを変えた場合に生じる害悪がどれほどの範囲に及ぶかは知らないのである。」[47]という言説が表現するものになっているからである。

したがって,学術出版の社会的機能とディジタル情報技術との連携を制度的に検討するときに,上記の傾向性に留意することが適切な対応へ導くことになると考える。学術出版の対象は,有体物である書物が伝播する様式をとることを前提に理解し解釈されてきた。学術出版の対象が情報ネットワークを介して流通し利用されるとき,その様式は書物の様式との比較によって差異または同一性が評価しうる。知的財産権問題が今日的なものとして取り上げられて十年以上になるが,この流れの中にあって,印刷出版と知的財産権の関係が電子出版の関連でさらに不明確な状態のままに放置されていることは避けなければならない。ここに,著作物のディジタル化が誘引する著作物の伝達・複製の変化の制度的な対応は,コンテンツの流通が適正に機能する法システムの構築に求められる。

---

[46] Laplace, Pierre-Simon, *Essai philosophique sur les probabilités*（1814）.（内井惣七訳『確率の哲学的試論』岩波書店,1997年,90頁）

[47] Laplace（内井訳）・前掲注46（91頁）。

第4章

知的資源の表出としての情報財の形成：コンテンツ

4.1 著作物の構造とコンテンツの構造との差異

　出版物のコンテンツは，著作物からなる。この著作物は，創作性（originality）が認められることが前提になる[1]。そして，その創作性は，著作権保護が与えられるための著作物性（copyrightability）と同義になる。また，この著作物性の尺度は，厳密な意味では違いがあるものの，研究の要件であるといえる。なぜならば，特許発明の登録を受けるための要件である新規性（novel）・発明の進歩性（inventive step）（自明のものでない（non-obvious）もの）の判断規準は，学術論文の査読基準になるといえるからである。

---

[1] もし純粋のオリジナルがあるとすれば，引用や参考文献の表記をする必要はない。たとえば，アインシュタイン（Einstein, Albert；1879.3.14–955.4.18）の特殊相対性理論の論文（"Zur Elektrodynamik bewegter Köper" (1905)）には，引用や参考文献が全くない。他方，アインシュタインは，ニュートン（Newton, Sir Isaac；1643.1.4–1727.3.31）の言葉「私がデカルト（Descartes, René 1596.3.31–1650.2.11）より遠くのほうが見えたのは，巨人たちの肩に乗せてもらったからである。」を引用して創作性に関して述べている。すなわち，その創作性においてアイディアやヒントといったレベルでは，先行研究との関係を除外することはできない。それらオリジナルの二つの見方は，表裏一体の関係にあるとみなすことに合理性があろう。このような関係は，芸術についてもいえる。たとえば，キュビスムで独創性を発揮したピカソは，先人たちの作品の構図を剽窃（ここでいう剽窃は肯定的に解される）した作品が多くあり，キュビスムの作品においても見られる（高階秀爾『ピカソ―剽窃の論理』筑摩書房，1995年，228～245頁を参照）。

出版物コンテンツが著作物から形成されることから，コンテンツの構造と著作物の構造は，同じものとみなされている。ここで，それらをモデル化すると，著作物およびコンテンツの構造は，水平型および垂直型，そしてその中間が考えられる。それらは，著作権制度の枠内において，著作物は創作性を前提にする場合，たとえば創作性のないデータベースも含む場合，それらを別な観点から評価し自己相似的な形態を想定するものになろう。それらは，著作権，*sui generis* right，著作隣接権，およびそれらの間のスペクトル的な変化にそれぞれ対応づけられる。いずれも，それら権利は，著作権・知的財産権のトポロジーを形成する要素になる。

　著作物の構造に対する現在のとらえ方は，図 4.1 (a) に示すように三つのパターンがある。(1) の水平型とよぶものは，著作物の創作性を表すものであり，純粋にオリジナルから著作物が形成されるとみなせるものになる。ここで，そのオリジナルは先人のオリジナルを内包する形になる。(2) の垂直型とよぶものは，ある著作物が先人のオリジナルを引用・転載・掲載のフォーマットに従って形成されるものであり，著作者のオリジナルを内包しながら，全体に当該著作物の創作性が認められるものである。これは，最も一般的な著作物の構造のとらえ方といえよう。(3) の小間切り型とよぶものは，たとえば創作性を擬制することが困難なデータベースに与えられる構造になる。通説的には，著作物に含めることは問題があるが，後に論証するように，広義には著作物に加えうるものといえようし，さらにいえば著作物の経済的価値を法現象として純粋に示唆するものとみなせる。いずれにしても，それらのとらえ方は，一つの物を前提にする。

　ここで，著作物と出版物との差異を前提に，ディジタル情報として伝達・複製されるときのコンテンツの構造が明らかにされなければならない。その新しいとらえ方が，図 4.1 (b) に示すものである。この構造は，ある部分が一見異なる構造をもつように見えても，それは自己相似の形態をもつ[2]。情報

---

[2] この構造は，フラクタルとよばれるものである。現在の著作物の構造のとらえ方が実空間で表現されるとすれば，新しい著作物の構造のとらえ方は複素空間で表現しうるものになる。

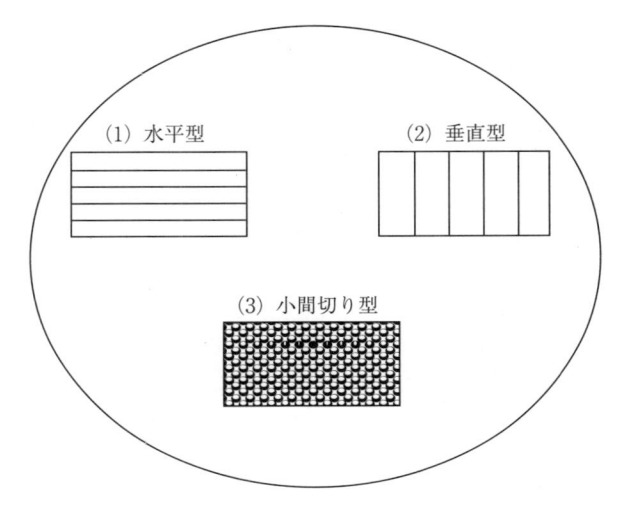

第 4 章 知的資源の表出としての情報財の形成：コンテンツ　　69

```
       (1) 水平型              (2) 垂直型
    ┌─────────────┐        ┌──────────┐
    │─────────────│        │ │ │ │ │ │
    │─────────────│        │ │ │ │ │ │
    │─────────────│        │ │ │ │ │ │
    └─────────────┘        └──────────┘

            (3) 小間切り型
          ┌──────────────┐
          │▓▓▓▓▓▓▓▓▓▓▓▓▓▓│
          │▓▓▓▓▓▓▓▓▓▓▓▓▓▓│
          └──────────────┘
```

(a) 著作物の構造に対する現在のとらえ方

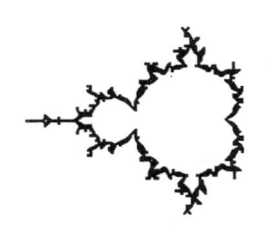

(b) 著作物の構造に対する新しいとらえ方

図 4.1 著作物の構造とコンテンツの構造とを架橋するとらえ方

ネットワークをコンテンツが一つの物として流通するとしても，その電子的な複製は，一つの尺度をもつものでなければならないだろう．それが，自己相似の構造で表現しうるものになる．

　ここで表現したいものは，著作物の構造ではなく，出版物を擬制したコンテンツの構造である．ここで，著作物の構造がそのまま出版物の構造に引き継がれ，ディジタル情報として伝達・複製されるものであるにしても，著作物の出版と同様に，コンテンツの流通・利用は版面あるいはディスプレイ画

面を一つの拠り所にせざるをえないと考える。

4.2 コンテンツの伝達プロセス

　ある著作者が著す書籍・ジャーナルの内容は，章末または巻末に掲げられている参考文献・注に示される引用とが一体になって形成される。したがって，それは，ある著作者の創作性のある一つの著作物であると同時に，他の著作者の著作物との共有物といえる。そして，その構造を有するコンテンツが情報ネットワークを介して伝達される対象になる。したがって，それらの相互関係は，コンテンツの伝達プロセスを分析するうえの始点になる。

4.2.1　表　　象
　著作物は，二つの表現法に大別される。一つは著作物をたえずバージョンアップするものであり，もう一つは著作物自体の修正は行わず有形的媒体に書き込みをして一体化させるものである。ディジタル著作物は，その現実世界の二つの表現法を同時に共存させうる。そして，現在のインターネットのコンテンツの表現は，書籍・ジャーナルといった既存のメディアにおける表示の延長線上にあることから推察すれば，ディジタル情報技術が電子情報の表現方法を発展させることがあるにしても，その表現方法は印刷情報の表現との連関から把握しうるものと考える。

　マルチメディアは，全く新しい世界を開示，発見させてくれる可能性があるという見解がある[3]。そして，マルチメディアが，アナログからディジタルへの変化を象徴しており，放送・通信・コンピュータの融合があって初めてマルチメディアが実現するかのようにいわれている。しかし，マルチメディアは，かつて1960年代に「音の出るスライドショウ」を意味したことばのリバイバルである[4]。さらに，著作物においては，複合的（multiple）または混

---

[3]　黒崎政男，『朝日新聞』1996年6月20日，2版，15面。

[4]　Nelson, Theodor Holm, *Literary Machines* (1980).（竹内郁雄・斉藤康己監訳・ハイテクノロ

合的(mixed)なのは,著作物の類型またはカテゴリーであり,単一の媒体(single medium)(たとえば,CD-ROM等)に結合する点にある[5]。したがって,マルチメディア著作物は,いくつかの有体物(several material objects)が一つの製品(one product)に結合されたものであるといえる[6]。ここで,出版の表象も,マルチ形態(五感)を本来的にもっている。

知識表現は,物質世界(physical world),精神世界(mental world),そして所有権世界(ownership world)のカテゴリーになる[7]。また,コンピュータ処理の知識表現の可能性の拡張に従って,図4.2のような物質世界,情報世界,精神世界の関係は,物質世界は情報世界に,情報世界は精神世界に,それぞれ包含される関係で表象しうる[8]。情報世界は,現行コンピュータで処理可能な範囲に,知的コンピュータで処理可能な情報の範囲,および言語,図形といった利用可能な表現媒体の範囲を付加する。すなわち,精神的な活動を通して表象されるものが対象になる。ただし,たとえ明示的に表現可能な世界まで延長できたとしても,精神活動の世界を表象し尽くせるわけではない。著作物は,思想または感情を創作的に表現されたものである。著作権の保護対象である表現は,静的には唯一性がある。この表現は,アイディアと分離される対象になる。ただし,表現とアイディアとの関係は,従来のメディアで理解されてきたものに対して次のような理解ができよう。

コンピュータ・プログラムが著作物のカテゴリーに加えられるにあたり,コンピュータ・プログラムの表現という概念を必要とすることになる。ソー

ジー・コミュニケーションズ訳『リテラリーマシン―ハイパーテキスト原論』アスキー出版局,1994年,15頁)

[5] Information Infrastructure Task Force (IITF), Working Group on Intellectual Property Rights, *Intellectual Property and the National Information Infrastructure : The Report of the Working Group on Intellectual Property Rights* (September 1995) pp.41-42.

[6] IITF, supra note 5, p.42.

[7] Winston, Patrick Henry, *Artificial Intelligence* (Addison-Wesley Publishing, 3rd ed., 1992) pp.215-216.

[8] 一般に物質世界は現実世界と同義であろうが,現実世界は精神活動をコンピュータを直接用いずに表現しうる意味で使う。

物質世界　　　　　情報世界　　　　　精神世界

知的なコンピュータで処理可能な情報の範囲　　利用可能な表現媒体（言語，図形等）の範囲　　精神活動の世界

現行コンピュータ　　現行コンピュータで処理可能な範囲　　明示的に表現可能な世界

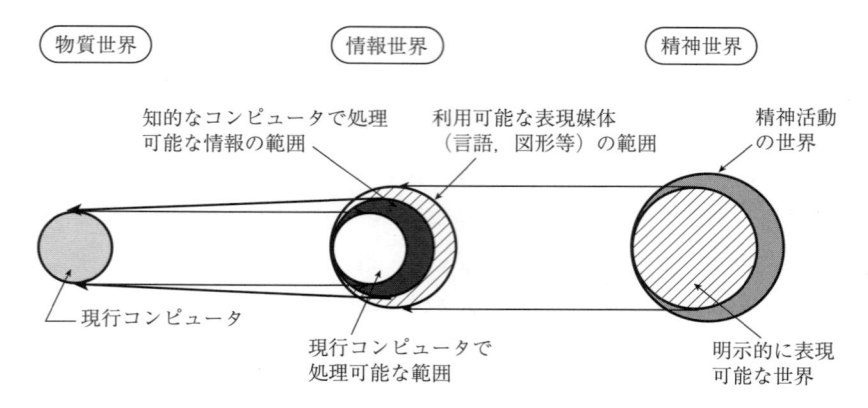

図 4.2 物－情報－精神の関係（大須賀節雄「KAUS における設計のモデリング」による）

スコードとオブジェクトコード（0 と 1 との記号表示）が思想・感情を創作的に表現したものとされた。この時期のコンピュータ・プログラムの考え方は，表現とアイディアとの間における判断基準のゆれがあったことを表している。また，コンピュータ・プログラムの性格を芸術著作物（artistic work）とみるのか，機能著作物（functional work）とするのかという議論に対して，コンピュータ・プログラムの構造（Structure），順序（Sequence），構成（Organization）という下位概念を示し，保護範囲をいわゆる SSO にまで拡張する判決がなされた[9]。現在，この判断は適切なものとみなされてはいないが，コンピュータ・プログラムが言語著作物（literary work）と擬制されたことになる。すなわち，言語著作物の表現を擬制したコンピュータ・プログラムの表現はディスプレイ画面内ではレンダリング（rendering）[10]になり，そのレンダリングは表象（presentation, representation）と関連づけられよう。この表現形式がコンテンツに想定されるものになる。

---

[9]　Whelan Associates, Inc. v. Jaslow Dental Laboratory, Inc., 797 F.2d 1222 (3rd Cir, 1986).

[10]　コンピュータ・グラフィックス（computer graphics, CG）は，リアルとノンリアルとのミックスによって，感性的な情報と同様な感覚を与える（猪瀬博『デジタル時代―情報と文明』日本放送出版協会，1994 年，136〜139 頁）。たとえばミラーのボールに格子模様のタイルが映しだされる CG 特有の表現方法がある。

4.2.2　編　　集

　出版産業は読者（利用者）に情報の価値を評価するさまざまな手掛かりを提供し，出版社はルールに従って利用者の期待に応え利用者を保護するという制度によって印刷情報を正統化する[11]。一方，電子世界（情報世界）では，伝統的な出版産業と違って，ルールに従って利用者の期待に応え利用者を保護するという制度がなく，安定したコンテンツのチャネルと信頼できる選択プロセスの必要性が緊急課題となる[12]。ここで，電子出版物が，印刷出版物との連関で，いわゆる言論・出版の自由がいえるかどうかは，即断できない。しかし，その電子出版物に責任の所在と倫理面から編集の必要性がいわれるのは，そのような背景を表す一つの例といえよう。

　著作物の伝達が印刷出版物でなされるときは，著作物の表現は有体物への固定をとらざるをえず，その編集技法の性質は静的な関係に制約される。ディジタル著作物が情報ネットワークを介して伝達されることにより，その編集技法は高度に情報技術的な形態の中でとらえられるものになる。それは，情報圧縮を伴うことになり，伝送や記録だけでなく，編集や加工などの処理，あるいは画像検索などをも目的として，最も適した表現形態に画像信号を変換するものになる[13]。そして，ディジタル著作物の表示形態で重要となるのは電子情報のプレゼンテーション技法であり，それは編集技法といえる。

　情報の編集の意味は，多様に解される。**Yahoo!** の開発者の一人であるヤン（Jerry Yang）は，情報が多いほど編集が必要になり，それは新聞的な編集ではなく，図書館学的な手法が中心的になるという[14]。また，松岡正剛は，どんな素材情報も編集がなければ情報にならないとし，情報世界における編集は，出版社による編集を提供編集とよび，各個人が私的に行っていた編集を

---

[11]　Heim, Michael, *The Metaphysics of Virtual Reality* (Oxford University Press, New York, 1993) p.104.（田畑暁生訳『仮想現実のメタフィジックス』岩波書店，1995 年，158 頁）

[12]　Heim（田畑訳）・前掲注 11）p.104（158～159 頁）。

[13]　原島博「画像符号化」情報理論とその応用学会編『情報理論とその応用シリーズ 1-II 情報源符号化──歪みのあるデータ圧縮』培風館，2000 年，69 頁。

[14]　『朝日新聞』1998 年 2 月 28 日 12 面（13 版）。

自己編集とすれば，それら二つの境界があいまいになり互いに浸透し合う相互編集の可能性が開けてきたという[15]。編集の意味は複製技術の変化によって変わるが，印刷情報でも電子情報でも，編集の加えられていない情報の利用価値は低い。著作物の利用価値を高める操作が，編集者による編集にあり，学術出版の社会的機能の主要な要素であると考える。

このような点を考慮すると，コンテンツに付加されている編集とは，編集自体に創作性を想定または擬制する必要性はなく，また創作性が認められないような対象であってもそれらを編集によりつなぎ合わされたものに創作性が認められるようにすることができる技法といえよう。このような編集の技法は映画において見られる編集である[16]。その制作プロセスは，創作性の認められない写真のコマの編集（splicing）を通してなされる。この編集は，コンテンツをディスプレイ表示するために電子的な版面としてプレゼンテーションするものであり，コンテンツにソフトウェア的な機能を与えることを可能にする技法といえよう。

4.2.3　固　　定

著作物は文字と図表・数式により表現され，それが印刷出版物（書籍・ジャーナル）という媒体，わが国においては単行本と文庫本，欧米においてはハードカバー（hardback）とペーパーバック（paperback）によって流通している。このように，印刷メディアにおける著作物の出版は，無体物の著作物を有体物の印刷出版物に複製するプロセスを通して行われる。これに対して，ディジタル著作物の電子出版は，あたかも有体物的な印刷出版物の版面に表示された印刷情報を無体物的な電子情報へ置き換える逆のプロセスを伴うことがある。そして，電子出版物のうちパッケージ系は，コンテンツがソ

---

[15]　『読売新聞』1998 年 3 月 22 日 15 面（12 版）。

[16]　Benjamin, Walter, *Abhandlungen, Gesammelte Schriften, Band I-2* (Surkamp, 1974).（野村修訳「複製技術の時代における芸術作品」『ボードレール他五篇　ベンヤミンの仕事 2』岩波書店，1994 年，多木浩二『ベンヤミン「複製技術時代の芸術作品」精読』岩波書店，2000 年，159～160 頁）

フトウェア，データベースであっても CD-ROM，CD-R，DVD で流通する限り印刷出版物と同じ性質をもつ。その利用形態およびネットワーク系の電子出版物は，情報ネットワークを介した送信により流通する。その送信の対象が，有形的媒体への固定を擬制されたコンテンツである。以下では，印刷出版物の版面の静的な形態（有形的媒体への固定（fixation））と電子出版物のディスプレイ表示の動的な形態（ウェブベース化）を対比して，コンテンツの伝達プロセスを考察する。

(1) 印刷メディアから電子メディアへ

オング（Walter Jackson Ong）は，口頭伝承の時代の文化を一次的なオラリティとし，書くこと（筆写術）および印刷の時代の文化をリテラシーととらえ，エレクトロニクスの時代を二次的なオラリティと位置づけられるという[17]。このとらえ方は，マクルーハン（Marshall McLuhan）によって敷衍されるが，ポスター（Mark Poster）は，マクルーハンのような生態学的なアプローチではなく，言語論的なアプローチから，電子メディアがもたらす社会の変容をとらえる必要性を主張している。それは，情報様式（mode of information）[18]という概念への発展の 3 段階，すなわち対面し声に媒介されるシンボル交換の段階，印刷物によって媒介される書き言葉による交換の段階，電子的な交換の段階という言語論的なアプローチによってとらえている。

そのように著作物を伝達するメディアの変遷がモデル化されているものが，印刷メディアと電子メディアは，それぞれ活字と版面の静的な関係およびプログラミング言語とディスプレイ画面の動的な関係にある[19]。活版印刷術と

---

[17] Ong, Walter Jackson, *Orality and Literacy : The Technologizing of the Word* (Methuen, London, 1982)（桜井直文・林正寛・糟谷啓介訳『声の文化と文字の文化』藤原書店，1991 年）を参照。

[18] Poster, Mark, *The Mode of Information* (Polity Press, Massachusetts, 1990).（室井尚・吉岡洋訳『情報様式論—ポスト構造主義の社会理論』岩波書店，1991 年，85〜91 頁）

[19] たとえば Drexler, K. Eric, *Engines of Creation : The Coming of Era of Nanotechnology* (1986)（相澤益男訳『創造する機械—ナノテクノロジー』パーソナルメディア，1992 年，293〜310 頁）を参照。

コンピュータの関係は比較しうる対象であるとはいえないとの見解があるが[20]，筆写術によって始められたことを活版印刷術とコンピュータは継続しているにすぎないという見方がとりうる[21]。そして，ニューメディアの失敗の原因の大半は，コンテンツの不足ばかりでなく，プレゼンテーション，すなわち電子的な版面表示の違和感に集約される。すなわち，INS, CAPTAIN, さらに「デジタルブック」および「電子ブック」に共通する欠点は，それらのディスプレイ画面（電子的な版面）表示と印刷メディアの版面のプレゼンテーションと比較して，その表示が視覚的な解像度の低さだけでなく感覚的に受容しうるものではなかったことにある。

このような課題が伝達方法に示唆する相互関係は，人の精神世界の創作を現実世界の創作物として表現するとらえ方に，情報世界における創作物のプレゼンテーションを付加させることにある。それは，コンテンツが情報ネットワークを介して流通する環境が，人による精神世界の創作が現実世界の創作物の表現から情報世界における創作物のプレゼンテーションに翻訳され，その翻訳された表示形態が現実世界における表現される対象に再び対応づけられることから成り立っている。

（2） 印刷出版物から電子出版物へ

印刷出版物と電子出版物は，情報の構造において次のような違いがある。印刷出版物（テキスト）は，原稿作成，編集，製版，印刷，頒布といった一連の工程からなり，「ページという単位をもち，ページが時系列につながる線形構造を有するもの」であり，電子出版物（ハイパーテキスト）は，「コンピュータを利用することにより，テキスト情報の組織化に非線形構造の利用を可能にした，情報の作成，蓄積，構成のためのシステム」である[22]。そし

---

[20] 15世紀西欧における印刷革命を現在のコンピュータ革命に比較することは，社会学的に難しいという（村上陽一郎「社会とコンピューター―コンピュータとの新しい関係を考える」コンピュータ科学，Vol. 1, No. 1 （1991年）14頁）。

[21] Ong（桜井他訳）・前掲注17）（173頁）。

[22] ICOT-JIPDEC AI センター編『知的ハイパーテキストに関する調査研究―編集版』（1991年）

て，DTP（desk top publishing）は印刷出版の工程を個人レベルで一括処理できるものにしており，その電子情報は印刷出版物にも電子出版物にも対応できる。

ところで，従前の活字組版の保存手段である紙型または鉛版，すなわち印刷情報の複製手段の対象の所有は，著作物の所有に対して強い関係にある。一方，電算写植やページ記述言語のコード化による電子情報の所有は，ディジタル著作物の所有に対して弱い関係になる。このように，著作物のディジタル化は，今まで暗黙の了解事項とされてきた所有の及ぶ範囲にずれを生じている。たとえば，手書きの作図は依頼主に当然に帰属するにしても，作画ソフトでトレースされたものは，出力されたハードコピーのみか，作画データまで含むのか，という問題が生じる。依頼主が従来の利用に限っているのであれば，とくに問題となることはない。ところが，それら加工された電子情報が情報世界にそのまま送信可能な形態に加工されていることを考え併せると，その利用可能な範囲が明確にされなければならない。この明確にされなければならない同じ性質が著作物（ディジタル著作物）と出版物（電子出版物）との関係の中にある。

電子出版物は，すべて印刷出版物に取って代わるものではなくて，共存関係にあろう。このことは，たとえばアスキー，ソフトバンク，NTT と印刷出版物の関係や，放送大学の番組とその印刷教材との関係にみることができる。この関係は，写真と映画が，またラジオと TV とが共存していることからも類推できよう。ここで，学術出版が対象とする著作物のコンテンツに注目すると，そのライフサイクルは，はじめの段階で異質で多様な種がすばやく最大に達していたものが，時間の経過とともに，その多数が非運な打ち切りにあって，画一化されてきたというモデル[23]が適合すると考える。このモデル

9〜10 頁。

[23] Gould, Stephen Jay, *Wonderful Life : The Burgess Shale and the Nature of History* (1989) pp. 301-304.（渡辺政隆訳『フンダフル・ライフ—バージェス頁岩と生物進化の物語』早川書房，1993 年，462〜466 頁）を参照。

は，メディアの転換は，つねに新しいメディアという器を古い内容で満たしていると言い換えることができるものである[24]。すなわち，著作物のディジタル化は，印刷出版物において維持管理および履歴管理され蓄積されてきた出版物の版面をコンテンツとして新しいメディアに取り込むプロセスを伴うものになる。

（3） 版面表示からディスプレイ画面表示へ

電子メディアの進展は，視覚から感覚への転換を促しているといわれる[25]。視覚的な版面から感覚的なディスプレイ画面への変換を結びつけるものがGUI (Graphical User Interface) になる[26]。GUI のディスプレイ画面内に表示されるアイコン（図像）の原理は，ノンバーバルメディアであり，聴覚的な性質（聴覚の視覚化）を有している。インターネットのWWW (World Wide Web) ／ Mosaic[27] やパソコンのアイコンは，出版物の版面を電子的な版面に転写していく要素といえる。それらの関係は書籍やジャーナルのページをざっとめくる拾い読みが，電子出版物のブラウザになり，それらの行為は同一のものといえる。ここに，著作物が紙メディアで固定された出版物の版面

---

[24] McLuhan, Marshall, *Understanding media : Extentions of Man* (McGraw -Hill, New York,1964) （後藤和彦・高儀進訳『人間拡張の原理―メディアの理解』竹内書店新社，1967 年）を参照。

[25] Ong（桜井他訳）・前掲注 17）（9〜10 頁）。

[26] アメリカの初期の判例の傾向はコンピュータ・プログラムとは切断した形態でインタフェースを保護するものであった（Digital Communications Associates v. Softklone Distributing & Foretec Development Corp., 659 F. Supp. 449 （N. D. Ga. 1987））。しかし，ボストン連邦地方裁判所は，ロータス・ディベロップメント（Lotus Development）社の表計算ソフトである Lotus 1-2-3 のフォーマットやインタフェースにまで及ぶ著作権の保護範囲を認める判決を下している（Lotus Development Corp. v. Paperback Software International & Stephenson Software, Limited, 15 USPQ 2d 1577 （D. Mass. 1990））。

[27] Andreessen, Marc "NCSA Mosaic Technical Summary 2.1" (May 8, 1993). Mosaic の理念は，Netscape に引き継がれている（1993 年までは Mosaic，1994 年から Netscape Navigator^{TM}）。なお，Netscape Navigator と Internet Explorer のシェア競争は，ソフトウェアのオペレーティングシステムにおけるアップル（Apple）社とマイクロソフト（Microsoft）社とのシェア競争と同様の課題を生じ，著作権に関わる私的独占の禁止との関連で摩擦がある。これは，ディジタル著作物の伝達・複製にかかる制度的な課題に共通する。

が情報世界に置き換えられるときの利用形態の検討が必要である。出版物の版面が印刷メディアから電子メディアに移し換えられると，著作物の表現は，ディスプレイ画面表示へ置き換えられる。版面表示の著作物の利用は，引用あるいは模写といった静的なものを想起させる。ところが，文字（character）や絵（picture）がコード化されていれば，ディスプレイ画面に動的に表象できる。しかも，著作物の表現または出版物の版面がそっくりそのまま複製されたうえに，元の表象が自由に改変でき，版面表示の利用を拡張した使われ方が可能になる。したがって，その版面の使われ方が，ディスプレイ画面表示されるコンテンツの電子的な版面の使われ方に対応する。

4.3 コンテンツの複製プロセス

コンテンツに対する情報技術の変化の影響は，その複製技術の変化の影響に対応する。それらの違いは，出版に関する印刷技術からディジタル情報技術への変化によるものであり，印刷情報（アナログ情報）から電子情報（ディジタル情報）への変化に伴い生じるものである。

情報の本質は，デュプリケーション（duplication），すなわち複製が完全にできることであり，「印刷する」ということはデュプリケーションの一つの手段である[28]。また，デュプリケーション（複製）ということばは，冗長性（redundancy），すなわち必要の無駄という意味ももつ[29]。この情報の本質は，印刷技術において不完全な状態ではあるにしても見られる。この状態がディジタル化への過渡的な段階を経て，完全なディジタル化へ至り，情報の本質はディジタル情報社会において実現される。

また，複製の伝統的な概念としては，オリジナルなものの鋳型をとり，その鋳型を使って複製したものを増やしていくことが想起される。そこには，

---

[28] 石井威望「情報的世界観と人間」石井威望・小林登・清水博・村上陽一郎編『ヒューマンサイエンス1 ミクロコスモスへの挑戦』中山書店，1984年，13～14頁。

[29] 石井・前掲注28）22～23頁。

潜在的に，複製したアナログ情報は，オリジナルと比べて，品質的には差異が生じやすく，しかも劣化性があることを前提にする。ところが，複製されたディジタル情報は，オリジナルをそっくりそのままクローニングするものであり，品質の差異と劣化という欠点を含まないものとなっている。前者がアナログ的な複製に対応し，後者はディジタルな複製になる。ディジタル情報技術と出版の関係における課題は，その複製の概念の違いがそのまま反映したものになっている。

4.3.1 アナログ的な複製

活版印刷術の発明は，限定されていた写本に対して広く頒布させることを可能にした。この活版印刷術は，「人工的に書く技術」[30] と表記されており，アナログ的な複製技術である。その複写力がもたらした新しい特色の中で最も重要なものが印刷の保存力であり，それは著作者に対して剽窃（plagiarism）および著作権（copyright）に意味をもたせることになる[31]。

また，このアナログ的な複製技術は，著作者の新しい概念を与えることになる。作者（オトゥール）は，本来は自然の創造，物質的な考案，行為の連鎖といった領域で使用された語であり，文学の分野では何か書物を明るみに出した者，すなわち作品を書くだけでは不十分であり印刷物という手段で公衆の間に流通させる者についていわれていた[32]。そして，このような書物を通して形成された著作者の概念は，その意味を変化させていく。たとえば，多くの言説が著作者の意味や有効性とは関係なしに通過し，匿名という性格

---

[30] Thompson, James Westfall, *The Frankfort Book Fair : The Francofordiense Emporium of Henri Estienne Edited with Historical Introduction* (Chicago, 1911).（箕輪成男訳『出版産業の起源と発達—フランクフルト・ブックフェアの歴史』出版同人，1974年，1頁）

[31] Eisenstein, Elizabeth L., *The Printing Revolution in early modern Europe* (Cambridge University Press, Cambridge, 1983) p. 78, pp. 83-84.（別宮貞徳他訳『印刷革命』みすず書房，1987年，85頁，91頁）

[32] Chartier, Roger, *l'Ordre des livres : Lecteurs, auteurs, bibliothèques en Europe entre XIVe et XVIIIe siécle* (Editions Alinea, Aix-en-Provence, 1992).（長谷川輝夫訳『書物の秩序』筑摩書房，1996年，76〜78頁）

第4章　知的資源の表出としての情報財の形成：コンテンツ　　　　81

において伝えられ，この関係は，科学的言説において 17 世紀以来妥当するものであり，文学上の言説の秩序とは逆になっている[33]。

このような見解が適切であるかどうかの厳密な評価が必要であるにしても，著作者の概念は，ゆるぎのないものではない。そして，複製技術との関係から，次のことがいえよう。活版印刷術の発明は，著作物をただ書いただけの者を著作者に値するものとはせずに，印刷によって著作物を出版する者という要件を加えたことになる。活版印刷術の発明は，物書く人間が，自ら印刷業者となり，書籍商となったとしても不都合でない関係をつくる[34]。アナログ的な複製による印刷出版物の意味は，著作物の伝達システムを確保することによって，著作者と著作物を価値づける点にある。

4.3.2　ディジタル的な複製

ディジタル著作物の形成は，引用をディジタル的な複製で代替し，引用されるもの自体をカットアンドペーストで取り込むプロセスを通じてなされる。このディジタル的な複製は，著作物の複製プロセスにおいて理解されてきたことに対し再考を促す要因になる。

ディジタル的な複製の方法は，二つ考えられる。第一はスキャナーでページ単位をディジタルのイメージデータに変換する方法であり，第二は光学式文字読取装置（Optical Character Reader，OCR）でスキャンされたイメージを 1 文字ずつ読み取っていくものである[35]。ただし，後者はテキスト情報を主とする。したがって，前者が絵や写真の記録も同時になされるのに対して，後者はテキスト情報とイメージ情報を別々に加工しなければならない。この二つの方法は，既存の紙の出版物をディジタル化して電子図書館システムを

---

[33] Foucault, Michel, *L'ordre du discours* (Éditions Gallimard, Paris, 1971). （中村雄二郎訳『言語表現の秩序』河出書房新社，1981 年，28〜29 頁）

[34] Febvre, Lucien and Henri-Jean Martin, *L'apparition du livre* (Éditions Albin Michel, Paris, 1958) pp. 210-211. （関根素子・長谷川輝夫・宮下志朗・月村辰雄共訳『書物の出現』筑摩書房，1998 年，（上）355〜356 頁）

[35] Lesk, Michael "Going Digital" *Scientific American* (March 1997) p. 59.

構築していくための主要な要素技術となり[36]，また印刷出版物を電子出版物に取り込む主要な手段になる。このようなディジタル化の方法は，ディジタル著作物と電子出版物の関係の過渡的な段階になる。

完全にディジタル化された状態において，テキスト情報とイメージ情報の修正は，即時的な修正が可能である。印刷出版物の版面の修正や改版が制限されるのに対し，電子出版物の電子的な版面の修正や改版は，サーバーの利用によって制約を受けない。このような変化は，複製技術における機械的な形態から電子的な形態へと表現されるものである[37]。この変化は，不明瞭であった複製の概念を現実的なものとして明確化する。

ディジタル情報技術は，活版印刷術の発明と同じように書かれたものを情報ネットワーク環境において出版と同じ意味づけを与えることができる。たとえばTeXによって執筆される形態は，活版印刷術が発明されたときと同様に，著作者と印刷会社と出版社を一体化させる。すなわち，3.3.3項で取り上げたWellesley-Cambridge Pressのように，著作者が学術出版の社会的機能を果たすことになる。これは，ディジタル情報社会の学術出版の社会的機能においても，共通な関係になるだろう。すなわち，ディジタル著作物と電子出版物との関係が著作物と印刷出版物との関係と同じ機能を果たすためには，アナログ的な複製との関係で築かれた価値づけのうえに，コンテンツのディジタル的な複製によって生じる新しい価値づけが加えられなければならない。

4.3.3　アナログ的な複製とディジタル的な複製との相互関係

他人の著作物の中で表現されている思想（アイディア）自体を他人の表現から抽出し，それを自分の著作物に取り入れ自分の言葉で表現する限り，その行為は許容される。実際，公正な慣行のもとに，引用によって著作物の中

---

[36] 梶博行・藤澤浩道「電子図書館システムの技術動向」電子情報通信学会誌，Vol. 79, No. 9（1996年）911〜912頁。

[37] McLuhan, Marshall, *The Gutenberg Galaxy* : *The Making of Typographic Man* (University of Toronto Press, Toronto, 1962).（森常治訳『グーテンベルグの銀河系―活字人間の形成』みすず書房，1986年，401〜424頁）を参照。

第 4 章　知的資源の表出としての情報財の形成：コンテンツ　　83

に取り入れられるのであれば，著作権侵害にはあたらない（著作権法 32 条 1 項）。また，研究の目的のための特許発明の実施は特許権の効力は及ばないし（特許法 69 条 1 項）[38]，リバースエンジニアリングは正当な行為とみなされている[39]。ディジタル情報技術は，情報の送信とディジタル的な複製を普及させることに特長をもつ。

　他方，ディジタル情報は，ちょっとした変更で付加価値をもたせ，経費に連動しない価格（前段階の情報より高くも低くも設定できる）で派生物（derivative works）を制作できる。この制作プロセスは，オリジナルの翻案・改変を安価・容易にでき，またオリジナルな要素の一部の差し替えによってオリジナルとは異なる派生物を多元的に演出できる。このプロセスは，ディジタル著作物の形成プロセスの中で重要な視点を与えると同時に，ディジタル的な複製を伴うことによってアナログ的な複製において潜在化していた課題を顕在化させる。

　また，著作物（ディジタル著作物）自体の創作が全くの無からなされるものではないことからくる根源的な問題があるが，その創作に関わる技術の変化に対応した明確な基準はない[40]。ここに，アナログ的な複製においては顕

---

[38]　医薬品販売差止請求事件において，特許権の存続期間中に，特許発明の技術的範囲に属する対象（化学物質または医薬品）を生産し，これを使用して薬事法 14 条所定の製造承認申請書に添付すべき資料を得るのに必要な試験を行うことは，特許法 69 条 1 項にいう「試験又は研究のためにする特許発明の実施」に当たり，特許権の侵害とはならないものと解するのが相当であるとした（最二判平 11.4.16 民集 53 巻 4 号 627 頁）。ただし，「試験又は研究のためにする特許発明の実施」は，産業の発達への寄与，すなわち技術を発展させるという特許法の目的に適うものに限られる。

[39]　リバースエンジニアリング（解析等により情報を取得する行為）は，公序良俗違反でない限り営業秘密の不正な取得行為を規定した不正競争防止法 2 条 1 項 4 号に該当しない。

[40]　著作権侵害を認定する条件は三つあり，先に創作されたものであるかどうか（先行性），表現に似たところがあるかどうか（類似性），そして先の著作物にアクセスした事実があるかどうかである（東京地判昭 43.5.13 判タ 222 号 227 頁，東京高判昭 49.12.24 判タ 319 号 178 頁，最一判昭 53.9.7 民集 32 巻 6 号 1145 頁）。このような問題の現実的な回避は，著作物の利用に関わる契約を結ばざるをえない。情報ネットワークを介して流通・利用されるコンテンツにおいて，著作権侵害を認定する三つの条件および著作権侵害を回避する契約による実効性は，少ないといわざるをえない。そこに，新しい要素が加えられる必要性がある。

に汗の理論（sweat of the blow）および産業上の収集（industrial collection）が適合するものが，ディジタル的な複製においては逆の評価にさえなる[41]。

アナログ的な複製とディジタル的な複製のとらえ方の違いは，前者が著作権侵害を著作物の剽窃（plagiarism）の有無により，後者はディジタル的な複製の有無によることになろう。そして，情報ネットワークを介して利用されるコンテンツは，経済性と公共性との衡平がはかられる限り，ディジタル的な複製を許容するシステムの構築が指向されることに実効性があろう。ここに，ディジタル的な複製において合理的な複写使用料の基準が設定される必要があると考える。

4.4　事例の再検討：データベース振興センター「知的資源利用調査研究報告」

3.1.2 項で述べたように，データベース振興センターは，出版物で提供されているコンテンツがディジタル情報技術の普及によって，どのような形態のものを対象にすることになるかの有識者への調査を行っている。それらの検討内容は，1994 年 3 月に中間報告[42]，1995 年 2 月に暫定的な報告書[43]として出されている。また，報告書の検討段階において各委員へのインタビューを実施し，その資料集[44]が 1995 年 2 月に併せて公表されている。以下では，質問表の作成とそれらの調査の集計を通しての検討過程の経緯を踏まえて，コンテンツの形成との関係から再検討を加える。

まず，この調査研究の問題点として指摘しておかなければならないことは，中間報告と暫定報告書との関連性が薄いことである。その要因は，有識者へ

---

[41]　Feist Publications, Inc. v. Rural Telephone Service Co., 499 U. S. 340 (1991). 本判決では，電話帳のホワイトページの部分には著作権の保護は及ばない という判示をした。

[42]　データベース振興センター『知的資源利用に関する調査研究［中間報告］』（1994 年 3 月）。

[43]　データベース振興センター『平成 6 年度 知的資源利用調査研究報告書』（1995 年 2 月）。

[44]　データベース振興センター『知的資源の利用に関する委員インタビュー集［報告書資料］』（1995 年 2 月）。

第4章　知的資源の表出としての情報財の形成：コンテンツ　　　　85

の2回のデルファイによる調査の集計結果に規則性が見いだせなかった点にある。そのために，知的資源の存在形態を全体の集計結果から導き出したものではなく，特定の有識者の調査結果に依拠せざるをえなかったことにある。したがって，調査の集計の結果を踏まえた各委員へのインタビューの内容が知的資源に対する抽象的なイメージになってしまったことがあげられる。その中で，知的資源の表出としての情報財の創造について重要な視点が与えられているものは，次の点に限定される。

　第一は，知的資源という言葉は，資源という言葉にウェイトがあり，天然資源，人的資源という言い方になり，それが情報資源，知的資源と広がったという見方である[45]。そして，知的資源が単なる情報ということではなく，その利用技術，利用システムを含んでいるとするものである[46]。さらに，ソフトウェアが情報そのものを作るというものがある一方，シリコンバレーといった情報を作る情報が集まるところを作り，改めて情報になるかもしれない情報を探そうとしているといい，それが将来資源になるかもしれない情報が散らばっているというような印象になるという見解である[47]。第二は，知的資源を含む全情報の，創造・伝達・理解の全プロセスに関わる技術として，情報の「圧縮」,「ダイジェスト（要約）」という約50種以上の編集（editing）を体系化していることがあげられる[48]。なぜそれらの視点に注目するかといえば，コンテンツが知的資源の一つの表現型であり，コンテンツは著作物に編集という技術が加えられて形成されると考えるからである。

　ここで，知的資源の存在形態を踏まえて，情報財の創造を考察しておこう。芸術的創造と科学的発見とは一見異質と見られているものの，実際は多くの

---

[45] データベース振興センター・前掲注44) 141頁（廣松毅委員に対するインタビュー）。
[46] データベース振興センター・前掲注44) 141～142頁（廣松毅委員に対するインタビュー）。
[47] データベース振興センター・前掲注44) 146頁（廣松毅委員に対するインタビュー）。
[48] データベース振興センター・前掲注43) 52頁。このとらえ方は，松岡正剛「脳の物語を編集する―編集工房の可能性」情報処理学会研究報告(情報メディア1-3), Vol. 91, No. 45（1991年5月24日），松岡正剛「われわれはいかにして物語性を獲得したか」人工知能学会誌, Vol. 8, No. 3（May 1993年）297～304頁によっている。

共通性をもつ[49]。この視点から，芸術家と科学者のどちらの場合でも，創造的行為という意味は，世界について意味のある新しい表明をつくることであり，「私たちの文化的遺産（cultural heritage）」とよばれることのある蓄積資本に付け加えを行うことである[50]。また，科学は根本的には問いと答えによって自然との親密な関係を深めていくアートであり[51]，直観的な把握は芸術的創造として著作物を創造し，科学的発見として発明（discovery, invention）へ導く[52],[53]。このような創作物は，図書館・博物館・美術館に蓄積される。この一つの蓄積のパターンが，学術出版物が納本制度によって国立国会図書館に蓄積されていくことに見いだせよう。

　純然たる学問上の発見のような学者の業績そのものは発明とはならず，それらは著作物になった場合に著作権法で保護されるにすぎない，という見解がある[54]。基礎的研究による科学上の新しい法則や原理は，著作物とはなりえても，発明とはされないことから，著作物と発明が連結されることはない。しかし，発見は発明の母といわれるように発明に発展しうるし，最近の重要な発明は基礎的研究による科学上の新しい法則や原理の発明に基づくものが多い[55]。その状況を現在の状況にあてはめれば，カーマーカー法およびヒト

---

[49] たとえば McLuhan, Marshall, *The Mechanical Bride : Folklore of Industrial Man* (Vanguard Press, New York, 1951)（井坂学訳『機械の花嫁―産業社会のフォークロア』竹内書店新社，1991年）では，相対性理論と不確定性原理にキュビスムとシュールレアリスムを対照させながら，メディア論が展開されており，この点に科学技術と芸術との連関が見いだせる。

[50] Stent, Gunther S. "Prematurity and Uniqueness in Scientific Discovery" *Scientific American* (December 1972) p.89.

[51] Wiener, Norbert, *Invention : The Care and Feeding of Ideas* (MIT Press, 1993) p.21.（鎮目恭夫訳『発明―アイディアをいかに育てるか』みすず書房，1994年，43頁）

[52] たとえば，Schopenhauer, Arthur, *Parerga und Paralipomena Kleine Philosophische Schriften*（細谷貞雄訳「哲学とその方法について」『知性について 他四篇』岩波書店，1961年，19頁）を参照。

[53] たとえば，Polanyi, Michael "The Creative Imagination" *Chemistry and Engineering News* (April 25, 1966) pp.85-93（慶伊富長編訳『創造的想像力』ハーベスト社，1986年，24～31頁）を参照。

[54] 豊崎光衛『工業所有権』有斐閣，新版・増補，1980年，150～151頁。

[55] 豊崎・前掲注54）151頁。

ゲノム情報は，先端情報技術の基礎的研究との関連の新しい法則や原理に属するものである。そして，それらは，電子情報に関わる創作物（制作物）が純然たる学問上の発見を著作物として保護されるにすぎないという関係から発明として保護される可能性を有するものへ拡張させるものになっている。

　知的資源の所在は，著作物が出版され，その情報のストックとしての出版物が流通・利用されて循環するシステムの中に見いだせよう。この流通・利用システムこそが，学術出版の社会的機能といえる。すなわち，ディジタル情報社会における学術出版の社会的機能は，顕在化された知的資源をその伝達・複製手段として形成されたコンテンツが情報ネットワークを介する流通・利用システムによって知的資源のフローとストックとの相互関係をつないで循環するものといえる。

4.5　コンテンツの経済的価値の構成：狭義の学術出版の社会的機能

　著作物が創作されれば，自動的に経済的価値が生ずるわけではない。著作物の伝達・複製に伴うプロセス，すなわち出版社が著作物を学術出版物として発行することが必要である。そして，出版社の果たす主要な機能は，
(1) 書籍・ジャーナルを制作する経済力があること
(2) その制作する内容に責任をもてること
(3) その制作した書籍・ジャーナルを頒布する行為を伴っていること
から構成される。それらが機能することによって，ディジタル著作物の経済的価値も実現されよう。以下では，著作物（ディジタル著作物）の経済的価値の実現としての狭義の学術出版の社会的機能について考察する。

4.5.1　コンテンツの形成

　出版産業における経済財が出版物である。この出版物のディジタル化によるディジタル情報がそのまま情報産業における経済財にはなりえない。そうであるならば，情報産業における情報財が想定されなければならない。出版

物の制作プロセスは情報技術または複製技術の変化と共に変容しているが，出版物の形態をもちディジタル情報技術により変容されたものが情報産業における情報財になる。この情報財がコンテンツであり，それはディジタル情報技術の伝達・複製の性質により経済的に価値づけられる。

　コンテンツを情報財ととらえるとき，著作物から出版物に形を変えていくときの関係が明確になっていない。それは，出版物のコピー問題および出版物のディジタル化に伴う課題が，制度上の制約からいってやむをえないことではあるが，著作物のコピーおよび著作物のディジタル化と表現されることに現れている。ここでは，著作物の出版に関わる現状をもとにディジタル著作物の電子出版におけるコンテンツの形成について考察する。

(1) 著作物の出版

　著作者（または著作権者）は，書籍やジャーナルの形態で公表する。すなわち，わが国の著作者は，流通システム（取次制度，委託販売制度）にのせるために，出版社と著作物の出版に関わる契約（著作権（複製権）譲渡，出版契約，出版権設定）を結んで著作物を出版することになる。それらの契約は，実務上，次の四つの類型に分けられる[56]。

(1) 第一は，著作者が出版社に著作権（複製権）を一括して譲渡するもので，著作者人格権は著作者に留保されるとして，出版社が新たな著作権者となる。著作権の法理が異なるものの，英米法システム，とくにアメリカの出版社において，この方式がとられている。投稿原稿を学協会が発行するときに，著作権の学協会への譲渡（または帰属）を執筆要綱に明記してあるのは，英米法システムの出版契約の影響による。したがって，それは，わが国の法理とは差異があり，著作者人格権から著作権の効力の制限を受けることになる。

(2) 第二は，利益配分制の出版契約とよばれるもので，出版社が発行し，経済的な負担は著作者と出版社の両者が負い，利益を双方で配分するもの

---

[56] 藤森善貢『出版技術入門』日本印刷出版社，1965年，69頁。

である。この場合，著作権は出版社に移転されず，出版権も著作者と共有することになる。
(3) 第三は，著作者が出版費用を全額負担するもので，対外的には出版社が発行した形がとられるものの，実質的には自費出版であり，委託契約とよばれる。
(4) 第四が印税形式であり，複製権者（著作権法21条）が出版権を設定し（同法79条1項），その出版条件として出版社が印税を支払うものである。

現実に行われる出版に関わる契約の形式は，主として印税による設定出版権と出版契約である。翻訳物の転載許諾にあたっても同様であり，わが国の出版社が翻訳物に関する何らかの権利をもつことはない[57]。なお，出版に関わる契約は，企業（法人）である出版社が作成し，個人である著作者が署名する普通契約条款が通常といえる。ここでは，出版権の設定が規定されてはいるものの，著作者に一方的に課されるものであり，著作者である複製権者が設定する形態にはなっていない。これは，出版権の設定が著作者の権利でありながら，出版社が著作者に対しあたかも強い立場に見せることにもなる。さらに，わが国の出版に関わる契約は，ルーズといわれており，口約束程度で出版がなされるケースも多い[58]。このように，わが国の著作物の出版において，出版社が著作権法上の明確な権利を有する割合は低い。

---

[57] たとえばAddison Wesleyとの翻訳出版契約では，日本国内の出版・販売の許可を得てするものであり，当該書の出版・販売に関する全権利はAddison Wesleyが所有する契約となっている。その対極的なケースとして，John Wiley & Sonsとの契約では，わが国の出版社が原著の翻訳に対する権利（copyrighted workの翻訳物としての利用権の性質をもつ）を有する契約がなされている。

[58] 日本書籍出版協会「出版契約に関する実態調査 集計結果」（1993年2月）によると，254の出版社（回答率51.6%）に対する1991年1月～12月の1年間の新刊点数（18,700点）に対し出版契約締結点数（11,196点）であり，契約書締結の割合は59.9%であった。また，「出版契約に関する実態調査 集計結果」（日本書籍出版協会，1998年4月）によると，146の出版社（回答率29.4%）に対する1996年11月～1997年10月の1年間の新刊点数（15,388点）に対し出版契約締結点数（6,902点）であり，契約書締結の割合は44.9%となっている。この傾向は，現状においても改善されていない。

ところで，著作者の権利には著作者人格権が含まれる。著作物の出版において著作者人格権の権利処理を明確にする必要があるが，不明確なままにある。大陸法システムでも，わが国と同様に，譲渡が不可能で永久的な著作者の人格権と譲渡が可能な著作者の財産権を分離するフランスの法理（二元論）と，財産的要素と人格的要素が相互に依存し分離することができない構成をとるオーストリア，ドイツの法理（一元論）との相違がある。なお，フランスにおいて，譲渡も権限の付与も，権利所有者の地位の移転というより，許諾の法律的な効果に相当する義務を利用者が負うことを意味する[59]。オーストリア，ドイツにおける著作者の権利の財産的な構成要素は利用権（Verwertungsrechte）とよばれ，許諾によって利用者に与えられる権利は利用する権利（Nutzungsrechte）である[60]。この法技術は，無体物である著作権の対象が有体物に転化するときに必要となる調整といえよう。

ここで，著作者人格権に関して比較法的な分析が必要である。わが国においては，著作者人格権が著作権の譲渡にあたっても，譲渡した者に留保されると推定されることから（著作権法61条2項），著作物の利用において著作権の譲渡が必ずしも馴染むものとはいえない。イギリス1988年著作権法（Copyright, Design and Patent Law of 1988）では，人格権は譲渡できないが（§94），文書により放棄できるとする（§87（2））。わが国は，二元論をとり，著作権と著作者人格権は二分しうる。この点から，著作者人格権を分離した解釈がなされる。しかし，著作権と著作者人格権とは，理論的には二項関係にあっても，現実的には密接に結びついている。

その関係は，次のような見解に分かれる。著作物の利用の過程で著作者人格権が障害となるとの主に工業所有権法学者の見解は，著作者人格権の放棄，著作者人格権の行使の放棄または著作者人格権（同一性保持権）の不行使特約を契約で締結することを提案する[61]。それに対して，著作権法学者によっ

---

[59] Boytha, György "National Legislation on Authors' Contracts in Countries Following Continental European Legal Traditions" *Copyright* (WIPO, Oct. 1991) p.201 (paragraph 11).

[60] Boytha, supra note 59, p.201 (paragraph 10).

て，著作者人格権の放棄・行使の放棄または不行使特約の無効性が主張される[62]。ただし，著作者人格権を結果的に放棄する見解は，英米法システムのcopyrightアプローチで容認されるものである。したがって，人格的な発露である著作物に対する著作者人格権を排除し制限する考え方は，英米法システムの法理の置き換えといわざるをえない。なぜならば，著作者人格権の結果的な放棄は，著作物の有形的媒体への固定を保護要件としないことから必要となる著作者人格権をとる法理と整合性をもたないからである。ただし，いったん公表された著作物に対する著作者人格権の拡大解釈といえる著作権法学者の見解は，著作物の公共性からいえば，著作者人格権によって著作物の利用・使用を阻害することは権利の濫用になろう。

著作者人格権の本来的な意味は，著作者の発意と責任のもとに表現された著作物を出版社に発行させるとき，著作者が表現された内容と一対一に対応づけるように要求することが想定される。そうであるならば，著作者は，著作者人格権によって，著作物が出版物に固定された後にも，その出版物の版面がディジタル化され情報ネットワークで提供されるときに，理論的には，著作物の表現されたものと出版物の版面のディジタル化されたものが一対一に対応づけられるものでなければならない。そのとき，著作者人格権は，著作物が有形的媒体への固定または電子メディアへの固定が擬制されるか否かで停止条件的な性質を呈しよう。

---

[61] たとえば，同一性保持権の不行使契約の有効性を立法により明確化すること，同一性保持権の及ぶ範囲を限定し現行著作権法の意に反する改変を受けない権利から名誉声望を害する改変を受けない権利へと減縮することが提唱されている（知的財産研究所『Exposure（公開草案）'94―マルチメディアを巡る新たな知的財産ルールの提唱』（1994年2月）43頁）。なお，IITFは，『Exposure（公開草案）'94』の同一性保持権を巡る問題の解決の方向，すなわちⅰ）同一性保持権の不行使の特約の有効性の明確化及び第三者効の創設，またはⅱ）同一性保持権の及ぶ範囲を著作者の「意に反する」改変から「名誉又は声望を害する」改変に限定することを引用し，それに同調するものになっている（IITF, supra note 5, pp.146-147）。

[62] たとえば，齊藤博「情報のデジタル化と著作者人格権」『民法学と比較法学の諸相Ⅱ―山畠正男先生・五十嵐清先生・藪重夫先生古稀記念』信山社，1997年，164～168頁。

著作者は，当該著作権またその支分権を譲渡しないのが通例とされる。イギリスにおいて，著作物の出版に関する実態は，権利の譲渡ではなく，排他的許諾である[63]。しかし，出版社が自らの名義で海賊版に対し訴えを起こすために，出版社が譲渡を求める場合がある[64]。なお，作曲家または作詞家は，言語の著作物の出版の慣行とは異なり，当該著作権を音楽出版社に譲渡するのが通常の契約とされる[65]。このような関係は，わが国においても同様である。

(2) ディジタル著作物の電子出版

複製技術のアナログからディジタルへの変化の中においても，研究成果の発表を支援するために学術出版の社会的機能の重要性は変わることはない。なぜならば，ディジタル著作物は，著作物の形態と全く切り離されたものにはならないと考えるからである。

今日の著作権の対象とするものは，単独の著作者によって創作された著作物に関する権利関係よりも，編集著作物，データベース著作物の制作に関する権利関係に焦点が合わされている。たとえばマルチメディア著作物は個々の著作物を組み合わせてなされるものであり，その利用許諾が現行法の解釈では煩雑または利用できなくなることを問題にしている。そのような編集著作物，データベース著作物の構造は，既存の著作物を利用し，また出版物の引用・転載・掲載によりなる。ディジタル著作物は，そのような性質を鮮明にしよう。たとえばハイパーテキストのリンクは，その個々の表現が他からの引用・転載・掲載という行為のように，真のオリジナル（出典）をアクセスすることは限りない連鎖（引用の引用，いわゆる孫引き）を招くことを意味する。しかも，それは，ハイパーテキストの創作に関与するそれぞれの度合

---

[63] De Freitas, Denis "Copyright Contracts : A Study of the Terms of Contracts for the Use of Works Protected by Copyright Under the Legal System in Common Law Countries" *Copyright* (WIPO, Nov. 1991) p. 239 (paragraph 93).

[64] De Freitas, supra note 63, p.239 (paragraph 95).

[65] 前掲注64），p.244 (paragraph 126).

いを判然としないものにする。そして，そのオリジナルの実体を明瞭に把握し，その相互関係を特定することは，ディジタル著作物の形成プロセスがたとえ明確であっても複雑化する。この関係の中間点に著作物の出版があり，電子出版も同様に位置づけされよう。

　出版物の版面がディジタル化されて電子的な版面の状態になると，次のような利用がなされる。各大学の教官・教員，または各研究機関の研究者が執筆した論文や単行本の［タイトル名・発行年・発行所］の各年度ごとのリストが，各大学・各研究機関ごとに刊行されている。それをホームページで公開しようとするとき，［タイトル名・発行年・発行所］のリストに当該著作者の著した全文の電子的な版面を付加することが計画され，奨励されている。ここに，出版契約書に全文公開の許諾条項を明記することが出版社に求められることになる。このこと自体は，学術的価値の実現の観点に立てば容認されようが，出版物と全く同じ電子的な版面をホームページで公開する環境はディジタル著作物の電子出版（著作物の出版を含む）と同じ機能になる。著作物と出版物は同義に解せても，出版物の版面およびその電子的な版面の流通・利用において，その相互関係が明確にされなければならない。

　ここに，ディジタル著作物の電子出版においては，印刷システムの一物としての出版物とは異なる電子システムにおける集積化された電子的な版面に対する基準からコンテンツのディジタル的な複製の調整が加えられる必要がある。これは，まさに出版物のコピー問題を解決するための観点を与えることにもなる。

4.5.2　コンテンツの維持・履歴管理

　ディジタル情報はアナログ情報と比較したとき，今までに見てきた長所が短所といえる状況をもたらすことを考慮しておかなければならない。そのディジタル情報の短所とは，それ自体によるものとそれを保存する媒体に依存するものがある。前者は，ディジタル情報の利便性が逆説的には改ざんを容易にすることがあげられる。後者は，ディジタル情報の保存媒体として，

光ディスクや磁気テープがたとえそれらの保存状態が良好であったとしても10年を超えないうちに劣化するといわれていることにある。マイクロフィルムが500年以上とみなされているのと対比して，ディジタル情報の保存媒体は今後検討されなければならない重大な課題を含んでいる。このディジタル情報の負の面で考慮しなければならないことは，ディジタル情報の維持管理と履歴管理である。その具体的な方法として，アーカイビング（分類・保存）があり，マイグレーション（migration）という方式がある。ここで，マイグレーションとは，長期保存が必要な情報を選別して別の記録媒体に定期的にコピーし，いつでも読み出せるようにしておくことをいう。ディジタル情報のマイニング（mining）とともに，ディジタル情報のアーカイビングとマイグレーションは，出版社がディジタル情報社会においてコンテンツの維持・履歴管理を果たしていく主要な役務の機能になる。

　すなわち，学術出版の社会的機能として，コンテンツの形成だけでなく，それ以上にその維持・履歴管理の面が考慮されなければならない。出版社がコンテンツの内容に責任をもつとすれば，コンテンツの形成よりも，その維持・履歴管理に比重があるとさえいえる。そして，出版社に帰属する編集者にとっては，コンテンツの維持・履歴管理はコンテンツの形成と同様に重要な職務になる。このコンテンツの健全性の保証は，情報ネットワーク環境において，経済的価値の保持の点で重要度を増すものになる。ところが，コンテンツの維持・履歴管理のサービスは物の流通・利用において直接に反映させることは制限されてきた。ディジタル情報技術の活用によって，そのサービスは，たとえば出版社のホームページを通してリアルタイムに提供することができる。

　しかし，ここで指摘しなければならないことは，このサービスが断絶される部分が生じてしまうことである。国立国会図書館に納本される出版物・電子出版物は，すべて初版であり，その後の誤植・修正箇所の履歴は加えられていない。もし国立国会図書館の蔵書をディジタル化していくとき，また電子出版物の館内利用がなされていくとき，コンテンツの維持・履歴管理の情

報を何らかの手段で付加させていくことが，利用者の利便性から考慮されなければならない。

このコンテンツの維持・履歴管理を上で指摘した課題に反映させるためには，出版社において維持・履歴管理されている情報を活用することが最も合理的である。これは，納本される出版物（電子出版物）の「最良版の完全なもの」を実現することになる。この視点に立ったコンテンツの流通・利用における技術的・制度的なシステム構築が必要である。

4.5.3 コンテンツの頒布・送信

コンテンツの経済的価値は，それが形成され，そのコンテンツの健全性が保持されていても，それが頒布されなければ発生しない。これによって，コンテンツは，情報財として価値づけられる。その関係は，図 4.3 のように，コンテンツが［出版者―取次会社―書店］および［出版者―公共図書館］という二重の経路によりなる。

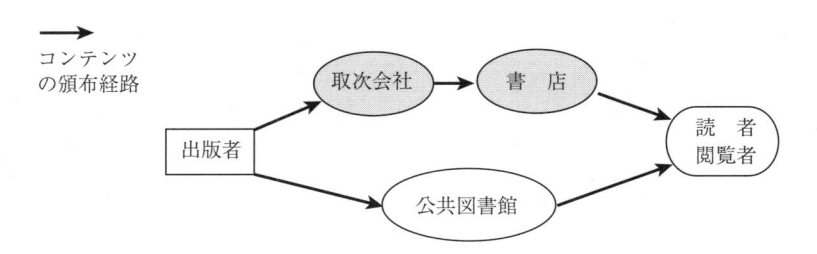

図 4.3 コンテンツの頒布に関わる関係

コンテンツが情報ネットワークを介して流通・利用されるとき，もしコンテンツの送信の経路として図 4.3 の頒布経路が活用することができれば，そこに存在する相互関係の調整は不要になる。すなわち，それらの経路に沿って，コンテンツは，物として頒布されるか，あるいはディジタル情報として送信されることになる。そのとき，ディジタル情報の流通・利用のシステムは，物の流通・利用のシステムに不足する必要最小限のシステムだけを付加

することによって機能させることができる．ここで，その想定されるシステムは，コンテンツの電子的な版面の利用に関する調整にかかるものである．

　著作物の経済的価値は，出版物（電子出版物）の発行によって実現する．この出版物（電子出版物）は，失敗した実験結果や第三者の資料から第一次情報としてのデータが抽出され，そのデータに創作性という付加価値が加えられて第二次情報の原稿（著作物）が著作され，その原稿に編集という付加価値が与えられ第三次情報の出版物の発行がなされることにより形成される．この編集という操作が加えられ出版物という経済財を創造することが狭義の学術出版の社会的機能になる．これは，流通業者としての出版者が消費者である読者に対して著作物に関するレフェリーとしてのフィルタ機能を果たし，出版物の品質保証をするものである．ディジタル情報技術の普及は，品質保証のなされていない第一次情報や第二次情報の玉石混淆の送信を加速させることになる．このような環境は，活版印刷術の発明される前の状況，すなわちクラブ財的な情報交換である仲間内の手紙のやり取りという閉じた社会における品質保証が求められてくることになる．ここに，編集が加えられた第三次情報の重要性が増すものになると考える．そして，編集がなされた第三次情報が情報財としてのコンテンツであり，コンテンツの電子的な版面が情報ネットワークを介して流通するときの技術的・制度的な対応が次に検討されるべき直接の対象になる．

第5章

情報財の流通に関する情報システム

5.1 ディジタル情報技術が学術出版の社会的機能に与える影響

 4章で指摘したように著作物のコンテンツは,すでにコード化され,あるいはディジタル化されページレイアウトされており,電子出版物と印刷出版物のデータ構造および表象形式は同一になりつつある。このような技術的な影響に対して,国際出版者著作権協議会(International Publishers Copyright Council, IPCC)は,ディジタル情報社会における出版者の将来像の探査用地図とでもよびうる検討資料において,機器に対する答えは機器の中にあるとして,電子的著作権管理システム(Electronic Copyright Management System, ECMS)による(ディジタル)著作物の流通に関する技術的な保護の必要性を指摘している[1]。このシステムはオープン・アクセス方式を最終目標にしているが,そこには技術的な問題が残っている。したがって,たとえば,科学・工学・医学出版者国際連盟(STM)は,大規模な著作権侵害を懸念して,まずクローズド・サーキット方式を考えている。すなわち,ディジタル情報技術は,著作物の流通を拡張し今までの課題を解決する可能性をもつ一方で,新たな問題点を生む危険性もある。ここで,著作物の流通とは,コンテンツの流通にほかならない。以下では,ディジタル化がすすむ段階的な過程を通

---
[1] IPCC, *The Publisher in The Electronic World* (1994), chapter 6.

して，コンテンツの伝達・複製に関する技術的な対応について考察する。

5.1.1　ディジタル化への過渡的な段階

　未来の人工物や人工システムの設計・構築が何もないところから創造されるという見解に現実性がないことは明らかである。これは，電子出版物の表象が印刷出版物の表示形態をもとにデザインされていることを想起すればよい。さらに，初期の活字本の見かけが写本と全く同じ[2]であったように，ディスプレイ画面の3次元表示は版面形式の2次元表示に置き換えられ，情報世界の電子出版物の電子的な利用は印刷出版物の版面が一つの基準となりうる。

　このように，印刷出版物または電子出版物（パッケージ系だけでなく，ネットワーク系であっても）の利用・使用は，版面または版面が擬制された形態で複製される。すなわち，ディジタル化への段階的なプロセスにおいては，印刷情報がアナログ／ディジタル変換によって電子情報となり，それがディジタル／アナログ変換して流通することになる。それは，複製 (reproduction, replication, duplication) に関する技術の変化が学術出版の対象となる書かれたものの伝達と所有の形態を変容していくときの問題にほかならない。

　ディジタル情報技術の普及は，印刷と出版を統合化し，印刷と出版がそれぞれ形成してきた相互関係にずれを生じさせる。ここに，コンテンツが印刷情報から電子情報へ変化するとき，コンテンツの伝達・複製に関する技術的な対応は物（印刷情報）に擬制した概念からディジタル情報（電子情報）の概念への読み替えが必要である。

5.1.2　完全なディジタル化

　完全にディジタル化されたときの環境は，電子出版物の流通であり，電子図書館になる。それらのアイディアは，ネルソン (Theodor Holm Nelson) が

---

[2] Febvre, Lucien and Henri-Jean Martin, *L'apparition du livre* (Éditions Albin Michel, Paris, 1958) pp.111-112.（関根素子・長谷川輝夫・宮下志朗・月村辰雄共訳『書物の出現』筑摩書房，1998年，（上）203頁，207頁）

自費出版物 *Literary Machines*（© 1980,1981,1982,1983,1987,1990,1991,1992, Theodor Holm Nelson）で説明した「XANADU」プロジェクト[3]であり，ブッシュ（Vannevar Bush）が提案した「MEMEX」[4]にあるといえる。これらの構想は，現実に情報インフラストラクチャの整備があって実現可能なシステムである。

NII の基本構想を解説した論文では，世の中には，使用されずに陳腐化してしまう膨大な情報（exformation）があるという観点から，スーパーコンピュータによる情報の整理・蓄積・高速検索，および光ファイバネットワークによる大容量情報の伝達を取り上げ，そのための情報インフラストラクチャの構築の必要性を指摘していた[5]。NII 構想の契機を与えたわが国の INS（Information Network System）[6]においても，当然同じ観点に立っている。このとき，ディジタル著作物の伝達・複製は，印刷システムの現状を踏まえると，次のようなものになろう。

テキストデータは TeX（LaTeX）で組まれ，図版も TeX で描かれる。その図版は EPSF（Encapsulated PostScript File）で PostScript に変換され，TeX（LaTeX）ファイルの指定箇所に貼り込まれることになる。このデータをコンパイルして dvi（device independent）を作成し，このファイルを PostScript に変換するプログラムによって取り込めば，出力は紙面・ディスプレイ画面の表示，さらに情報ネットワークを介して送信でき，それをディジタル的に複製して利用することができる。そして，このようなコンテンツの利用形態は，公共図書館で書籍・ジャーナルを調べる研究から，電子図書館の一次的なデータ

---

[3] XANADU は，電子出版，ハイパーテキスト，思考のための玩具，未来における知性の革命，さらに知識と自由に関してまで言及するプロジェクトをいう（Nelson, Theodor Holm, *Literary Machines* (1980)（竹内郁雄・斉藤康己監訳，ハイテクノロジー・コミュニケーションズ訳『リテラリーマシン―ハイパーテキスト原論』アスキー出版局，1994 年，11 頁））。

[4] Bush, Vannevar "As We May Think" *The Atlantic Monthly*, 176 (1) (July 1945) pp.101-108.

[5] Gore, Al "Infrastructure for the Global Village" *Scientific American* (September 1991) pp.150-153.

[6] 久米祐介「情報と INS」北原安定・小林登編『NTT 技術陣による情報／先端メディア 3. 応用システム』培風館，1986 年，190〜191 頁。

（法源）に直接アクセスしていく研究へ移行していくことを可能にする[7]。研究成果の発表の履歴に対して半永久的にアクセスできる環境が指向されることになる。このとき，明らかに，コンテンツの流通に伴う伝達・複製の変化に適合したシステムの構築が前提になる。

　学術的価値のある出版物ほど絶版や品切れ状態にあるものが多い状態は，著作物の伝達システムが不完全な状態になっていることを示す。その絶版や品切れ状態にあるものの中には，学術出版の社会的機能によって産み出されていく知的資源とよびうるものが含まれており，それらがディジタル化され情報ネットワーク環境で提供されればアクセスの対象に十分になりうるものがある。ディジタル情報技術は，出版社が回避しなければならない行為である出版物の絶版や品切れ状態をコンテンツの形成によって代替することができるし，出版社が果たしてきた学術出版の社会的機能を情報ネットワーク環境において拡張していく方向性も与えよう。この環境は，出版者および出版社に帰属する編集者が積極的に関与できる完全な著作物の伝達システムになる。

5.2　コンテンツの流通に関する技術的な保護・管理システム

　情報ネットワーク環境における著作物の流通に関して，ECMSに関する種々の方式が開発されている。それらは，直接的ではないにしても，印刷システムにおける出版物の流通システムの果たしてきた機能が対応する。ここで，権利管理情報と技術的保護手段は，それぞれコピー管理技術とアクセス管理技術に対応する。ここでは，コンテンツの情報ネットワークを介する流通に関するコピー管理技術とアクセス管理技術およびそれらの相互関係について考察する。

---

[7]　田島裕『法律情報のオンライン検索』丸善，1992年，6頁。

5.2.1　コピー管理技術

インターネットの普及，画像・音楽のディジタル符号化技術の向上は，アナログ的な複製と比較して，オリジナルと比べ劣化なく複製を容易にして，コンテンツの主従関係を明らかにする手段が少ないことからくる問題を生じ，コンテンツ流通の阻害要因になっている。その阻害要因を取り除くためには，著作権保護技術としてのコピー管理技術が必要になるとの認識をもたらせている。

権利保護技術の標準化の必要性は，通商産業省（現在，経済産業省）を中心に，著作権管理団体と映像録画のハードウェアメーカーによって，1997年7月1日，「TR (Technical Report) 標準情報」（TR C0011 民生用デジタルビデオレコーダーのコピー世代コントロール）が作成され，日本工業規格（JIS）に準ずる標準技術として通商産業大臣（現在，経済産業大臣）より公表された。その標準技術は，アナログの録画機器において有効に機能する疑似シンクパルス方式（マクロビジョン方式）（copy generation management system, CGMS）およびDVDを中心とするディジタル機器で機能するコピー世代コントロールシステムである[8]。前者は，一般にコピーガードとよばれるものであり，複製したものを再生すると画像が乱れ観賞に堪えうるものにならなくなる複製防止技術（コピー妨害）による。後者は，権利者の判断でコピーを自由にできるのを一世代までの許諾に限定するのか，全く許可しないのかの選択が可能である。なお，SCMC (serial copy management system) は，孫コピーを許さないのでTRの対象にはならない。

国際的な出版者団体は，アメリカ出版協会（Association of American Publishers, AAP）によって提案されている電子商取引と著作権管理システムに必要とされるディジタルオブジェクト識別子（Digital Object Identifier, DOI）の採用を提唱している。このDOIシステムは，1997年のフランクフルトブックフェアで公開されており，識別番号（DOI），自動番号簿，出版者が管理

---

[8]　児玉昭義「コピー管理技術とアクセス管理技術—映像コンテンツの権利管理技術を中心に」コピライト，Vol.40, No.473（2000年9月）31頁。

するデータベースからなっている[9]。このシステムは，ディジタル化された論文や図・表をインターネットのブラウザによって，直接，利用者に届けるためのものである。すなわち，DOI システムは，ディジタル情報社会における電子出版物の流通を円滑にするためのコンテンツ流通システムである。また，安田浩教授が，ディジタルコンテンツごとにユニークなコード（コンテンツ ID）を付与することで，著作権の管理と保護を効率化し，かつディジタルコンテンツの再利用を促進するフレームワークを提案している[10]。DOI は，ISBN，ISSN と同列の認定標準識別子システムであることから明らかなように，出版物の流通を擬制するものを対象にする。コンテンツ ID は，まず映像を対象としてきたことから明らかなように，コードを部分的に付与できることも特長である。したがって，両者を比較したとき，コンテンツが電子出版物の電子的な版面を基本単位とみなすコンテンツ流通システムを前提にすることからいえば，そのコードの付与において，DOI とコンテンツ ID は，それぞれコンテンツの構造における全体と部分に対応づけられた著作権管理情報になろう。

　コピー防止技術は，データの中に人間の視覚では感知できない部分や冗長な部分に暗号化したデータ，たとえばタトゥーイング（tattooing），透かし（watermark），ディジタル署名（digital signature），トラッキング（tracking）を

---

[9] Paskin, Norman, *Digital Object Identifiers* : *implementing a standard digital identifier as the key to effective digital rights manegement* (International DOI Foundation, April 2000). Paskin, Norman "Toward Unique Identifiers" *Proceedings of the IEEE*, 87 (no.7) (July 1999) pp. 1208-1227.

[10] たとえば，山中喜義・中村高雄・小川宏・高嶋洋一・曽根原登「著作権保護技術の動向―コンテンツリサイクルマート創出の基盤技術」情報処理，Vol.41, No.4（2000 年）387 頁を参照。1999 年 8 月にスタートした「コンテンツ ID フォーラム」（会長・安田浩（東京大学教授））は，電子透かしを用いたコンテンツ管理を世界標準にするための活動を行っており，わが国では 112 社が加盟し，世界的なコンテンツ管理組織との連携を目指すという。そして，コンテンツ ID のフォーマットはグローバルスタンダード化を目指している。なお，コンテンツ ID フォーラムは，2000 年 12 月に，「映像」，「音楽」，「イメージ」の三つのタスクフォースを立ち上げ，最終的なシステムの在り方について検討を加えている。コンテンツ ID フォーラムは，新聞社，出版社などの文字・文書を専門とする業界ではディジタル的な複製についての技術的な対応策が遅れているとし，新たに「文書流通」のタスクフォースを立ち上げている。

第5章　情報財の流通に関する情報システム　　　　　　　　　　103

付加して，不正に複製することによりデータ自体の破壊または複製の事実を認証するものである[11]。それら著作権保護技術としてのコピー管理技術の中心をなしているのが暗号化技術であり，たとえば電子透かし技術[12]がある。ここで，暗号化技術には，共通鍵暗号方式，公開鍵暗号方式があり，実際の運用では両者の組み合わせによることが多い。

5.2.2　アクセス管理技術

　アクセス管理技術の方式には，DVD方式がある。DVD方式は，DVDに関する規格を定める任意団体（DVDフォーラム）によって規格されたCSS（content scrambling system）をとり，1）階層暗号（3階層の暗号），2）地域指定，3）アナログVTRコピー制限（VHSのAPS（analog protection system）），4）パソコンBUS認証（楕円暗号利用），5）ディジタルコピー制御（電子透かし）よりなる。ただし，CSSは実際にはコピー管理技術としても機能するものである。

5.2.3　コピー管理技術とアクセス管理技術との融合

　コピー管理技術とアクセス管理技術の区分けは，技術的に必要な区別というより，制度的な関係から必要となるものである。それは，わが国の著作権法で保護される権利管理技術が，コピー管理技術のみを対象にしており，アクセス管理技術には及ばないことに連動する[13]。たとえばCPTWG（copy protection technical working group）は，アメリカ映画のコンテンツ産業，コンピュータ関連メーカー，再生・録画機器の家電メーカーの代表によって構

---

[11]　たとえば，星野寛「コピーマートに関連する技術」『コピーマート：著作物の権利処理と流通に関する一提言』NIRA政策研究，Vol.10，No.12（1997年）38〜41頁を参照。

[12]　たとえば，松井甲子雄「電子透かし技術の最新動向」情報処理，Vol.40，No.2（1999年）178〜183頁を参照。

[13]　ただし，不正競争防止法では，アクセス管理技術も差止請求と損害賠償請求の対象になっている。EUにおいては，それぞれ著作権指令案，条件付アクセス指令で対象にしている。なお，アメリカでは，ディジタルミレニアム著作権法でともに救済される。

成され，将来のディジタルコピーにおける権利管理技術について検討しており，その方向は三つの技術に集約される[14]。

(1) 第一は，DTCP（digital transmission copy protection）と称するものであり，東芝，松下，日立，インテルが提案するものである。この技術は，IEEEが定めるIEEE1394というディジタル機器どうしを規格に基づいて接続されている機器どうしで，鍵を交換しあって承認されたコンポーネント間のみでコンテンツを伝達する。

(2) 第二は，電子透かしであり，信頼性・安全性の確保の点で二つのグループ，Galaxy Group（日立，NEC，パイオニア，IBM，ソニー）とMillennium Group（フィリップス，デジマーク，マクロビジョン）に分かれる。技術の内容は，コンテンツに画像には見えない権利管理情報を埋め込み，レコーダ側がその情報を読み取り録画したり拒否したりするものであり，CCI（copy control information）といった2ビットのCGMSで使用される同様の信号を用いればコピー世代コントロールを行える。

(3) 第三は，松下，東芝，インテル，IBMが録画する段階でのCPRM（control protection for recordable media）と，すでに録画・録音されているメディアに施されているCPPM（control protection for pre-recorded media）に分けて提案されるものである。CPRMは，違法コピーをしたプレーヤーでは再生ができなくすることも可能にする。また，CPPMは，コピー管理をスクランブル化とCCIによる電子透かしによって行う。

CPTWGの議論の方向性は，インターネットを介して流通するコンテンツに対する管理技術であり，コピー管理信号を機器やデバイス，記録メディアに認証というアクセス管理技術で保護するものである。すなわち，その権利管理技術は，コピー管理技術とアクセス管理技術とを融合し機能させるものになっている。

---

14) 児玉・前掲注8) 34～35頁。

5.2.4　コンテンツの権利管理システム

　研究成果の発表に対して半永久的にアクセスできる環境は，そのコンテンツの権利保護と信頼性の維持が必要になる。このコンテンツの権利保護と信頼性の維持管理が，印刷出版物において出版社が果たしてきた出版物の流通システムに付与されている機能といえる。この著作物の利用を促進させる検索・閲覧技術は，キーワード検索，全文検索，画像マッチング検索の方法が考えられる。ここでのコンテンツへのアクセスは，電子的な版面が単位になる。

（1）　トランスコピーライトシステム

　トランスコピーライトシステム[15]が情報ネットワークを介したディジタル著作物の流通における著作権処理の基本モデルになっている。このシステムは，慶應義塾大学 SFC 研究コンソーシアム（テッド・ネルソン，苗村憲司，大岩元）「Transpublishing」の一環として，トランスコピーライトシステムの実用化に向けた研究が進められている。著作物の利用者が著作権侵害をしていないかを，著作者が把握するためにも，参照・引用などといった著作物の利用をしている人間を正確に把握する機構として，ハイパーリンクを双方向に設定し，WWW に対する機能拡充の検討を行っている。ただし，このシステムは，たとえアメリカの著作権法システムにおいて合理的であっても，わが国の制度とは整合性に欠ける要素を含むものになる。

（2）　超 流 通

　超流通とは，森亮一教授の提唱する著作物の流通およびその使用料の決済システムであり，ソフトウェアやディジタル化された著作物の「所有」に対してではなく，「利用」に対して課金を行うものである[16]。この権利管理システムは，ソフトウェアやディジタル情報をどのくらい使用したかを記録する

---

[15]　Nelson, Theodor Holm "Transcopyright for .GIF pictures on the WWWeb" EICIPR96-6-1 (1996-06-06).

[16]　森亮一・河原正治「歴史的必然としての超流通」情報処理学会 超流通・超編集・超管理のアーキテクチャシンポジウム論文集，Vol.95，No.1（1994 年）67～76 頁を参照。

ボードを取りつけた超流通コンピュータを用い，ボードの記録に基づいて利用に対する対価を計算して利用者から徴収し，徴収された対価はソフトメーカーやディジタル情報の提供者の間で精算する[17]。超流通システムは，わが国において特許発明によるものであり，基本的な理念においては，著作権保護と著作物の利用を情報ネットワーク環境で処理する点で，トランスコピーライトシステムと異なる点はない。ただし，著作物の流通とコンテンツの流通が同じ対象を含むものであるにしても全く同じものではないことから，それらを区別したシステムの運用が必要になる。

(3) コピーマート

コピーマート[18]は，インターネットのビジネス利用として，著作権に関する電子取引つまり ECMS に関する市場モデルをいう。このプロトタイプのシステムとして，ハードコピーの複製に関するシステムとしてのコピー VAN がある[19]。著作権情報が埋め込んである「知識ユニット（knowledge unit）」がディジタル情報の複製の基本的な構成単位としている。それらはコピー技術の変化に合わせて構想されたものであり，著作物の伝達・複製に関する技術の変化に合致した法システム[20]といえよう。しかし，知識ユニットが任意の情報量であることからいえば，コンテンツの流通の単位には適さない。

---

[17] 知的財産研究所『Exposure（公開草案）'94―マルチメディアを巡る新たな知的財産ルールの提唱』（1994年2月）12頁。

[18] 北川善太郎「マルチメディアと著作権―コピー・マート (COPYMART)：著作権市場論」電子情報通信学会誌，Vol. 77，No. 9（1994年）933～935頁。北川善太郎「情報社会とコピーマート」，「コピーマートにかかる今後の研究課題」『コピーマート：著作物の権利処理と流通に関する一提言』NIRA 政策研究，Vol.10, No.12（1997年）4～9頁，46～47頁を参照。

[19] 北川善太郎『技術革新と知的財産法制』有斐閣，1992年，41～45頁，201～221頁。

[20] 田村善之「技術の進歩と法制度―新たなデジタル・ソフトの保護法制の提案」電子情報通信学会技術報告書 ISEC94-17 (1994-09), Vol.94, No.240（1994年）33～39頁。

(4) その他のシステム

苗村憲司教授は，著作権の許諾処理を電子的に行うシステムとしての超流通技術とコピーマートおよび PICS (Platform for Internet Content Selection) の長所を組み合わせた新たな方式の検討を行っている。このシステムは，既存のシステムを組み合わせている関係から，その整合性をとるための複雑な課題が残されてしまう。

欧州では 1984 年から 1998 年まで 4 期にわたり継続してすすめられてきた情報技術研究開発の ESPRIT (European Strategic Programme of Research and Development in Information Technology) プロジェクトがあり，その開発分野（ソフトウェア技術，コンポーネントとサブシステム，長期的研究，マルチメディア技術）が四つあるが，そのマルチメディア技術に ECMS に関連するものがある[21]。

5.3 コンテンツの流通に関するコンピュータ・セキュリティ技術[22]

情報ネットワークは，コンテンツの多様な流通・利用を可能にしている。その流通に対応する権利管理システムの実効性を確保するために，暗号技術を活用した電子透かしが付加されたコンテンツの流通形態が考えられている。それは，ディジタル情報にコンピュータ・セキュリティ技術を付加した流通形態である。他方で，このような情報技術の発達による権利管理システムは，情報（コンテンツ）の過度な保護を招いているとの指摘がある[23]。すなわち，コンピュータ・セキュリティ技術が付加されたコンテンツの流通形態

---

[21] たとえば，木下孝彦「著作権管理システムと海外の状況」『コピーマート：著作物の権利処理と流通に関する一提言』NIRA 政策研究，Vol.10，No.12（1997 年）34～37 頁を参照。

[22] 児玉晴男「コンテンツの保護とセキュリティに関する社会技術的な考察」『コンピュータセキュリティシンポジウム 2003 (CSS2003) 論文集』情報処理学会シンポジウムシリーズ Vol.2003，No.15（2003 年 10 月）313～318 頁。

[23] Dreier, Thomas, The Future of the Copyright System—Limitations on Rights in the Digital Environment (Tokyo, 29 October 2002).

は，コンテンツの保護範囲に関する技術的な側面（権利管理システム（rights management system））と制度的な側面（権利の制限（limitations on rights））とのずれを生じさせる要因になっている。ここで留意しなければならないことが，コンテンツの権利管理の及ぶ技術・制度に関する時間的・空間的な範囲である。

5.3.1 権利管理システムと権利管理の範囲：トレーサビリティと消尽

製品にIDタグあるいは電子荷札[24]を付加し，商品管理や偽造防止などに活用しようとする試みがある。これは，情報世界においてイメージされる現象を現実世界で実感させることになる。そこでは，ICタグ（電子荷札）のトレーサビリティ（追跡可能性，traceability）が着目される。このトレーサビリティが権利管理システムの技術的な特性とすれば，知的財産の物の流通を想定した用尽（消尽，exhaustion）あるいは消尽理論（first sale doctrine），すなわち権利の保護期間内における権利の消滅の擬制が制度的な権利管理の範囲の尺度になる。このトレーサビリティと消尽の相互関係から，権利管理の範囲の性質が分類しうる。

（1） 時間的な消尽

著作権は，著作物の公表または著作者の死後の一定期間が過ぎると消滅する（著作権法51条2項，52条，53条，54条2項）。その保護期間に議論があるものの，権利の消滅に特に疑問の余地はない。しかし，著作物は無体物ではあるが，有形的媒体への固定あるいは有体物の擬制のもとに流通が想定されるものであり，そのことから著作権に消尽が働くことになる。

著作者は，その著作物をその原作品または複製物の譲渡により公衆に提供する権利を専有するとしている（著作権法26条の2第1項）。この権利は，著作権の支分権の中の譲渡権とよばれるものである。ただし，書籍などの物

---

[24] ICタグ（電子荷札）は，製品情報を記録する極小の集積回路（IC）チップに無線通信用の超小型アンテナをつけてデータをやり取りできる装置で印刷メディアのバーコードよりも3桁ほど記録容量が大きい。

の流通には，譲渡権の適用が除外される。すなわち，この保護期間内の権利の消滅は，時間的な消尽といえる。

なお，譲渡権の対象には，映画の著作物が除かれている。なぜならば，それは，映画の著作物には，譲渡権とは別に，頒布権（著作権法26条）が規定されているからである。この頒布権に関して，家庭用ゲームソフトの中古品が公衆へ譲渡されるうえで消尽が争点になっている。これは，著作権侵害行為差止請求事件，いわゆる中古ソフト事件である。このケースは二つの流れがあり，それらの解釈の仕方は対照的である。一つの流れは，家庭用ゲームソフトを映画の著作物としている。ここで，消尽に関しては，消尽を認める判決[25]と消尽を認めない判決[26]が出されている。もう一つの流れは，家庭用ゲームソフトを映画の著作物とは認められないとするものである。したがって，頒布権が認められないことにより，家庭用ゲームソフトに関する権利は第一譲渡により消尽するという論理構成をとっている[27]。なお，前者に関しては，いったん適法に譲渡された場合，頒布権のうち譲渡に関する権利は，その目的を達成したものとし消尽すると結論づけられている[28]。

この消尽の適用のとらえ方は，論理的な整合性に欠けるものであり，情報ネットワークを介するコンテンツの流通においては適用できない。

（2）空間的な消尽

消尽は，国際的な流通，すなわちグローバルな情報ネットワークを介するコンテンツの流通・利用に関する制度ハーモナイゼーションの課題でもある。それは並行輸入に関して議論されており，その性質は権利の空間的な保護範囲が問われることになる。なお，有体物に転化された対象に対して，国内と国際とで消尽の解釈が分かれている[29]。

---

[25] 大阪高判平13.3.29判時1749号3頁。
[26] 大阪地判平11.10.7判時1699号48頁。
[27] 東京高判平13.3.27判時1747号60頁。東京地判平11.5.27判時1679号3頁。
[28] 最一判平14.4.25民集56巻4号808頁。
[29] 国内消尽は国内あるいは域内の空間に限定され，国際消尽は空間に限定がない。

情報ネットワークを介する伝達（送信）されるコンテンツの権利構造は，知的財産権の各権利の組み合わせにより形成される。この知的財産権の各権利間には，並行輸入に関し解釈にずれが生じうる。商標では，商標の識別機能の見地から真正商品の並行輸入は，「商標制度の趣旨目的に違背するものとは解せられない」[30]とし，容認されている。一方，特許発明では，特許独立の原則（パリ条約4条の2）と属地主義から真正製品の並行輸入は判例上認められていないとされてきた[31]。また，特許独立の原則と属地主義の原則は，「真正商品の並行輸入の許否の判断を直接左右するものではない。」[32]としたうえで，「真正商品の並行輸入が我が国における特許権を侵害するものとすることが，社会的に是認され得ない状況にまで至っているということはできない。」[33]としていた。この一連の判決はBBS事件（特許権侵害差止等請求事件）とよばれるものである。その後，最高裁判所は，特許製品の並行輸入は特許権の侵害にあたらないとした二審判決[34]を是認し，メーカー側（上告人BBS社は，ドイツ連邦共和国における特許発明と同一のものに対して，わが国で特許権を有する）の上告を棄却している[35]。本判決では，国際取引における特許製品の流通と特許権者の権利との調整について，「現代社会において国際経済取引が極めて広範囲，かつ，高度に進展しつつある状況に照らせば，我が国の取引者が，国外で販売された製品を我が国に輸入して市場における流通に置く場合においても，輸入を含めた商品の流通の自由は最大限尊重することが要請されているものというべき」とし，特許製品の並行輸入を容認している。ここでは，消尽は国内に限られ，国際的な消尽はないとする。

　なお，情報ネットワーク環境におけるディジタル著作物（コンテンツ）は，

---

[30] 大阪地判昭45.2.27判時625号［83頁］。

[31] 大阪地判昭44.6.9無体例集1巻160頁。

[32] 東京地判平6.7.22判時1501号［75～76頁］。

[33] 前掲注32）［77頁］。

[34] 東京高判平7.3.23判時1524号3頁。

[35] 最三判平9.7.1民集51巻6号2299頁。

第5章　情報財の流通に関する情報システム　　111

頒布権で保護し，その拡張解釈として，それを輸入権（right of importation）でコントロールすることが考えられるという[36]。この論理は，アメリカが主張するものであり[37]，並行輸入を認めないことと同じ意味を有する。このとらえ方は，空間的な消尽が存在しないことと同じ意味になり，情報ネットワーク環境におけるコンテンツにも適用可能である。なお，コンピュータ・プログラム等の並行輸入は，著作権法26条の2第2項4号によって許容されると解される。コンテンツは，複製の意味の変化を促す。出版物（書籍）は著作物の伝達手段の一つであり，その器に着目すれば権利の消尽は法技術として適切であろう。しかし，無体物の著作物に関する権利，たとえば複製権（同法21条）およびそれに関連する設定出版権（同法79条1項）はコンテンツの性質と整合するものであり，このとき権利の消尽は法技術として適切とはいえなくなる。このとき，コンテンツに関する権利の消滅の例外は，公益性（社会的な価値）からの制約に限定されよう。

　知的財産は無体物を対象とする。この無体物をコンテンツに置き換えれば，複製可能な状態のコンテンツの流通・利用にあたって，権利の消尽がいえるのは，当該コンテンツ自体に権利が存在しないとき，すなわち保護期間の消滅・満了に限られる。

（3）　時空的な消尽

　コンテンツの性質において，またコンテンツが知的財産（無体物）であることからいえば，権利の消滅・満了まで権利管理の範囲が及ぶことになる。そもそも時間的な消尽および空間的な消尽においても，その尺度は恣意的である。そして，トレーサビリティが存在するコンテンツの流通形態は，物の

---

[36]　名和小太郎『サイバースペースの著作権―知的財産は守れるのか』中央公論社，1996年，139頁。

[37]　この論理は，copyrighted work を輸入する行為に対するものである。ここで留意しなければならないことは，copyrighted work を輸入する行為が copyright の侵害行為の一形態となることである。その形態を著作権の支分権として輸入権とよぶことは，英米法系のアメリカの copyright においては不適切であり，大陸法系のわが国の著作権において容認できるものである。

流通経路を追跡することを情報世界と同じように現実世界において可能にする。そのとき，その権利管理の範囲は，現実世界においても，時間的または空間的にそれぞれ二分することは適切ではない。すなわち，権利管理が情報処理により履行される環境において，権利の消尽は，解除条件付きの性質をもつ。それは，時空的な消尽とよびうるものであり，本来，無体物の保護を目的にする著作権・知的財産権の性質に適合しているとさえいえる。

5.3.2 権利管理システムと権利の制限との均衡

情報技術の進展は，著作権等の実効性の確保という面で大きな影響を与えつつあるが，従来の権利行使の方法を補うような新技術を発達させることになった[38]。この代表的な技術が技術的保護手段と権利管理情報であり，それらは著作権等の実効性を確保するための有効な技術となっているという[39]。それは，技術的な権利管理システムと制度的な権利の制限との不均衡を派生させる要因になっている。

技術的保護手段の回避に対する対応については，1996年12月に採択された「著作権に関する世界知的所有権機関条約」（WIPO Copyright Treaty, WCT）11条，12条および「実演及びレコードに関する世界知的所有権機関条約」（WIPO Performances and Phonograms Treaty, WPPT）18条, 19条において各条約国に技術的保護手段に関する義務と権利管理情報に関する義務が規定されている。わが国では，技術的保護手段の回避による複製を禁じ（著作権法30条1項2号），権利管理情報の対応として虚偽の情報の故意による付加，故意の除去または改変の行為に対して侵害とみなす規制を設けている（同法

---

[38] 著作権審議会マルチメディア小委員会ワーキング・グループ『著作権審議会マルチメディア小委員会ワーキング・グループ（技術的保護・管理関係）報告書』（1998年12月）26頁。Information Infrastructure Task Force (IITF), Working Group on Intellectual Property Rights, *Intellectual Property and the National Information Infrastructure: the Report of the Working Group on Intellectual Property Rights*, pp. 183-189, September 1995. Commission of the European Communities, *Green Paper on copyright and related rights in the information society*, COM (95) 382 final, Brussels, 19 July 1995.

[39] 著作権審議会マルチメディア小委員会ワーキング・グループ・前掲注38) 26〜27頁。

113条3項1号，2号）。そして，WCTとWPPTの両条約への批准のために必要な措置も含めたアメリカの「ディジタルミレニアム著作権法」（Digital Millennium Copyright Act of 1998, DMCA）§103（17 U.S.C. §1201, §1202）は，技術的保護手段について回避装置等の規制を行うとともに，権利管理情報の改変等の行為に対する規制も盛り込んでいる。また，2001年2月14日に欧州議会が可決した「情報社会における著作権及び関連権の一定の側面のハーモナイゼーションに関する欧州議会及び理事会指令」（European Parliament and Council Directive on the harmonization of certain aspects of copyright and related rights in the Information Society, 2001/29/EC）§6, §7は，それぞれ技術的手段および権利管理情報に関する義務の規定を設けている。ここで着目するのが技術的な保護・管理システムと制度的な権利の制限との均衡である。

　コンテンツの権利の及ぶ範囲の設定は，技術的な権利管理システムと制度的な権利の制限との間の合理的な均衡にほかならない。ここで，トレーサビリティと消尽との関係は，権利の保護と権利の制限との均衡をはかる法技術といえる。トレーサビリティと消尽が技術的な面と制度的な面との調整とみなせば，権利の保護と権利の制限は制度的な枠内で合理的な均衡をはかる関係になる。それは，権利の保護と消尽および権利の制限とトレーサビリティの関係に置き換えられる。

5.3.3　コンピュータ・セキュリティの適用範囲の効率性

　権利管理システムの運用において，コンテンツの経済的な価値が限りなく0に漸近する（維持管理を含めると不良債権とさえいいうる）対象に，高度なコンピュータ・セキュリティ技術を実装する必要性はない。ただし，コンテンツの公益性（社会的な価値），すなわちその健全性の保持のために高度なコンピュータ・セキュリティ技術を付与する必要性の余地は残る。また，トレーサビリティが派生させる問題点として，プライバシーとの関係がある。すなわち，権利者の権利行使としてのトレーサビリティが利用者におけるプライバシーの侵害問題へ転移する。その課題解決として，情報ネットワーク

を流通し利用されるコンテンツの技術的な権利管理システムと制度的な権利の制限との新たな均衡をコンピュータ・セキュリティの適用範囲の効率性の観点から再考することが考えられる。コンピュータ・セキュリティ技術によるコンテンツの信頼性の確保および制度的な権利の制限との均衡における合理性は，情報世界が現実世界に存在している限りにおいて，現実世界を資源・エネルギーに関する循環型社会ととらえることは，技術的にも制度的にも受容しうる共通の観点を与えよう。ここに，コンピュータ・セキュリティの適用範囲の効率性は，自然資本（natural capitalism）の維持と回復を指向する自然資源効率性[40]によって実効性が与えられよう。これは，コンテンツの形成・流通・利用システムの効率性においてもいえる。

5.4　事例の再検討：国際高等研究所「情報社会における近未来の法モデル」

国際高等研究所の未来開拓学術研究事業「情報社会における近未来の法モデル」の依頼を受けて，日本書籍出版協会はその予備的調査に参加し[41]，その報告書が 1999 年 3 月[42]，2000 年 3 月[43]，2001 年 3 月[44]および 2002 年 3 月[45]に公表されている。以下では，それらの報告書の検討事項のうちコンテ

---

[40] Hawken, Paul, Amory B. Lovins, and L. Hunter Lovins, *Natural Capitalism : The Next Industrial Revolution* (Earthscan, London, 1999). （佐和隆光監訳・小幡すぎ子訳『自然資本の経済―「成長の限界」を突破する新産業革命』日本経済新聞社，2001 年）

[41] 日本書籍出版協会には，電子出版委員会が設けられている。本調査のテーマは，電子出版委員会が調査にあたるべきものであるかもしれないが，調査の内容を検討した結果，著作・出版権委員会があたることになった。

[42] 日本書籍出版協会『平成 10 年度報告書 出版者の電子出版に関する意識・実態調査報告書―電子出版における出版者の慣行上の権利について』（1999 年 3 月）。

[43] 日本書籍出版協会『平成 11 年度報告書 出版物の複写に関する権利処理モデル―日米における集中処理機構の現状と個別的権利処理の取組』（2000 年 3 月）。

[44] 日本書籍出版協会『平成 12 年度報告書 IT（情報技術）と出版の近未来像―第 3 回コピーマート応用研究会』（2001 年 3 月）。

[45] 日本書籍出版協会・法律編集者懇話会『平成 13 年度調査報告書 コピーマートのビジネスモデル構築のための諸問題』（2002 年 3 月）。

ンツの流通とディジタル情報技術との関係について，その検討の経緯を踏まえて再検討を加える。

5.4.1 出版者の電子出版に関する意識・実態調査報告書：電子出版における出版者の慣行上の権利について

　本調査報告書とコンテンツの流通に関する技術的な対応で再考されなければならない対象は，コピープロテクションである。この技術は，5.3.3項にも述べたように，制度との関連づけが重要になる[46]。

　アナログ的な複製では，コンテンツとコピープロテクトは切り離された関係にあり，実際上，コンテンツ自体に有効なコピープロテクトが施されることはなかった。それは，出版物のコピー問題に適切な対応がなされてこなかったことから明らかである。ディジタル情報技術は，著作物をディジタル情報のコンテンツとして，**CD-ROM** 等に流し込んで流通させ，またネットワーク系電子出版物として送信させることを可能にする。パッケージ系電子出版物の伝達・複製に関しては，ディジタル的な複製においてアナログ的な複製のときとは別の課題がある。それは，コンテンツがディジタル情報として流通するときに，そのディジタル的な複製に対するコピープロテクションを付加する必要性の可否の判断が必要になってくることである。

　ところが，コンテンツは大量に複製されまたはその可能性があることによって実際に経済的価値が発生するものであり，大量の複製が伴わないコンテンツには文化的価値が想定されるにしても経済的価値は低い。コピープロテクションの対象は，経済的価値が大きいほど有効であるので，コンテンツのすべてにコピープロテクションを施す必要性はない。実際，コピープロテクションを施して提供された **CD-ROM** 等の場合，その取り扱いも含めたサービスにかかる経費は，コピープロテクションを施すコピー防止効果より相対的に高いものになっている[47]。しかも，コンテンツが書籍で提供される

---

[46] わが国の著作権法においては，平成11年改正で技術的保護手段の回避を行う行為の規制が加えられている。

ときと CD-ROM で提供される場合，数量的に前者より後者の方が少量となり，また価格としても低く設定せざるをえないことも想定されており，コンテンツの価値を超えるコピープロテクションを施す必要性は低いといわざるをえない。

　しかし，そのような見方が現実的であるにしても，電子出版物の流通[48]および電子出版物の納本制度と電子図書館構想との関係[49]で，コピープロテクション技術は学術出版の社会的機能に関連づければ別な性質をもつことになる。その性質は，コンテンツが流通する環境において，著作物をコンテンツの健全性を通して保証する機能である。すなわち，インターネットに著作物がそのまま流通することは，技術的には可能であっても，その利用にあたって著作物自体の信頼性が維持管理された状態にあることまでを要求することはできない。その要求に応えるためには，著作物に対してレフェリー機能が加えられなければならない。その保証が得られるためには，学協会の論文に対し加えられるレフェリー機能が学術出版の社会的機能においても存在していることが前提である。コンテンツが情報ネットワーク環境を流通するときの適切な対応は，著作物に経済的価値を付加し，かつその健全性の維持管理を保証する機能を備えたコンテンツのサービス提供になる。

5.4.2　出版物の複写に関する権利処理モデル：日米における集中処理機構の現状と個別的権利処理の取組み

　本調査報告書とコンテンツの流通に関する技術的な対応で再考されなければならない対象は，電子商取引における集中管理である。このシステムは，著作物の公共的な利用に関連する電子図書館における利用システムとの関係で重要である。

　コンテンツの情報ネットワークにおける流通は，グローバルな環境にあ

---

[47]　日本書籍出版協会・前掲注42) 18〜20 頁。
[48]　日本書籍出版協会・前掲注42) 42〜44 頁。
[49]　日本書籍出版協会・前掲注42) 44〜45 頁。

る。権利処理システムとしては，すでにアメリカのCCC（Copyright Clearance Center）に見られるように，各種のサービスが用意されている[50]。ここに，コンテンツの情報ネットワークを介する流通においては，日本複写権センター（JRRC）と各国の複写権処理機構との連携が要請される[51]。その連携は次のようになる。各国の複写権処理機構は，一定の複写利用料基準が設定されている。したがって，各国の複写利用料基準の調整が必要になるが，そこには出版物の流通システムとは別な問題がある。

　その要因は，ディジタル的な複製によって，コンテンツが電子的な版面によって分割されることにある。書籍またはパッケージ系電子出版物は，一つの物として流通する限り，そこに問題は派生しない。ところが，コンテンツがディジタル情報として流通するとき，コンテンツに関しての部分売りが現実的な単位になる。しかし，その見方は，出版を産業としてとらえるとき，消極に解される[52]。

　前にも述べたように，紙メディアを電子メディアに変化させることが電子出版という見方にはならない。情報ネットワークを介して流通する電子出版物は，一つの物に擬制されるにしても，それは技術に連動した出版とはいえない[53]。伝達・複製に関連する技術の変化は，書籍形態をコンテンツの電子的な版面ごとに細分化する。コンテンツの部分売りは，ディジタル情報技術によって著作物が伝達・複製されるときに顕在化する。そうであるならば，印刷出版物の版面が印刷技術のプレゼンテーション技術としてあるように，ディスプレイ画面に表象される電子的な版面にはディジタル情報技術に連動したプレゼンテーション技術の基準として合理性があろう。このとき，この基準に対する制度的な対応が必要になる。

---

50)　日本書籍出版協会・前掲注43) 47〜57頁。
51)　日本書籍出版協会・前掲注43) 6頁，48頁。
52)　日本書籍出版協会・前掲注43) 26頁。
53)　日本書籍出版協会・前掲注43) 29頁。

5.4.3 IT（情報技術）と出版の近未来像

　本調査報告書とコンテンツの流通に関する技術的な対応で再考されなければならない対象は，商業出版社による電子出版と電子図書館との関係である。

　本調査報告書は出版産業との関連から調査するものであるが，それと並列に国際高等研究所の未来開拓学術研究事業「情報社会における近未来の法モデル」は情報通信産業（NTT）および印刷産業（大日本印刷）との関連からの調査研究も行っている。ここでは，それら産業分野から電子出版の近未来像が述べられているが，平成 14 年度に日本標準産業分類に出版産業，情報通信産業，印刷産業は情報通信業の中でカテゴライズされているものの，電子出版のコンテンツの形態に対するとらえ方に整合性がない。それは，紙メディアおよび書籍形態のコンテンツを評価するか否かからくるものである。

　技術的に電子出版のコンテンツの形態が多様にとらえられるにしても，電子出版のコンテンツは，たとえば「エキスパンドブック」で電子書籍を制作することに意味があるのではなく，テキストを読むための最適なツールとして書籍があり，その伝達手段として版面（その拡張として版面を擬制したディスプレイ画面を含む）があることである。これは，インターネットを使った電子出版についてもいえる。この商業出版社による電子出版と電子図書館の「蔵書」の構築[54]との関係がディジタル情報技術との関係から問題になる。

　電子図書館の「蔵書」の構築が商業出版社の電子出版に依存するはずであるのに，この関係は対立的であるといわざるをえない。この課題の解決を与える方向性として，オランダのティルブルク大学図書館における最先端の電子図書館の成功例がオランダの商業出版社の Elsevier Science の大学図書館の電子化の支援およびそのコンテンツを利用できる契約により可能になったことがあげられよう[55]。すなわち，電子図書館の「蔵書」であるコンテンツ

---

[54] 「電子図書館サービス実施基本計画」によれば，国立国会図書館西館においては，年間約 2 万冊（約 500 万ページの分量に相当）の図書館資料を「蔵書」にすることが可能となる体制を備えるものになるとしている。

[55] 日本書籍出版協会・前掲注 43）34 頁。

には，合理的に利用できるシステムが存在しなければならない。

5.4.4 コピーマートのビジネスモデル構築のための諸問題

　本調査報告書で考慮しなければならない点は，学術出版物のディジタル化・ネットワーク化において，出版者の役務と権利との関係にある。

　本調査報告書は，理論モデルであるコピーマート構想を一つのビジネスモデルとして構築する場合の課題を法令・判例データベースに関連づけて検討している。なお，この報告書は，前の三つの報告書と異なるものであり，法律関係の出版社からなる法律編集者懇話会のメンバーを中心にまとめられている。したがって，座談会形式でコピーマート構想を一つのビジネスモデルとして構築する場合の問題点およびビジネスモデル構築の可能性について検討したものであり，その視点は限定されている。しかも，この検討内容は，出版者が関与するコンテンツの形成・流通・利用と著作権との関連づけが不明確であり，ビジネスモデル構築の課題の分析において不十分なものになっている。このような方向づけの曖昧さは，ある傾向性をもっている。ビジネスモデル構築にあたっては，情報財としてのコンテンツの形態が明示されなければならない。そのうえで，そのコンテンツの流通・利用システムが構築されることになり，その中で出版者がどのような役務と権利が想定できるかを問うことになろう。法令・判例データベースの形成・流通・利用システムのビジネスモデルは，学術出版物のコンテンツの形成・流通・利用システムのビジネスモデルと比較して単純化できよう。

　法令・判例自体は，著作権処理を必要としない。このとき，出版者の権利関係は，法令・判例データベースの形成・流通・利用システムにどのような立場で関与するかを明確にすることにより可能になるはずである。法令・判例データベースの形態は，ネットワーク系電子出版物として自動公衆送信に適合するオンデマンドコンテンツが想定できる。そして，その流通・利用システムは，テキストベースでメディアミックス型のコンテンツ，すなわちウェブ（Web）ベースおよびCD-ROMからオンデマンド出版までをカバーし

たものになる。そして，このコンテンツに付加される著作権管理情報の一つのメタデータのモデルとして，全体的なコンテンツに対してはISSN，ISBN，DOIで与え，そのコンテンツの部分的な対象においてはコンテンツIDで付与することが考えられる。このモデルの基点は，アナログ環境のコンテンツ流通・利用が書店・公共図書館によって循環システムとして機能していることをディジタル環境のコンテンツ流通・利用に適用することにある。

著作権に関わる技術的な管理システムの視点からいえば，セキュリティの問題が残るにしても，不都合な点はない。ところが，コンテンツに対して著作権管理システムを稼働させて流通させることは，出版物を取次制度を利用して頒布することに比べて，同一コンテンツの大量の流通でなければ効率的とはいえない状況が想定しうる。そこには，暗号技術や著作権管理システムが特許発明を利用することにより保護されるものであることが考えられ，著作物を特許発明という器で保護することによってしか流通させることができないことになってしまう。情報の特質が自由な利用と複製が指向させるものであるとすれば，そのような状況は必ずしも好ましいものではない。ここに，著作権管理システムの合理的な運用は，わが国の日本複写権センター（JRRC）および国際的な複写権管理機構との連携がはかられていく中で，合理的な複写利用料システムが設定されて，合理的に複製できるシステムの構築に求められてこよう。

5.5　コンテンツの流通を円滑にする情報システム

コンテンツの流通にあたっては越えなければならない問題が数多くあるが，技術の変化に伴う知的財産権法システムの不透明性の与える影響は大きい。未来技術の実現や新規市場の展望のもとに知的財産権問題がいろいろな場で議論されているものの，結実した解決が与えられていない。ディジタル情報技術との関係において，知的財産権は方向性の定まらない状況にある。そもそも，知的財産権は，技術の変化に応じて進化していく微妙で深遠な法領域

といわれる[56]。すでに160年ほど前に，特許と著作権のアプローチは，「法廷の議論に属するどの他の部類の事件より，法の形而上学（metaphysics）とよびうるものに近い。区別が極めてはっきりしており，また少なくともそうであるといえても，それは時にはほとんどはかない。」[57]といわれている。ディジタル情報技術が誘因する状況も，その当時の特徴と全く変わる点はない。

現実問題の多くの部分は，自然発生的な「生ける法（lebendes Recht）」により律せられ，法発展の重心は，いつの時代にも，社会それ自体にあったとする見方がある[58]。また，「社会行動の次元における法律」と「文字の次元における法律」の間には，ずれがあるとの指摘がある[59]。この観点に立てば，ディジタル情報技術に起因する課題に対する今までの解決法は，一方では規範的で分析的な理論が知的財産権法システムと社会との関わりを見落とす傾向にあり，他方では現実的で社会学的な見解が知的財産権法システムの自律性を正当に評価するものになっていないことに問題があろう。

ディジタル情報社会との関わりから，技術と法システムとの境界領域での研究が必要といえるが，それを指摘する見解はすでにある[60]。しかも，抽象的な言い方をすると，その部分的な議論はもうすでに研究し尽されているとみなせる。それでも技術の変化が現行の法システムの与える影響に対処するための解決法が見られないのは，少なくともわが国において技術と法システムとを合理的に橋かけする議論が存在しないことによろう。

完全なディジタル化に移行したとき，その技術的な視点と権利処理システムの運用が協調することが重要である。なぜならば，それがたとえ情報世界の制度的なシステムとして適切であったとしても，その運用において現実世

---

56) IITF, supra note 38, p.7.

57) Folson v. Marsh, 9 F. Cas. 342 (C.C.D.Mass. 1841) (No. 4,901) at p.344.

58) Ehrlich, Eugen, *Grundlegung der Soziologie des Rechts* (Duncker & Humblot, Berlin, 1913).（河上倫逸訳『法社会学の基礎理論』みすず書房，1984年，394頁，496〜497頁）

59) 川島武宜『日本人の法意識』岩波書店，1967年，198頁。

60) 北川・前掲注19) 14頁，23〜25頁，81〜87頁。

界の制度的なシステムの影響を抜きにして成り立たないからである。そのために，権利処理において，法理の調和の観点に立った情報システムの構築が必要になる。

5.5.1 登記システム

コンテンツにかかる権利は，権利者自らが管理する必要がある。上で考察したように，コンテンツに関する権利管理技術の種々の試みはなされているが，その制度的な対応との整合性は不完全といわざるをえない。なぜならば，たとえばすでに著作権の管理を著作権管理団体が行っているところがあるが，それらの中には，著作権法上，権利の存在が不明確な状態のままで運用されているものがあるからである。

（1） 登録システム

漢字使用のドメイン名の任意団体による登録において混乱がある。この要因は，ドメイン名の登録が審査システムがないままに，先に登録したドメイン名の登録が優先されることによる。それは，商標が権利発生要件としての登録制度を有しているのに対し，著作物がその登録制度を有しない状況において同じ混乱が想定しうる。ドメイン名の登録に関する問題はディジタル情報社会の混乱を象徴するものであり，そのような課題の解決に登録システムは有効である。

登録の効果には，二つの性質がある。「アイディアの表現の登録」が特許の登録との関係で問題とされた[61]。わが国の著作権法は無方式主義をとっており，登録を権利の享有のための要件とされることはない（ベルヌ条約5条(2)，著作権法17条2項）[62]。そして，プログラム著作物の登録は，文化庁

---

[61] 弁理士会が中心に批判する「アイディアの表現」を登録するビジネスの問題は，著作権と工業所有権の登録の効果を交差させるものである。

[62] 著作権の登録は，第三者対抗要件であり（著作権法77条），実名（同法75条1項），第一発行（公表）年月日（同法76条1項），プログラム著作物の創作年月日（同法76条の2第1項）を明確にするためになされる。この点で，著作権の登録は，工業所有権法の登録が効力発生

長官の指定する公益法人（指定登録機関）の財団法人ソフトウェア情報センターに登録することができる（プログラムの著作物に係る登録の特例に関する法律5条1項）。その登録は，従来の著作物の登録と全く同一の第三者対抗要件としての効力を超えるものではない。ここで，ディスク形式での登録（同法2条1項）は，コンテンツの登録において類推適用できる。

ところで，世界知的所有権機関（World Intellectual Property Organization, WIPO）は，1997年8月，特許情報の電子網を2005年までに構築することを公表している。これを受けて，特許庁は，1998年4月から200万件の特許情報をネットワークで無料提供をはじめ，1999年4月には「2005年特許行政ビジョン」において「特許電子図書館」構想により特許庁の保有する全特許情報を無料提供する計画を発表し，すでに稼働している。このように，特許庁は，特許情報のグローバル化・ネットワーク化・無料化をはかっている。ここで，休眠特許の活性化の一環としての特許情報データベースの利用のされ方は情報検索にとどまっており，コンテンツの流通において特許法上の問題点は生じる余地はないように見える。したがって，あえて特許発明との関係でコンテンツの流通を想定するのは無理があるかもしれないが，（ディジタル）コンテンツの流通の検討[63]が示唆するように，著作物と特許発明を棲み分けする実際的な意味は少なくなっており，特許の実施が現実的な問題として生じてこよう。

研究者の研究成果としてのコンテンツは，電子図書館や特許電子図書館の電子情報や特許情報として，図5.1に示すようにリンクされ流通することが想起される。ここに，コンテンツの流通に対する制度的な対応の中で，コンテンツの所有の関係を明確にするための登録システムが必要になると考える。

要件（特許法66条1項，実用新案法14条1項，意匠法20条1項，商標法18条1条）であるのと性質を異にする。

[63] 相崎裕恒「デジタルコンテンツの取引の安定化・活性化に向けた課題について―産業構造審議会デジタルコンテンツ合同会議中間論点整理の概要」機械振興，Vol.31，No.10（1998年）61～66頁を参照。

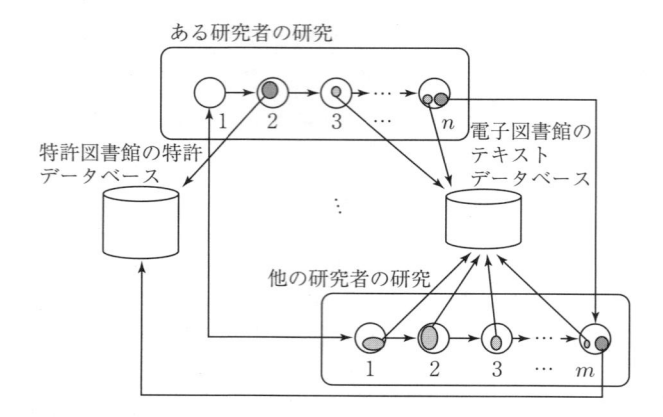

図 5.1 コンテンツの情報ネットワークを介した流通システム

(2) 公示システム

コンピュータ関連の書籍とジャーナルには，扉裏の冒頭部分や脚注に知的財産権に関連する表示がなされている．一般的に，TM（トレードマーク）と®（登録商標），そして©（マルシーマーク）があり，ディスプレイ画面内では©，TMと®がソフトウェアに付されている．TMマークと®マークは，プログラミング言語やオペレーティングシステム（OS），たとえばAdaやUNIX，Windowsなどの標章（名称）の右端などに明記してある．また，©はcopyrightを表すマークであり，書籍，ジャーナル，ソフトウェア（コンピュータ・プログラムやデータベース），漫画のキャラクターに，著作権者名（著作者，著作権の保有者）や発行（登録）年度とともに表記されている．そして，書籍やジャーナルにアメリカの商標・登録商標の製品名を載せるとき，TM，®を付記することが求められる[64]．

しかし，©の表記は，著作権保護の無方式主義と方式主義の調整を目的にしたものであり，©の表記は保護の認識の一応の証拠を構成する意味しか有しえない[65]．また，わが国で，TMマークと®マークを表示する意味は，商

---

[64] たとえば，Microsoftは，その保有するすべてのソフトウェアにTMマークと®マークを付けた『Microsoft Corporationの商標の表示と使用のガイドライン』を用意している．

標法上のものではない[66]。商標の機能は，一般的に商品識別，出所表示，品質保証，宣伝広告，そしてグッドウィル（顧客吸引力）といった分け方がなされる。™マークと®マークが意味する商標表示は，商品識別，出所表示，品質保証，宣伝広告，グッドウィルを総合する機能的な形態を有する。このように，©，™と®の記号は，わが国の著作権と工業所有権の法システム上の効果をもつとはいえない。

　ところが，情報世界において，それらの表示は，商品の表示機能を超えて，商品の属性を想起させるものとなっている。ホームページやソフトウェアがディスプレイ画面に表示されるとき，それら記号は著作権と工業所有権に関わる権利とその権利者の公示機能をもつ。また，©表示は，半導体チップのマスクワーク表示であるM，Ⓜの貼付が，保護の認識の一応の証拠を構成しているのと同一性がある（17 U.S.C.§909 (a)）。それは，コンテンツの流通が著作物と商標が結合された形態で現れることを示している。ここに，©，™と®の表示は，情報ネットワークを介するDOIまたはコンテンツIDが埋め込まれたコンテンツの流通において，コンテンツの信頼性を保証する公示システムとして意味を有するものになる[67]。

---

[65]　©を表記する本来の意味は，著作権国際条約のベルヌ条約，パン・アメリカン条約の法理の調整にあった。ベルヌ条約とパン・アメリカン条約は，それぞれ無方式主義と方式主義を採用している。すなわち，前者の加盟国で出版される著作物の保護は登録が要件とされていないが，後者の加盟国で保護されるためには登録が必要となる。そこで，その調整として，ユネスコ（UNESCO）の主導により万国著作権条約（Universal Copyright Convention）が提案された。そして，本条約に加盟していれば，「©，著作権者，発行年」を著作物に表記することを条件に，方式主義をとる国においても著作権保護されることになる。©表示は，1989年にアメリカがベルヌ条約へ加盟したことによって実効性は低いものとなっている。

[66]　商標法施行規則5条の規定により，商標登録表示は，「登録商標」の文字およびその登録番号を附するように努めなければならない（商標法73条）。この表記は，登録商標の普通名称化などの希釈化を防ぐために必要とされるものである。たとえば，UNIXの商標が，"UNIX is a registered trademark in the United States and other countries, licensed exclusively through X/Open Company Limited." と表示することを求められるのと同様である。ただし，標章の意味しか有しえない商標と™とは同一のカテゴリーに属するものではなく，わが国の商標法の手続上，™が付記されるケースはありえない。

[67]　©について特別な意味をもたせる提案は，児玉晴男「出版とデータベースから見たマルチメディアと知的財産権」bit, Vol.27, No.2（1995年1月）71〜78頁，児玉晴男「複製権と©

5.5.2 維持・履歴管理システム

　民間銀行はコンピュータのソフトウェアの価値を審査・評価する手法を確立して，ソフトウェア開発への融資を始めている。また，民間機関では開発会社が著作権の一部を有償で譲渡し，買い取った投資家側はその持ち分に応じて商品化後の販売利益を受け取る契約が結ばれている。そして，通商産業省（現在，経済産業省）は，著作権と工業所有権を担保とする制度を，1996年5月末までの時限立法「特定新規事業実施円滑化臨時措置法」（平元法59）を延長・拡充する方針で，創設している（平8法49）。映画のファイナンスの仕組みを導入した民間銀行の著作権と工業所有権の担保融資の事業化は，知的財産権の諸権利を総合的に評価することになる。たとえばソフトウェアは，著作権，特許権，または商標権の関連で評価されることになる。それらの契約では，ソフトウェアのアイディア料，ノウハウ料などが著作権相当額とされる。これは，法理の適格性を欠くにしても，ディジタル著作物に関わるものにおいても指向されよう[68]。

　特許庁の私的諮問機関の報告書において，「一つの特許は十の研究論文に相当する」とし，論文に加え，知的財産の権利の取得も研究成果として評価すべきであるとしている[69]。このような提言がなされた背景の一つに，研究機関としての大学と技術開発を行う産業界との連携の必要性があげられる。そして，その機関として，技術移転機関（Technology Licensing Organization, TLO）が位置づけられる[70]。このTLOは，研究の成果を特許にし，特許料で

　　―著作物の情報ネットワーク流通のためのプロトコル」電子情報通信学会・第二種電子情報通信技術と知的財産権に関する研究会講演論文（EICIPR）（1995年10月）を参照。なお，林紘一郎教授は，ディジタル情報に ⓓ 表示することを提案するものがあるが，わが国の著作物の性質からいえばディジタル情報に特別な意味をもたせる必要性はない。

[68]　わが国の著作権法において，著作者の報酬の問題は触れられておらず，著作者が将来創作する著作物について権利の付与を定めた規定もない。フランス著作権法は，まだ存在しない著作物に関する権利の包括的な譲渡を無効とする（フランス著作権法131の1条）。

[69]　21世紀の知的財産権を考える懇談会『21世紀の知的財産権を考える懇談会報告書』（1997年4月7日）。

[70]　「特集：学術研究と特許」学術月報，Vol.51, No.12（No.649）（1998年）4～75頁を参照。私立大学では，すでに東海大学（川副護「学校法人東海大学におけるTLO―総合研究機構」学術

収益を上げることを主目的とするものである。このTLOは，大学知的財産本部整備事業へ展開されている。

ここで論者が着目することは，それら組織と事業目的が出版社および学術出版の社会的機能との関係に類似する点である。事実，その組織では，主たる管理の対象にあるものとはいえないにしても，研究者の著作物も管理することが想定されている。研究者の著作物とは，書籍・ジャーナルというよりもコンピュータ・プログラムや教育コンテンツが前提になろう。ここには，研究者が著作者として研究成果を著作物の出版を行うことと，発明者として研究成果を特許にすることが含まれている。

著作物が創作されれば，それで著作物の流通がすべて完了することにならないのは，今までに考察してきた主要な視点である。それは，著作物が出版され出版物が発行されたときも，そしてディジタル著作物が電子出版されたときも，全く同じになる。そこには，継続してコンテンツの信頼性の維持管理および履歴管理が加えられていなければならない。この関係の重要性は，電子化辞書のプロジェクト[71]を想起すればよい。たとえ電子化辞書や学術情報データベースが構築され，電子図書館にリンクされたとしても，そのコンテンツ自体の信頼性の維持管理が継続して加えられるシステムになっていな

月報，Vol.51，No.12（No 649）（1998年）22〜26頁）において，TLOが設立されていたという。しかし，わが国で本格化したのは，1998年，早稲田大学（鈴江英二・岡村公司「早稲田／大和TLOパイロットプロジェクトについて」学術月報，Vol.51，No.12（No.649）（1998年）27〜30頁）に，そして国立大学の東京大学（磯田文雄・玉井克哉・冨浦梓・紋谷暢男《座談会》学術研究の成果を特許に」学術月報，Vol.51，No.12（No.649）（1998年）45〜46頁），東北大学（井口泰孝「東北大学未来科学技術共同研究センターの活動―学術研究成果と特許」学術月報，Vol.51，No.12（No.649）（1998年）18〜21頁）などにもTLOが設立されたことによる。その後，大学TLO設立は，各大学ですすめられており，現在，先端科学技術インキュベーションセンター（CASTI）をはじめ36にのぼっている。

[71] 電子化辞書プロジェクトは，基盤技術研究促進センターと民間8社（富士通，NEC，日立，シャープ，東芝，沖電気工業，三菱電機，松下電器産業）の共同出資により設立された(株)電子化辞書研究所（Japan Electronic Research Institute, Ltd., EDR）が開発を担当した1986〜1995年度の9年間のナショナルプロジェクトである。このプロジェクト完了時の説明によれば，電子化辞書のデータベースの保守は，民間8社が持ち回りでボランティアとしてあたることになっていた。このEDR電子化辞書は，独立行政法人 通信総合研究所に移管されている。

ければ，すぐに玉石混淆のデータの寄せ集めになってしまうのは自明であろう。この見方は，情報ネットワークを介する場合の方が，そうでないときよりもかえって重要性を増すと考える。

ところで，著作権の管理に関して，文化庁の支援のもとに著作権権利情報集中システム（Japan Copyright Information Service System, J-CIS）の実用化の検討がすすめられている。J- CIS は，利用者と権利者諸団体とをデータベースを介しリンクさせる著作権の情報提供システムである[72]。ここに，権利の公示と許諾処理システムの構築は，コンテンツの流通をはかっていくための前提条件となる[73]。著作権に関する集中処理機関に，日本複写権センター（JRRC）などがある[74]。J-CIS の実用化は，それら機関の連携のもとに運用がなされていくことになる。

---

[72] J-CIS 構想は，文化庁『著作権審議会マルチメディア小委員会第一次報告書—マルチメディア・ソフトの素材として利用される著作物に係る権利処理を中心として』（1993 年 11 月）において提言されたものであり，円滑かつ簡便な権利処理のため，多様な分野の著作物に関わる権利所在情報を統合し，それらの利用者に一つの窓口で提供するシステムである（たとえば梶野慎一「著作権を巡る当面の諸問題」コピライト，Vol.36，No.424（1996 年 7 月）11 頁を参照）。

[73] たとえば著作権管理情報としては，著作物の創作者の氏名，著作権者の氏名，著作物の使用条件の他に著作物の本国，創作または最初の発行の年，著作物の解説，ライセンシーの氏名，規格コードが含まれる（IITF, supra note 38, p.235）。

[74] JRRC は，複写利用に関わる著作権者の権利を集中的に管理する複写権集中処理機関であり，著作権者から権利行使の委託または事務の委託を受け，利用許諾契約や複写使用料の徴収・分配の複製権受託業務を行う。ただし，著作権管理団体としての出版者著作権協議会および出版社の権利関係が明確ではない。著作権管理団体で機能しているものに，日本音楽著作権協会（Japanese Society for Rights of Author's, Composers and Publishers, JASRAC）がある。JASRAC は，「著作権ニ関スル仲介業務ニ関スル法律」（以下，仲介業務法とよぶ）（昭 14 法 67）に基づく仲介業務者として音楽の著作権を管理するために作詞家，作曲家によって設立された仲介業務団体であり，日本国内の作詞家，作曲家から直接的に，または作詞家，作曲家から著作権の譲渡を受けた音楽出版社を通して間接的に，著作権の信託を受けている。JASRAC と JRRC の組織は，ともに社団法人である。

なお，仲介業務団体は，独占的な地位にあり，独占禁止法上の問題が提起されていた。その後，著作権審議会（現在，文化審議会著作権分科会）で権利の集中管理について検討が加えられ，著作権審議会権利の集中管理小委員会『著作権審議会権利の集中管理小委員会報告書』（2000 年 1 月）が出され，仲介業務法は著作権等管理事業法（平 12 法 131）に継承される（著作権等管理事業法は 2001 年 10 月 1 日から施行）。著作権等管理事業法を仲介業務法と比較すると，参入規制等が緩和され許可制が届出制へ変更されている。

また，特許権の管理に関しては，「大学等における技術に関する研究成果の民間事業者への移転の促進に関する法律」（いわゆる，大学等技術移転促進法）（平 10 法 52）の立法化により，国立大学の TLO の設立を促進している。TLO になりうる組織形態は，株式会社，有限会社，民法 34 条により設立された法人，学校法人，その他の法人と規定されている[75]。このような組織形態は，出版社と同様である。そして，TLO は，特許料で収益を上げることを目的としているが，基礎研究の成果で利益を生むことは，現実的には困難である。大学出版部が，独立採算で，学術出版物，いわゆる専門書の売上利益だけで維持しえないのと同様である。しかも，JRRC がそうであるように，TLO も当該機関の維持費が収益の半分を占めることになる。

　また，JRRC などの著作権集中管理団体は，著作権の譲渡により権利関係を明確化することはできるが[76]，著作権の譲渡を前提にしていない。現状は，出版社が著作権を譲渡されることが少ないのと同様である。この点からいえば，TLO が専用実施権の設定を受け，民間事業者に通常実施権を設定するという，TLO の権利関係の方が明確である。ただし，研究の成果を民間事業者に技術移転する障壁は，TLO という組織の整備によってすべてが解決されるものではない。創作物に著作権なり特許権が認められるのは，創作物にそれら権利が立法政策的に創造されたことによっている。したがって，TLO または大学知的財産本部が知的財産権の権利管理団体であるならば，TLO または大学知的財産本部の権利関係はわが国の知的財産権法システムの中で明確に

---

[75] 「特定大学技術移転事業の実施に関する指針」2。大学の TLO の組織形態は，東海大学は学校法人の総合研究機構（川副・前掲注 70）22 頁），早稲田大学は大和総研との投資事業組合（鈴江他・前掲注 70）27 頁），東京大学は教官の個人的出資による株式会社（玉井他・前掲注 70）45 頁），東北大学は未来科学技術共同研究センター関係者と近隣の国立大学の地域共同研究センター長を中心とした出資者による株式会社（井口・前掲注 70）20 頁）となっている。

[76] 経済団体連合会は，出版者の出版物の版面に著作隣接権を設定することに合理性があるとした文化庁『著作権審議会第 8 小委員会（出版者の保護関係）中間報告書』（1988 年 10 月）に対し，情報流通と文化の発展に大きな支障になるとの意見を出している（経済団体連合会「『著作権審議会第 8 小委員会（出版者の保護関係）中間報告書』に対する所見」（1988 年 12 月 2 日））。このとき，出版者が JRRC に参加するときの権利処理は，出版者固有の権利の創設によるのではなく，著作権の譲渡で処理することを提起していた。

されなければならない。

　大学等技術移転促進法は，アメリカの 1980 年ベイ・ドール法に範をとっている。そこでは，たとえ連邦政府から研究資金が提供されていたとしても，大学内の研究活動から生まれた発明は，公立・私立を問わず，原則として大学に特許権が帰属する。ところが，わが国では，発明を譲り受けるにしても，権利は発明者個人に帰属することになる。すなわち，「国立大学内部の発明が個人有か，大学有か，国有かを明確にする」[77]ことが，TLO または大学知的財産本部における知的財産権の課題として残される。特許を受ける権利が発明者である自然人に原始的に帰属するにしても，その特許発明に関与する者，すなわち法人への権利の帰属が特許法にも必要であると考える。

　権利管理組織と創作者との関係は，職務著作・職務発明から法人が権利を原始的に取得するシステムが有効であろう。すなわち，著作権法には職務著作の限定された範囲で法人著作が規定されているように，特許法に職務著作の限定された範囲で法人発明の立法化が想定できるとするものである[78]。このとき，出版者が TLO または大学知的財産本部に想定される権利管理組織として類似の機能を仮定するにしても，コンテンツの形成とその維持管理を行う出版者に対する権利の範囲は，著作物を直接に対象にするものではないことからくる制約，すなわちコンテンツ自体に限定されることが相当である。そのコンテンツに対する自然人と法人，すなわち編集者と出版社との合理的な関係によって，ディジタル情報社会における出版者によるコンテンツの維持・履歴管理システムが確立できると考える。なお，コンテンツの登録システムと維持・履歴管理システムは，4.5 節で述べた狭義の学術出版の社会的機能を実効性をもたせるための情報システムのサブシステムを構成する。

---

[77]　紋谷他・前掲注 70) 62 頁。

[78]　この法文は，法人その他使用者（以下「法人等」という）の発明にかかる職務発明（特許法 35 条 1 項），職務考案（実用新案法 9 条 3 項で特許法 35 条を準用），職務創作（意匠法 15 条 3 項で特許法 35 条を準用）において，法人等を発明者とする条項を設けることを想定している。

5.5.3 アクセス・複製システム

　公共図書館の主な職務が出版物の閲覧とその書誌情報の整備にあり，国立国会図書館についても基本的に同様である。国立国会図書館は，出版物の納本システムを通して著作物を収集する。その機能は，出版物の国立国会図書館への納本が著作物の共有財産を形成していくものになる。そして，その蔵書のディジタル化による利用は，電子図書館の閲覧システムに位置づけされよう。そのとき，ディジタル情報社会における電子図書館の職務は，蔵書目録データベースの利用にとどまらず，フルテキストへのアクセスおよびディジタル的な複製に及ぶことが想定される。

(1) ネットワークアクセスシステム

　情報ネットワーク環境において用いられているアクセスは，その許諾関係において，次のようにモデル化できよう。ファイルマネジャの各利用者のホームディレクトリ上のファイルのすべては，その利用者の所有するものである（以下では，所有者と表記する）。そのファイルにアクセスする者に対して，所有者は，表5.1に示すように，「読出し」と「書換え」のそれぞれに許可するか不可とするかの次の4通りの組み合わせがある（ただし，読出しを不可とし，書換えを許可する場合は，情報ネットワーク環境におけるアクセスにおいてありえない）。

表 5.1 コンテンツのアクセスの可能性

読出し	書換え	可能性
不可	不可	○
許可	不可	○
不可	許可	×
許可	許可	○

　したがって，情報ネットワーク環境におけるアクセスの種類は，3通りになる。それらの許諾関係は，アクセスの拒否，アクセスの条件付き認容，ア

クセスの認容になり，その形態は情報ネットワーク環境におけるコンテンツの電子的な版面へのアクセスにそのまま対応する。ここで，コンテンツのアクセスは，読出し許可・書換え不可が想定できる。

(2) ディジタル複製システム

　電子図書館と学術出版との課題は，ディジタル化された出版物のディジタル的な複製から権利者を保護すること，有料のデータベースにアクセスする際の費用負担の所在といった点がある。たとえばアメリカのニューヨーク公共図書館では，データベースの利用に関し，ディスプレイ画面へのデータの表示，表示されたデータのプリントアウトの許諾，フロッピーへのダウンロードの許諾，といったデータベースごとの細かな使用許諾契約を交わしており，その権利処理によって電子図書館のシステムは機能していることになる。また，ネットワークアクセスに関する経費の大部分は，民間の寄付によって維持されており，アメリカ図書館協会を中心とした共通の理念である多様な思想・情報への無料で自由なアクセスを保証することが，民主主義社会を支える基盤という基本的な考えによっている。これは，アメリカ著作権法とアメリカ連邦憲法に則り履行されている。

　ところが，電子図書館に関する同じ課題に対し，国立国会図書館とわが国の出版者団体・学協会との間で具体的なルールづくりはできていない。これは，電子図書館のコンテンツの利用・使用に関する制度が未整備であることに加え，著作権法の法理を混同していることにあろう。電子出版と電子図書館との関係は，従来の印刷出版と公共図書館との関係を変化させる。その関係は，研究成果の発表が広く閲覧されるために，電子出版物の発行と電子図書館の学術情報データベースへのアクセスのサービス提供が機能的に重なり合うことになる。

　わが国においても，アメリカの図書館で行われる処理の関係は，成り立つ。実際，大学図書館が欧米の商業出版社の電子ジャーナルを利用するうえにおいて，同様な処理がなされている。欧米の電子ジャーナルに書籍のディジタ

ル化されたものがすでに含まれているが，わが国においても書籍のディジタル化されたものを利用するうえにおいて，コンテンツのディジタル的な複製に関するシステムの構築が必要である。

　電子図書館における蔵書のディジタル化および電子出版物の利用がコンテンツを通してなされるとき，コンテンツへのネットワークアクセスシステムとディジタル的な複製システムが制度的に整合性をもつように，またコンテンツの利用において出版の経済性と公共性との新たな均衡が見いだせるものでなければならない。それらが，それぞれ6章と7章の検討課題になる。

第6章

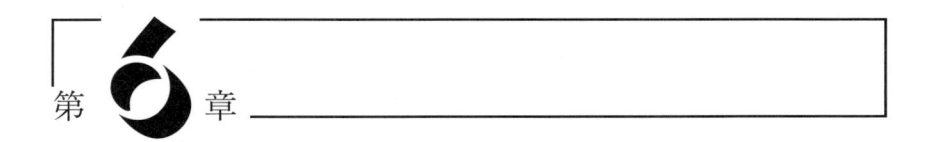

情報財の流通に関する法システム

6.1 学術出版に関連する制度上の現状

　コンテンツの伝達・複製に関する制度的なシステムの構築において，まず著作権法が検討されなければならない。ところが，著作権制度の歴史において，著作物の伝達に関わる出版および出版物の位置づけが，著作権法上に学術という用語が文芸，美術または音楽とともに見られるものの，出版および出版物を直接に規定するものはない（著作権法2条1号）。それは，次のような著作権の歴史的な経緯に起因しよう。

　著作権が書かれた物の複製・頒布に関する封建時代の特権という種子から結実した政策的な制度であることは周知の事実である。この特権は著作者やその相続人などの利益を尊重することなく直接印刷・発行した者に与えられたものであり，著作権はイギリスにおける出版者組合（Stationers' Company）の1701年の登録に起源をもつ。しかし，最初の著作権制度といわれるアン法（Statute of Queen Anne）は，1710年に出版者組合の勅令による書籍の出版に関する独占権を廃止し，著作権を出版者のための権利から著作者のための権利に転換した。そして，著作権制度の国際条約であるベルヌ条約は，著作者の視点に立つものである。

ところで，福沢諭吉は，自著の無断コピーに対して，著作権保護の重要性を指摘し，その中で，copyright を版権と訳している。そして，copyright が著作権とされた後において，現在でも版権という言葉は，その指し示す対象の存在がたとえ想定されるとしても，そこに法的な根拠がなくなっているにもかかわらず恒常的に使用されている。出版社だけでなく新聞社がよく使用する版権の性質は，明らかに copyright を指しているが，わが国においては著作権ではなく出版権とも異なる。

　このような不都合な点が残されているのは，図 6.1 のように，わが国の著作権法が改正されていく経緯の中で，法理の転換に対して適切に処理がなされていないことによる。すなわち，わが国の著作権法システムの中に，出版者と出版物の位置づけが明確にされてこなかったことによる。本章で考察するコンテンツの流通に対する制度的な対応は，著作者と著作物の関係を出版者と出版物の関係でとらえ直した法システムにほかならない。

6.2　出版者に想定される権利関係

　出版者が著作権法上に関与しうる方法は，著作権あるいは複製権の譲渡によるものである。しかし，その方法は，著作物と出版物が本質的に異なるという観点からいえば，著作物に対する範囲にとどまり，コンテンツに直接及ぶものになりえない。それでは，ディジタル情報社会におけるコンテンツが流通する環境においても，出版者は，著作権法上，限定された相互関係にならざるをえない。本節では，出版者に想定される権利と義務の関係についての現状を検討する。

6.2.1　出版者の権利

　わが国の出版社は，著作者から排他的な許諾権を譲り受けるという慣行がない。したがって，欧米の出版社が著作権者として直接権利の主張ができるのに対し，わが国の出版社は著作権法上の権利を主張しえない。このような

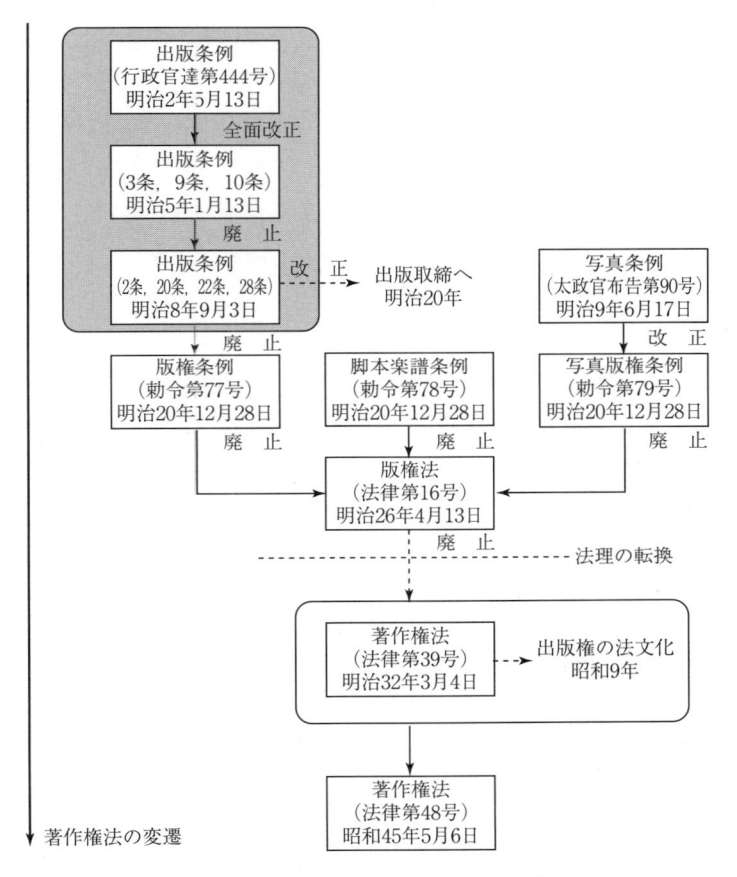

第 6 章 情報財の流通に関する法システム　　137

```
出版条例
（行政官達第444号）
明治2年3月13日
    ↓ 全面改正
出版条例
（3条，9条，10条）
明治5年1月13日
    ↓ 廃止
出版条例                    改正    出版取締へ
（2条，20条，22条，28条） ----→   明治20年
明治8年9月3日
    ↓ 廃止

                                       写真条例
                                    （太政官布告第90号）
                                       明治9年6月17日
                                           ↓ 改正
版権条例       脚本楽譜条例       写真版権条例
（勅令第77号）  （勅令第78号）    （勅令第79号）
明治20年12月28日 明治20年12月28日  明治20年12月28日
    ↓ 廃止       ↓ 廃止           ↓ 廃止
           版権法
         （法律第16号）
         明治26年4月13日
             ↓ 廃止 --------- 法理の転換

         著作権法                出版権の法文化
       （法律第39号）     ---→    昭和9年
       明治32年3月4日
             ↓
         著作権法
       （法律第48号）
       昭和45年5月6日

↓ 著作権法の変遷
```

図 6.1　わが国の著作権法システムの変遷

関係[1])にあって，出版者の権利に関する方向は，次の三つに限定される。第

---

1) ジャーナルや新聞記事においては学協会や新聞社が著作権者であり，出版社とは立場を異にする。したがって，学協会と新聞社は，ジャーナルや新聞記事の電子的なコンテンツの提供にあたって，著作権者として権利処理ができる。学協会は，学術著作権協会を通して，論文誌の著作権処理と同様に，電子的なコンテンツの提供にあたって，国立情報学研究所または科学技術振興機構を通じて実施している。また，日本新聞協会編集委員会は，1997 年 11 月 10 日に「ネットワーク上の著作権について―新聞・通信社が発信する情報をご利用のみなさまに」と題した見解を公表している。そこでは，インターネットなどの電子メディア上で新聞・通信社が発信するほとんどのコンテンツについては，紙の上の場合と同様に新聞社に著作権を有することを表明している。

一は，出版者に認められる権利として，著作物を複製する権利としての設定出版権によるものがある。第二は，著作権法に規定されるものではないが，版面権の議論がある。設定出版権と出版者の固有の権利（版面権）は，著作物が有形的媒体へ固定されるプロセスを通して付与される権利であるいう点で共通である。第三は，著作権またはその隣接権とは直接に関連づけられるものとはされていないが，投資保護の観点からのものである。

（1） 設定出版権

著作者（著作権者）である複製権者（著作権法 21 条）は出版を引き受ける者に対して出版権の設定（同法 79 条 1 項）によって，その出版を引き受ける者（出版権者）は出版行為を専有できる（同法 80 条 1 項）。出版者は，出版権の設定により独占的に出版行為ができることになる。ここに，設定出版権が，出版者と出版産業を保護するための権利といわれるゆえんがある。そして，他のメディア産業は，設定出版権を出版者の特権的な権利であると解して出版者に過度の保護がなされているという。実際，この固定観念は，出版者の共通認識にもなっている[2]。ところが，出版権は，物権的な権利といえるにしても，著作権者によって出版を行う者に出版権が設定されるという，いわば使用権的な性質をもつ。

設定出版権の設定後最初の出版があった日から 3 年を経過したときは，複製権者は，当該著作物を全集その他の編集物に収録し複製することができる（著作権法 81 条 2 項）[3]。これは，研究者が著作物を出版し，ホームページでコンテンツの電子的な版面にアクセスさせ複製可能な状態で公表することに類推適用できよう。また，実務上では，出版権の自動更新の条項が置かれて

---

[2]　西谷能英「未来の窓 15　著作権と出版権」未来，No.386（1998 年 6 月）40～41 頁。

[3]　たとえば博士論文をもとに著作された河合隼雄著『ユング心理学入門』は，1967 年 10 月 30 日，培風館で初版が発行され，現在も毎年増刷されている。この『ユング心理学入門』は，河合隼雄著作集の第 1 巻『ユング心理学入門』として，1997 年 12 月 5 日，「Ⅰ ユング心理学入門」に全く同じ出版物として収められて，岩波書店で発行されている。後者の発行形態は，限定発行であり，岩波書店が培風館に定価の 2％を発行部数に乗じた額の印税を支払う契約によりなされている。

いるが，出版権はその存続期間につき設定行為に定めがないときは，3年で消滅する（同法83条2項）。また，出版権の実効性は，アナログ的な複製に有効であってもディジタル的な複製に対しては障害があるとされている。

　ところで，わが国の著作権法の立法史において，出版条例，版権条例から版権法へ展開されてきた法理は，現行著作権法とは明らかに異なる。旧著作権法（明32法39）が施行された後，出版権は昭和9年に法文化されたが，版権法（明26法16）の法理と現行著作権法の法理を融合した構造をもつ。

　『東京出版協会二十五年史』によれば，出版権の法理は，東京出版協会による「発行権法に関する私案」に始まる。その後，発行権法案を「出版権法案」に改められ審議されるが審議未了となってしまう。なお，「出版権法案」の問題とされた点は，1）出版権の法性を明確にし，2）出版契約の基準事項を詳細にし，3）著作権の存しない著作物を詳細にすることにあるが，それらの事項は「出版権法案」の趣旨と異なるおそれがあるとされた。ところが，そのような流れと異なる形で，旧著作権法（明32法39）の第二章に出版権を規定することになる。ここで，「出版権法案」は，出版者の権利の法理を規定するものである。しかし，設定出版権の規定は，当然のことではあるものの，著作者の権利の法理をとっている。したがって，出版権というそれらの言葉の意味には乖離がある。

　ドイツ出版権法（Gesetz über das Verlagsrecht）では，出版権が「著作物を出版者に引き渡すと同時に成立し，また契約関係の終了と同時に消滅する」（ドイツ出版権法9条）とし，「出版権の認容（Einräumung）は著作権の部分的移転の特殊な形態である」[4]とする。わが国の設定出版権はドイツ出版権法を範としたものではあっても，わが国の設定出版権は出版者の権利を明確にするものではない[5]。さらに，その今日的な意味として，設定出版権は，出版者にとって出版に関する制約が厳密であるがゆえに，電子出版への移行

---

[4]　Maunz, W. Bappert-T., *Verlagsrecht, Kommentar*（C.H.Beck Verlag, 1952）S.132.
[5]　出版権の性質については，小林尋次『現代著作権法の立法理由と解釈』（文部省社会教育局，1958年）177〜180頁を参照。

に対し実効性に欠ける。そのため、電子出版において、実効性のない権利とみなされることになる。

このような見解に対し、設定出版権は次のように考えうる。設定出版権は、著作物を原作のまま印刷その他の機械的または化学的方法により文書または図画として複製する権利である（著作権法80条1項）。ここで、著作物は無体物であるので、設定出版権は、無体物を有体物に複製する行為を対象とする。また、印刷その他の機械的または化学的方法は複製技術を例示するものであり、それら方法は立法当時考えうるあらゆるすべての複製の方法を想定したうえでの例示である。そうであるならば、複製技術の性質を考慮すれば、ディジタル的な複製も想定できよう。そのような理解に立てば、設定出版権は、電子出版の形態に対しても等しく適用可能なはずである。ただし、出版権は、コンテンツに対する出版者の適切な権利にはなりえない。

(2) 版面権

出版者の保護を直接議論したものに、出版者固有の権利、いわゆる版面権の創設についての提言がある[6]。その提言は、その後に出された著作権の改正に関する提言を含めて法改正がなされないただ一つのケースになっており、出版者（発行者）と著作権制度の間に何らの関係をも見いだせないとする見解が展開されることになる[7]。

版面権の法文にあたっては、次のような経緯をもつ。複写技術の高度化は、読者が書籍を購入（所有）せず、公共図書館で借り出し、または公共図書館でコピーする傾向を助長する。そのために、出版の経済性において不適切な関係が生じて、出版物のコピーを規制することが要請される事態に至ったと

---

[6] 文化庁『著作権審議会第8小委員会（出版者の保護関係）中間報告書』（1988年10月）を参照。

[7] 納本制度調査会『中間答申―電子的な媒体の出版物の納入に関する制度及び運用の在り方について』（1998年5月28日）、納本制度調査会法制部会「パッケージ系電子出版物の納入に係る法的諸問題―納本制度調査会法制部会報告」（1998年12月24日）、納本制度調査会『答申―21世紀を展望した我が国の納本制度の在り方〜電子出版物を中心に』（1999年2月22日）を参照。

される。そこで，出版者にもこれを差し止める固有の権利として「版面権」とよばれるものを想定しうるとの見解が主張されることになる。そして，版面権の創設についての提言に沿って，出版者の固有の権利として版面権を認めようとする答申がなされたものの，先送りとなった。その後，出版者の権利の検討内容は1990年に再度答申がなされ，出版者に，許諾権（right of authorization）ではなく，報酬請求権（right to remuneration）を認める形態になっている[8]。

そして，出版物のコピー問題に対処するために，著作者の複写に関する集中的に管理する「日本複写権センター（JRRC）」の設立によって，複写利用者から複写使用料を徴収するシステムを整備することになった。各出版者は，それらの権利のとりまとめの団体である「出版者著作権協議会」（1990年12月7日設立）を通じ，JRRCに委託し，無断コピーによって侵害されることを防止することになる。これに付随して，出版者は各著作者が有する著作権のうち，「出版物の版面を利用した複写に関する権利」という委託条項の入った出版契約書を締結していくことに合意した。そして，1992年9月からの複写利用契約の締結により，委託表示マーク[9]を載せることになった。しかし，出版委託状況は，出版者間で委託点数にばらつきがあって，バランスを欠いた状況にある[10]。

著作物のディジタル化の法的課題は，著作物の出版においては，出版物の版面のコピー（複写）対策[11]の延長にある。出版物の版面のコピーは，それ

---

[8] 文化庁『著作権審議会第8小委員会（出版者の保護関係）報告書』（1990年6月）を参照。

[9] ⓇとⓇは，それぞれ「日本複写権センター委託出版物」の「一般扱い」と「特別扱い」（複写利用規程4条（2）エ）を表示する。

[10] 委託出版社301社中，特別委託出版物のある出版社は57社あり，その主な出版社（朝倉書店，医学書院，医歯薬出版，共立出版，オーム社，裳華房，南江堂，培風館）はSTM（Science, Technology and Medicine）関連の出版行為をしている。

[11] 半田正夫「著作権の私的複製（録音・録画）と西独方式」ジュリスト，No.692（1979年）70〜75頁。文化庁『著作権審議会第10小委員会（私的録音・録画関係）報告書』（1991年12月）。日本書籍出版協会の見解は，大学（国公私立を問わず）における出版物のコピーが著作権の適用除外にあたらないとみなしている。

らの部分的で限定的な利用が前提である．それに加えて，ディジタル的な複製の課題は，大量複製の容易性およびコピーとオリジナルの同一性にある．日本書籍出版協会は，著作権審議会マルチメディア小委員会ワーキング・グループ検討経過報告に対する意見書（平成7年4月26日）において，次の4項目を出版者の権利の内容としている．

(1) 出版者の権利は，著作物等の情報を最初に出版物（電子出版物を含む）上に固定した者に与えられることが適当である．
(2) 出版者の権利は，著作隣接権として認められるべきである．
(3) 権利の内容は，複写機器等による複製，電子媒体への入・出力，放送および有線送信等によって，出版物上に固定された著作物等の情報を利用することについて権利を認めるものとする．
(4) 権利の性格は，わが国の法制上からすれば，許諾権とするが，レコードの二次的使用等と同様に，集中的に管理することが相応しい場合においては，報酬請求権とするか，あるいは補償金の対象とすることも考えられる．

　上の意見書においても，出版者の権利に対する著作権法上の実体的な権利の根拠が提示されてはいない．ただし，このような出版者の権利の性質は出版権法の法理の議論に戻ってしまい，その法文にあたっては出版権の法文と同様の傾向を呈することが想起される．したがって，逆説的には，出版者の権利の性質は，設定出版権の法理が内包されていることに実効性があると考える．

　現行著作権法において，出版者の権利の創設は著作隣接権において整合するとの傾向にある．そして，コンテンツのサービス提供者としての出版者の権利は，出版物に対する版面権の法理を情報ネットワーク環境に適合させることにあろう．ここでは，出版物の紙面を組み直しまたはディジタル化しても，出版物の版面にアクセスし版面の内容と同一性が留保されている限り，それら複製された当該物に対しても，権利が及ぶことを想定する．したがっ

て，もし出版者が何らかの権利を有さなければ，出版者の著作物の出版にかかる行為は，著作権法上，出版者団体が著作物を管理する行為を業として行う，日本音楽著作権協会（JASRAC）と同様，実質的には著作権に関する仲介業務と同質のものでしかありえないことになる（仲介業務法1条2項）。ここで，著作隣接権に係る仲介業務については，将来における権利行使の実態を見定めた後，あらためて検討すべきものとしていたが[12]，著作権等管理事業法（平12法131）において，著作隣接権の対象にするものが加えられている。このとき，著作物と出版物との差異から生じる流通における権利の複雑化が懸念される。この混乱を回避するためには，出版物の制作に想定される権利を明確にすることであり，それが著作隣接権の対象に対し想定される実体的な権利として出版者の権利になる。

　純粋に理論的なことではないが，版面権の法文にあたっては，出版者団体から経済団体連合会および通商産業省（現在，経済産業省）への説得を要するとされている[13]。この状況は，今日の著作権制度が産業政策的な色彩を帯び，学術出版とはほど遠い制度に変質していることと無縁ではない。したがって，印刷出版物と同じ方向づけは，出版者の権利を認知させるには不十分である。このような状況にあるものの，純粋に法理上から論考すれば，出版者の権利は，次のような性質をもつ。イギリスにおいて，発行された版の印刷配列が保護されている（Copyright, Design and Patent Law of 1988, §1(1)(c)）。この権利は，発行された版の組版面（typographical arrangement of published edition）を保護する権利である。わが国の版面権の法理と類似の権利といえ，この版の権利は出版者の権利といえる。ここに，わが国の出版者の権利は，わが国の著作権制度の立法史を踏まえ，出版物の版面およびそれ

---

[12] 文部省社会教育局著作権課『著作権制度審議会第6小委員会審議結果報告要旨（仲介業務制度の改善について）』（1966年4月）1頁。

[13] この見解は，服部敏幸（日本書籍出版協会理事長（当時））が1992年12月から1993年9月に至るまでに「出版者の権利」立法を文化庁長官への陳情，経済団体連合会関係者への理解と協力にあたっていたときの経緯を踏まえて指摘するものである（『出版年鑑1995資料・名簿編』（1995年）120頁）。

に擬制させた電子的な版面に与えられることが適切であると考える。

(3) *sui generis* right

出版者は，印刷・出版のための資金を調達し，出版物を競争価格で発行し，それを流通システムに載せることによって，経済合理性を追求する。3.1.3 項で述べたように，EU が提唱した創作性のないデータベースの保護に関する指令（96/9/EEC）に連動する権利が *sui generis* right であり，この権利はデータベース制作者の投資保護から想定されているものである。

情報財としてのコンテンツの流通にあたって，出版者の投資保護の面に対しても同じことがいえる。したがって，EC 指令が出されたとき，わが国の出版者団体は，出版者の権利として *sui generis* right が適切との表明を行っていたことがある。現在，このような見方は副次的に解されているが，公式ではないものの，文化庁は出版者の権利として *sui generis* right 的なアプローチをとることを推奨する意見を示している。

しかし，この *sui generis* right は，コンテンツの形成にあたっては，出版者に特定することは困難であり，印刷会社にも想定しうる。出版者が著作物を出版することからいえば，出版者の権利はコンテンツに対して著作権法システムの中で明確にされることが適切と考える。したがって，*sui generis* right は，出版者に想定される権利としては対象が広すぎる。

6.2.2 出版者の義務

出版者が発行した出版物に関する義務として，出版物の誤記・誤植（瑕疵）における瑕疵担保責任，および著作者による著作権違反に伴う出版者の注意義務違反が議論される[14]。出版物の物としての瑕疵（乱丁や落丁）については，著作権法上の問題ではなく，当該物を有体物として完全な物に取り替える旨の表示とその交換により処理されるものである。また，出版物の版面に

---

[14] 美術出版者が原稿に記載される著作物（作品）の存否について調査義務をつくしていないとし，当該出版者に著作権侵害の有無をチェックすることが不可能であるとはいえないから，過失責任があるとされた（東京地判平 2.4.27 判時 1364 号 95 頁）。

おける瑕疵，すなわち著作物の瑕疵は，正誤表または増刷時の修正により対処している。したがって，出版者は，出版物およびその組版面に関しての義務に限定され，著作物の記述内容に不都合があっても，その他の責任も含めてともに著作者にあるとする。

　その見解は，著作権法上，出版物自体に出版者に固有の権利がない状況からいえば，当然の帰結といえる。この問題は，たとえば電子掲示板の問題に現れており，アメリカの判例において，直接侵害（direct infrengement）は認められていない[15]。ただし，このような問題は，情報ネットワーク環境でサービスを提供する出版者に対しては，その提供されるコンテンツの健全性を保証するときに重要になるものである。なお，この問題の意味は，出版者が情報ネットワーク環境の伝達においてディジタル著作物の正当性に対してどの程度に関与すべきかにある。たとえばサービス・プロバイダーが負うべき民事上の責任について，著作権侵害に対するサービス・プロバイダーの関与の在り方によっては，損害賠償責任を負い，差止請求の相手方ともなりうるとしている[16]。出版者に対しても，著作物の伝達にあたって，同様な判断が加えられることが想定できる。

　学術出版の社会的機能からいえば，著作物の伝達に関しても，出版者の責任の要素が付加されることが妥当と考える。ディジタル著作物の電子出版への移行は，4.2.2項で説明した編集という概念を相対的に価値づけよう。出版者が著作者の著作権侵害に対する故意・過失を厳密にチェックできるとするのは非現実的であるが，定型的な著作物に関する引用・転載・掲載に対する著作権処理によって著作権侵害となる行為を未然に防止することはできる。著作物の伝達と複製の変化は，制度とともに著作者と出版者の関係を変えざるをえない。そのとき，出版者は，サービス・プロバイダーのような立場ではなく，出版物に対する権利者としてとらえる方が合理的な関係が構築でき

---

[15]　Religious Tech. Center v. Netcom On-Line Comm., 907 F.Supp. 1361 （N.D.Cal. 1995）.

[16]　文化庁『著作権審議会第1小委員会「サービス・プロバイダーの法的責任について」中間報告』（2000年12月）を参照。

るだろう。したがって，出版者の権利が複製技術の変化の中で著作権法システム内で明確にされ，出版物の版面に関しての瑕疵担保責任と注意義務違反が出版者に求められるのであれば，合理性がある。

　著作物の出版が著作権法の理念を凝縮するものであり，学術出版の社会的機能が著作者と利用者をつなぐものでありながら，十分な議論が展開される環境にない。それは，ディジタル情報社会における学術出版の社会的機能を希釈化する遠因であり，ひいては学術出版を活性化するうえの最大の障害といってよい。ところが，著作物の伝達における出版者の位置づけは，直接に著作権法に規定をもたない。したがって，このような議論を法解釈によって行うことは無理がある。ここに，コンテンツの流通における出版者の権利はコンテンツに対する権利者として位置づけることが合理的である。

6.3　ディジタル情報技術がコンテンツの流通に及ぼす制度的な影響

　ディジタル情報技術が誘因する対象は，知的財産権に関わる新しい権利関係を派生させ，潜在化していた利用価値や障害を顕在化させる。たとえばデータベースは，情報の収集や入力に費用がかかる。このうち著作権で保護されない創作性のないデータベースが，勝手に，抽出（extraction）され，再利用（re-utilization）されることに対して，適切な規制が加えられる必要があるとするものである。それらは，著作権またはそれに隣接する権利に拡張され，あるいは既存の権利とは別の特別な権利（*sui generis* right）を含め，広義の知的財産権の保護範囲内でのカテゴライズが議論されている。ここに，ディジタル情報技術が産み出したデータベースのような事実的著作物（work of fact）やコンピュータ・プログラムのような機能的著作物（work of function）と，従来の芸術的著作物（work of art）とは，それらの性質の判断基準にずれが生じている。コンテンツの流通にあたって，著作物の性質の変化はそのままコンテンツに内包される。

6.3.1 コンテンツの特性

著作権法は，メディア技術の普及に対し，法の改正と新しい権利の創造により対応してきた。しかし，従来の漸次的な接近法の方向づけでは，今日のディジタル情報技術の普及に合致したものにはならないことは現状から明らかである。ただし，技術の変化が現行の法システムに与える影響を考察するとき，映画が著作権法システムに及ぼした影響は，ディジタル著作物の電子出版に関する新たな権利関係を考察するうえにおいて重要になると考える。

著作物の態様（著作権法10条1項）は，著作権の支分権（同法21～28条）に対応づけて規定される。アナログ媒体の言語の著作物（literary work）（同法10条1項1号）は，ディジタル媒体のコンピュータ・プログラム（同法10条1項9号）とデータベース（同法12条の2）に対応する。さらに，コンピュータ・プログラムとデータベースは，著作物（literary and artistic work）（同法2条1項1号）を包括的にディジタル化することによって，ディスプレイ画面内において表現（rendering）しうる。すなわち，著作物の性質は，アナログ的な著作物に，ディジタル媒体の著作物（言語の著作物に擬制），すなわちコンピュータ・プログラムとデータベースの著作物が付加される構造を有する。それら著作物の定義規定と支分権の条項は，メディア技術の開発・普及に伴って付け加えられている。

しかし，ディジタル著作物は，現行法の著作物にただ付加するだけで説明しえない性質をもつ。というのは，コンピュータ・プログラム，データベースの著作物は，アナログ的な著作物のコピーの概念を変え，品質的に劣化がない制作物として，暗号化などのプロテクトがない限り，自由・簡便・無数に自己再生産させることができるからである。そこでは，引用（著作権法32条）は共有の著作物の構成要素となり，二次的著作物（同法2条1項11号）・共同著作物（同法2条1項12号），編集著作物（同法12条）・データベース著作物（同法12条の2）・集合著作物（17 U.S.C.§201(c)），映画の著作物（著作権法2条3項）は著作物の階層的な構造を示す。なお，わが国の著作

権法は，データベース著作物の規定をおき直接保護するのに対して，諸外国では，編集著作物で保護している。ここに，わが国でデータベース著作物が電子的な形態を対象とするのに対して，諸外国では媒体の制約を加えない要因になっていよう。

(1) 引用等の様式の変化：カットアンドペースト

　著作物の全体的な利用と部分的な利用で留意しなければならないのは，著作権の及ぶ範囲に違いが生じることである。たとえば編集著作物（データベース著作物を含む）の権利が及ぶのは，その全体を利用する場合のみである。したがって，編集著作物の部分的な利用にあたっては，個々の著作物の著作者の許諾を得れば，編集著作物の著作者からの許諾は不要であり，適法に利用可能となる。また，集合著作物（17 U.S.C.§201 (c)）の権利は，集合著作物の個々の著作物のcopyrightと集合著作物全体のcopyrightとは区別され，かつ個々の著作物にかかる権利はそれらの著作者に原始的に帰属させている。そして，二次的著作物（derivative works）の利用においても，同様な関係になる。この関係は，権利の階層的な構造に連動している。ディジタル著作物は，そのような著作物の構造に対応した権利を分離し，それらの組み合わせによって多様な権利関係のパターンを派生させることになる。

　著作権で保護される対象は，一つの物に対する一つの権利である。すなわち，その対象がマクロスコピックでは，一つの創作性を有する物とする見方に疑問の余地はないように見える。しかし，同じ対象でも，ミクロスコピックでは他人の創作物と創作性のないデータ・事実または保護期間の切れた創作物を部分的に内包した構造を有している。その対象は，その見方によって様相を異にする。しかも，引用等の様式の変化，すなわちカットアンドペースト（cut and paste）は，全体的に創作性の微小なものの利用価値を相対的に高くしているとさえいえる。個々の課題によっては，創作物と制作物を分けない制度を考えざるをえないという指摘[17]があるが，この指摘は著作物の構

---

17) 齊藤博「職務著作とベルヌ体制」民商法雑誌，Vol.107, No.4・5（1993年）538頁．

造の把握の仕方に変化を与えうる。著作物のとらえ方は，創作物と制作物との関係が細分化されていくと，創作物と制作物を二分する実際的な意味がなくなっていく。ここで考察してきた関係は，ディジタル著作物において見いだせる。その性質は，編集的または集合的な著作物と類似の構造を有する。ここで強調すべきことは，それら集合的な著作物に含まれる部分的な箇所を利用する場合でも，その集合的な著作物を通してなされることである。そして，この関係は，著作物（およびディジタル著作物）の出版物（および電子出版物）において，ディジタル的な複製を行うときにおいて実際的な意味をもつ。

　コンピュータ・プログラム，データベース，視聴覚著作物，そしてそれらを統合するマルチメディア著作物は，創作する者と制作に関与する者が編集的な分業によりつくりあげるものといえる。そこでの焦点は，創作者の創造性という精神的な評価とは異質の制作者の情報の収集や入力の費用という物質的な評価にあったものになっている。ただし，創造的思考の基本的なプロセスは，科学，芸術，商業その他必ずしも決まりきった手順を踏むのではない職業においてすべて同じであるとの見方がある[18]。この見解からいえば，精神的な評価と物質的な評価は相補的に関連づけられる。

　ところで，そのような現象は，ディジタル情報技術の発展によって初めて生じたのではなく，すでに映画において現れている。ここでは，映画の制作者を著作者としてベルヌ条約で規定するにあたって顕現していた。映画の制作者（著作者）の位置づけをめぐっては，copyright アプローチをとる側からの粘り強い主張があったとされる[19]。すなわち，映画の著作者は，著作者以外の特定の者に集中する考えを示し，多数の者の関与と多額の資本の投下によって制作するものに対しての著作者，あるいは権利の帰属を課題として

---

[18]　Beveridge, William Ian Beardmore, *Seeds of Discovery : A Sequel to the Art of Scientific Investigation*（1980）．（松永俊男・鞠子英雄共訳『発見と創造―科学のすすめ』培風館，1983年，3頁）

[19]　齊藤・前掲注17）520頁。

いた。現在議論されるところのマルチメディア著作物（ディジタル著作物といってよい）は，映画の著作物と同一の視点にあろう。ここでは，author's right アプローチと copyright アプローチの衝突，すなわち「著作者」の保護と資本を投下し企業努力を重ねて作りだす「制作物」の保護の対立関係が見いだせる。ここに，映画の制作者と映画は，出版者と出版物のアナロジーでとらえられる。

著作権法システムの中で，著作物と制作物を架橋するものが映画を形成している1コマ1コマのフィルムに加えられている編集（splicing）のもつ性質にあり，著作物（ディジタル著作物）を印刷出版物（電子出版物）にプレゼンテーションするための編集にも同じ性質が想定できる。

(2) 著作物性と特許性の二重性

著作権法と特許法とのクリティカルな問題は，コンピュータ・プログラムの保護の流れに結実している。わが国でプログラム権法が議論されたとき，ソフトウェアといった技術製品は，「言語著作物または学術的著作物とは認められない」という見解があった[20]。これは，著作権によるコンピュータ・プログラムの保護に対する否定論の一つの根拠とされたが，ソフトウェアは著作物性と特許性をともに有していることから，著作物か技術製品かを明確に線引きすることに実際性はない。

しかも，コンピュータ・プログラムの保護は，特許法の保護へシフトしていよう。わが国の特許庁は，1975年に「コンピュータ・プログラムに関する発明についての審査基準」を定め，コンピュータ・プログラムを特許法または特別立法で保護する方針を出していた。ところが，コンピュータ・プログラムは，著作権として保護されることになる（著作権法10条1項9号，3項）[21]。この審査基準は，1985年の著作権法改正（プログラム著作物の保護

---

[20] 中山信弘『ソフトウェアの法的保護』有斐閣，新版（1988年）を参照。

[21] コンピュータ・プログラムの保護は，文化庁『著作権審議会第6小委員会（コンピュータ・ソフトウェア関係）中間報告』（1984年1月）では著作権法の一部改正，通商産業省産業構造審議会 情報産業作業部会『ソフトウェア法的保護調査委員会中間報告』（1983年12月）で

規定）が反映されていないことから，主にコンピュータ・ソフトウェアと自然法則の利用との適合性からの判断基準の検討が加えられた。ここで，特許法で保護されるコンピュータ・ソフトウェアとして，1）情報処理に自然法則が利用されていること，2）ハードウェア資源が利用されていること，という判断基準の検討が加えられていた[22]。1996年の特許審査基準では，1993年に改定されたときのハードウェアと一体のソフトウェアという表現を改めており，記憶媒体（CD-ROM など）に記録されているコンピュータ・ソフトウェアを条件に特許権を認める方針を決めている[23]。このソフトウェアと記録媒体という関係は，ディジタル著作物と電子出版物との関係に適合する。

　このような法現象は，ソフトウェアが著作物性と特許性を併せ持つ，すなわち表現／アイディアの二重性（duality）を意味しよう[24]。ここで，表現と

は「プログラム権法」の新規立法とが対立した。なお，「コンピュータ・プログラムの法的保護に関する指令」（Council Directive of 14 May 1991 on the legal protection of computer programs (91/250/EEC)）は，ベルヌ条約が定める言語著作物として，コンピュータ・プログラムを著作権で保護することを明記する。

[22] 特許庁編「第VIII部 特定技術分野の審査基準第1章 コンピュータ・ソフトウェア関連発明」『特許・実用新案審査基準』発明協会，1993年，1〜38頁。

[23] これは，1996年2月28日付けのアメリカ連邦行政広報（Federal Register）に発表されたコンピュータ関連発明に関するアメリカ特許商標庁（PTO）の審査指針（USPTO's Guidelines on Examination of Computer-Related Inventions）との調整による。

[24] 児玉晴男「メディア技術の開発・普及と知的財産権」企業法学，Vol.1（1992年10月）400〜405頁。二重性のモデルは，光の性質を想定している（de Broglie, Louis, Matiére et Lumiére (1939)（河野与一訳『物質と光』岩波書店，1972年を参照））。プランクの量子仮説によれば，光は波でできているにも関わらず，ある面ではあたかも粒子であるかのようにふるまう。かたまり，すなわち量子としてしか放出・吸収されない。これと同様に，ハイゼンベルグの不確定性原理は，粒子もある点では波のようにふるまう。量子力学では，物質と光には粒子と波の二重性が存在する。この二重性は，正反対のものが存在し，対立するものが対称的な方法で互いに排除しあっている事実が存在していることを表現するものである。そして，対立物の相補的な性格を適切に表現する新しい物理法則の中には，対立する対の両方が取り込まれている（Pauli, Wolfgang, *Aufsäze und Vorträge über Physik und Erkenntnistheorie* (Friedr. Vieweg und Sohn, Braunschweiz, 1961)（藤田純一訳『物理と認識』講談社，1975年，33頁，152頁））。量子力学的な相補性は，古典的な因果律の自然な（また目的に適った）一般化であり（Pauli（藤田訳）54頁，57頁，138〜140頁），不連続（粒子）と連続（波動）という考えの間に仲介を行い，古典的で決定論的な型の自然法則を合理的に拡張するところの対応を意味する（Pauli（藤田訳）128〜129頁）。また，量子力学的観測においては，「ミクロスコピック」と「マクロ

アイディアの二重性は，表現／アイディアの二分法（dichotomy）[25]という通説的な見解と対立するものであり，さらに表現とアイディアを保護する著作権法と特許法の法目的である文化の発展と産業の発達を混同しているとの批判が加えられよう。この批判は科学技術は美術または芸術と比較して没個性的であるとし著作物と特許発明を二項対立的な関係でとらえていることによるものであろうが[26]，ディジタル情報技術が関与する著作物と特許発明の形成においてはそれらに共通な点が見いだせる[27]。このとき，権利保護範囲の棲み分けの基準である「表現」と「アイディア」および「文化の発展」と「産業の発達」という二分法は，ソフトウェア的な性質を有するコンテンツの流通において適切な評価にはなりえない。

（3） 経済性と公共性との同時性

研究成果は，論文発表により広く社会に還元するためになされるものといえる。学術論文に関わる研究者は，先取権（priority）と被引用度（citation index）に社会的価値を見いだすことになる。先取権は，一つの定理，結果，事例，症例群に科学者の名を与えること（エポネミー）とみなされていた。すなわち，科学者の発見（discovery）という高度な研究業績に与えられる先

スコピック」という二重性をもつ（湯川秀樹「物理学的世界について」『創造への飛躍』講談社，1971年，232〜234頁）。

[25] Baker v. Selden, 101 U.S. 99 （1879）．

[26] 中山信弘『マルチメディアと著作権』岩波書店，1996年，41〜42頁。

[27] コンテンツのディジタル情報は，ブックオンデマンドによって製本までできる。そして，そのディジタル情報にソフトウェアの機能が含まれていれば，ディスプレイ画面を通して製品のデザインをして，その性能をシミュレーション解析し，その性能評価に基づく3次元CADのディジタル情報を送信することによってレーザ光でプラスチックを瞬時に固定する装置によって，試作品から製品までを制作することも想定できる。なお，ここで想定する中間的な位置づけに，集積回路（IC），LSI，VLSIがある。それらの製造プロセスは，写真製版と類似しており，CGで描かれた回路図を複製することにより，大量のチップを生産することができる。半導体チップ法および集積回路は，その権利を保護する目的をもつ。ところが，ここで考察したように，ディジタル情報技術を利用するコンテンツ（情報財）は，半導体集積回路と同様な性質をもつ。そうであるならば，著作権法および工業所有権法の枠外で，それらコンテンツ（情報財）を「半導体集積回路の回路配置に関する法律」（昭60法43）のように立法化する必要性はないと考える。

第6章　情報財の流通に関する法システム　　　　　　　153

取権は，科学者の名誉としての証しであり，直接，経済的価値の対象とはなっていなかった。そのような研究者の意識において，先取権と知的財産権とは，現実的な連結点を有していなかったといってよい。その構図は，研究者の評価基準が論文発表と特許発明が連携することによって変化することになる。特許発明は，基礎科学それ自体には，直接に関連をもつものではない。産業技術として，経済的合理性のカテゴリーの段階に移行して初めて特許と関連づけられる。実際，大学の研究者や企業の技術者が基礎科学を試験・研究に使用する場合，ロイヤリティを支払う必要はない（特許法69条1項）。一方，企業が営利目的の基礎科学の利用，すなわち産業技術として活用するとき，ロイヤリティが課されることになる。また，特許権者が個人的な発明家から研究機関へ転化していくとき，たとえばそのような発明は投資と投機のゲームの賭博的な要素として使われる[28]。知的財産権の意識の普及は，研究の経済的価値が牽引していよう。

　そのような関係は，標準化と特許との関係にも見られる。IBM がコンピュータ市場において圧倒的に優位な状況にあったとき，IBM 製コンピュータのオペレーティングシステムを公有であると公言し，標準化を指向していたことはよく知られていた[29]。しかし，その方向を転換し，IBM の汎用コンピュータのオペレーティングシステムは著作権法で保護される対象物であると主張するに至った[30]。この流れを継受したものが，Microsoft の Windows® であり，標準化と排他的な権利保護をあたかも同時に実現させているケースといえる。さらに，ディジタル情報技術に関わる国際標準の一つの MPEG（Moving Picture Expert Group）2，IEEE1394 に関するシステム特許は，研究の公共的価値から経済的価値へ視点を移した典型的なケースといえよう。ただし，それらシステム特許の構造は，多くの別な標準を包含し相互に関連性

---

[28]　Wiener, Norbert, *Invention : The Care and Feeding of Ideas*（MIT Press, 1993）p.129.（鎮目恭夫訳『発明—アイディアをいかに育てるか』みすず書房，1994年，163〜164頁）

[29]　脇英世『IBM 20世紀最後の戦略』講談社，1991年，159〜166頁。

[30]　名和小太郎『技術標準 対 知的所有権』中央公論社，1990年，194頁。

を有している。従来，公有とみなされてきた科学の発見，定理，技術標準といったものが知的財産権保護という経済性の視点から評価されている。

　ところが，そのような経済性への傾斜は，揺り戻しを求めることにもなる。それは，テクノグローバリズムと関連づけて，知的財産権の補償，すなわち先進的な技術や知識の所有権に対して他者の使用を制限することのないような制度の整備が必要であるという観点になる[31]。その観点は，アメリカのコンピュータ・プログラムの保護やプロパテントといった知的財産権の保護強化に対峙し，知的財産制度の無用論に通ずるものであり，コンピュータサイエンティストや科学者の共通認識[32]といえる。彼らの主旨は，著作権保護の強化は，ソフトウェアの自由な利用の阻害になるというものである。そして，彼らは，ソフトウェアがそれらの自由な利用の観念のもとにプログラミングされていることも併せて表明している。その流れは，ストールマン（Stallman）らが提唱し始めているコンピュータ・プログラム（ソフトウェア）のcopyright制度で保護されるのに対抗し，copyleftと表示しソフトウェアの公共財化の運動になっている。そして，この経済性と公共性との関係は，Windowsに対するオープンソースソフトウェア（Open Source Software, OSS）であるLinux[33]にも見いだせる。また，セレラ（Celera Genomics）社

---

[31] 吉川弘之監修，JCIP編『メイド・イン・ジャパン—日本製造業変革への指針』ダイヤモンド社，1994年，25～26頁。

[32] たとえばLotus Developmentの表計算ソフトであるLotus 1-2-3のフォーマットやインタフェースにまで及ぶ著作権の保護範囲を認める判決（Lotus Development Corp. v. Paperback Software International & Stephenson Software, Limited, 15 USPQ 2d 1577（D.Mass.1990））に対し，著名なコンピュータサイエンティストら（John McCarthy, Marvin Minsky, Guy L. Steele, Jr., Robert S. Boyer, Jim Hellman, Patrick Winston）は，ソフトウェアのパブリックドメインの面から反対意見を述べている（Fight "Look and Feel" Lawsuits Join the League for Programming Freedom）。

[33] Linuxは，ソースコードレベルでインターネットを通じて無償公開されるオペレーティングシステムである。ところで，OSSは，その権利を放棄するものではない点からいって，ソフトウェアのライセンスの一つの考え方といえる。この規定が，GPL（General Public License）という。したがって，OSSであるLinuxは，理論的にはフリーソフトウェアと異なる。すなわち，Linuxのソースコードをダウンロードして修正した者は，それを無償で公開する義務を負うことになる。OSSから形成されたものはOSSでなければならない。ただし，その修正さ

第 6 章　情報財の流通に関する法システム　　　　　　　　　　155

は，ヒトゲノムの解読データを 2001 年 2 月 16 日に，アメリカのサイエンス誌に論文形式で発表した[34]。この論文で発表された研究成果としての全ゲノ

れたソースコードは，インターネットで無償でダウンロードできるものでなければならないが，同時に CD-ROM 等で販売されることがある。この OSS 関係は，たとえばコンピュータ・プログラムを含む著作物とその出版物（コンピュータプログラムリスト）との関係に見いだされよう。

[34]　Venter, J. Craig, Mark D. Adams, Eugene W. Myers, Peter W. Li, Richard J. Mural, Granger G. Sutton, Hamilton O. Smith, Mark Yandell, Cheryl A. Evans, Robert A. Holt, Jeannine D. Gocayne, Peter Amanatides, Richard M. Ballew, Daniel H. Huson, Jennifer Russo Wortman, Qing Zhang, Chinnappa D. Kodira, Xiangqun H. Zheng, Lin Chen, Marian Skupski, Gangadharan Subramanian, Paul D. Thomas, Jinghui Zhang, George L. Gabor Miklos, Catherine Nelson, Samuel Broder, Andrew G. Clark, Joe Nadeau, Victor A. McKusick, Norton Zinder, Arnold J. Levine, Richard J. Roberts, Mel Simon, Carolyn Slayman, Michael Hunkapiller, Randall Bolanos, Arthur Delcher, Ian Dew, Daniel Fasulo, Michael Flanigan, Liliana Florea, Aaron Halpern, Sridhar Hannenhalli, Saul Kravitz, Samuel Levy, Clark Mobarry, Knut Reinert, Karin Remington, Jane Abu-Threideh, Ellen Beasley, Kendra Biddick, Vivien Bonazzi, Rhonda Brandon, Michele Cargill, Ishwar Chandramouliswaran, Rosane Charlab, Kabir Chaturvedi, Zuoming Deng, Valentina Di Francesco, Patrick Dunn, Karen Eilbeck, Carlos Evangelista, Andrei E. Gabrielian, Weiniu Gan, Wangmao Ge, Fangcheng Gong, Zhiping Gu, Ping Guan, Thomas J. Heiman, Maureen E. Higgins, Rui-Ru Ji, Zhaoxi Ke, Karen A. Ketchum, Zhongwu Lai, Yiding Lei, Zhenya Li, Jiayin Li, Yong Liang, Xiaoying Lin, Fu Lu, Gennady V. Merkulov, Natalia Milshina, Helen M. Moore, Ashwinikumar K Naik, Vaibhav A. Narayan, Beena Neelam, Deborah Nusskern, Douglas B. Rusch, Steven Salzberg, Wei Shao, Bixiong Shue, Jingtao Sun, Zhen Yuan Wang, Aihui Wang, Xin Wang, Jian Wang, Ming-Hui Wei, Ron Wides, Chunlin Xiao, Chunhua Yan, Alison Yao, Jane Ye, Ming Zhan, Weiqing Zhang, Hongyu Zhang, Qi Zhao, Liansheng Zheng, Fei Zhong, Wenyan Zhong, Shiaoping C. Zhu, Shaying Zhao, Dennis Gilbert, Suzanna Baumhueter, Gene Spier, Christine Carter, Anibal Cravchik, Trevor Woodage, Feroze Ali, Huijin An, Aderonke Awe, Danita Baldwin, Holly Baden, Mary Barnstead, Ian Barrow, Karen Beeson, Dana Busam, Amy Carver, Angela Center, Ming Lai Cheng, Liz Curry, Steve Danaher, Lionel Davenport, Raymond Desilets, Susanne Dietz, Kristina Dodson, Lisa Doup, Steven Ferriera, Neha Garg, Andres Gluecksmann, Brit Hart, Jason Haynes, Charles Haynes, Cheryl Heiner, Suzanne Hladun, Damon Hostin, Jarrett Houck, Timothy Howland, Chinyere Ibegwam, Jeffery Johnson, Francis Kalush, Lesley Kline, Shashi Koduru, Amy Love, Felecia Mann, David May, Steven McCawley, Tina McIntosh, Ivy McMullen, Mee Moy, Linda Moy, Brian Murphy, Keith Nelson, Cynthia Pfannkoch, Eric Pratts, Vinita Puri, Hina Qureshi, Matthew Reardon, Rober Rodriguez, Yu-Hui Rogers, Deanna Romblad, Bob Ruhfel, Richard Scott, Cynthia Sitter, Michelle Smallwood, Erin Stewart, Renee Strong, Ellen Suh, Reginald Thomas, Ni Ni Tint, Sukyee Tse, Claire Vech, Gary Wang, Jeremy Wetter, Sherita Williams, Monica Williams, Sandra Windsor, Emily Winn-Deen, Keriellen Wolfe, Jayshree Zaveri, Karena Zaveri, Josep F. Abril, Roderic Guigó, Michael J. Campbell, Kimmen V. Sjolander, Brian Karlak, Anish Kejariwal, Huaiyu Mi, Betty Lazareva, Thomas Hatton, Apurva Narechania, Karen Diemer, Anushya Muruganujan, Nan Guo, Shinji Sato, Vineet Bafna, Sorin Istrail, Ross Lippert, Russell Schwartz, Brian Walenz, Shibu Yooseph, David Allen, Anand

ム配列データは，論文発表に際しては結果および方法に関する記録データをアクセス可能な公共データベースに寄託すべきであるというサイエンス誌の方針に則り，大学・企業など所属先に関わらず，すべての研究者が発表論文の研究成果を照合・追試し正当性を検証する目的でヒトゲノムデータにアクセスし，Celera Genomics のサイトを通じて無料で利用できる。ただし，研究目的以外の利用および再配布を認めず，研究者でも自由に見られる分量の制限（1週間に最高 100 万塩基の断片のダウンロード）があり，上記以外の目的に使用する場合は Celera Genomics の認可を得る必要がある。他方，日米欧の国際ヒトゲノム解読共同研究体（International Human Genome Sequencing Consortium）は，2001 年 2 月 15 日に，ネイチャー誌に論文を発表し[35]，その解読したデータは自由に利用できる DDBJ / EMBL / GenBank 国際塩基配列データベース（わが国の DDBJ （DNA Data Bank of Japan)，欧州の EMBL，アメリカの GenBank）に寄託されている。このように，それらの研究成果の発表の形式は，研究成果の対象物の流通・利用に関する経済性と公共性において対照的な関係にある[36]。

　このような現象には，制度上の差異を超えて情報の流通・利用における経

Basu, James Baxendale, Louis Blick, Marcelo Caminha, John Carnes-Stine, Parris Caulk, Yen-Hui Chiang, My Coyne, Carl Dahlke, Anne Deslattes Mays, Maria Dombroski, Michael Donnelly, Dale Ely, Shiva Esparham, Carl Fosler, Harold Gire, Stephen Glanowski, Kenneth Glasser, Anna Glodek, Mark Gorokhov, Ken Graham, Barry Gropman, Michael Harris, Jeremy Heil, Scott Henderson, Jeffrey Hoover, Donald Jennings, Catherine Jordan, James Jordan, John Kasha, Leonid Kagan, Cheryl Kraft, Alexander Levitsky, Mark Lewis, Xiangjun Liu, John Lopez, Daniel Ma, William Majoros, Joe McDaniel, Sean Murphy, Matthew Newman, Trung Nguyen, Ngoc Nguyen, Marc Nodell, Sue Pan, Jim Peck, William Rowe, Robert Sanders, John Scott, Michael Simpson, Thomas Smith, Arlan Sprague, Timothy Stockwell, Russell Turner, Eli Venter, Mei Wang, Meiyuan Wen, David Wu, Mitchell Wu, Ashley Xia, Ali Zandieh, Xiaohong Zhu "The Sequence of the Human Genome" *Science*, Vol.291, No.5507 （16 February 2001） pp.1304-1351.

[35] International Human Genome Sequencing Consortium "Initial Sequencing and Analysis of the Human Genome" *Nature*, Vol.409, No.6822 （15 February 2001） pp.860-921.

[36] DDBJ は利用者に課金はしていないが，1998 年 9 月より SwissProt は企業利用者を対象に課金をすることになったことにより，DDBJ による企業利用者への SwissProt データの磁気テープによる配布は中止されている。

済性と公共性の同時性が見いだせよう。この関係はコンテンツの流通・利用においてもあてはまり，ディジタル情報技術との関係で知的財産権法システムが効率的に機能するためには経済性と公共性の同時的な処理を要しよう。

6.3.2 コンテンツに関わる権利の性質の変容

著作権は，図 6.2 に示すように，著作物が創作された時点から生じ，著作物に関わる権利によりなる。そして，著作権は，図 6.2 のような支分権の束によりなり，何らの方式も要せずに発生する。ところが，情報技術，または複製技術の変化が誘引する著作権の対象となるものは，そのような著作権の性質とは異なる法現象を見せる。ここでは，ディジタル情報技術が権利の発生から消滅までに与える影響を考察する。

```
            著作権の支分権
             複製権
             上演権・演奏権
             上映権
             公衆送信権等
             口述権
             展示権
             頒布権
             譲渡権
             貸与権
             翻訳権・翻案権等
             二次的著作物の利用に関する
               原著作者の権利

  過　去   現　在
                     未　来

  権利の発生
```

著作権の対象は，この瞬間に創作され，またはすでに創作がなされていなければならない。当然，著作権の支分権も発生しない。すなわち，現行の著作権の法解釈からいえば，著作物の発生を推定しえない権利は，著作権のカテゴリーに帰属しえない。

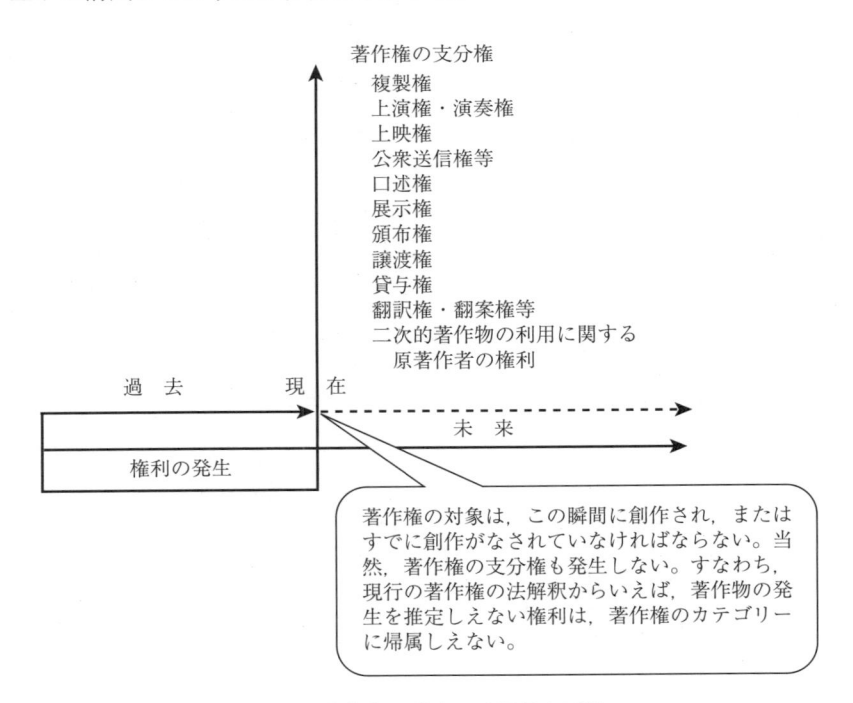

図 **6.2** 著作権の発生の時間的な要件

(1) 権利の発生

　わが国では慣例化されているとはいえないが，アメリカでは出版物の発行を前提に出版者が先渡し印税（advanced payment）を支払って著作者に著作を依頼することがある。そして，編集著作物の記事利用の著作権侵害が問題とされた判例[37]において，著作物が創作されていない状態，すなわち著作権が発生していない対象物に対し，著作権法上の議論がなされている。そこでは，著作権侵害の対象となる著作物に，将来発行されることを条件として編集著作物の記事となるまだ現存しない対象に関するものを含めている[38]。そのような例は，放送メディアにおいて多く見られる[39]。それらは，著作物の現存を前提に組み立てられている著作権の発生を時間によらないものに変えている。

　また，著作権侵害において，侵害したものの表現と侵害された著作物の表現は，一対一に対応づけられなければならない。ところが，表現された著作物が動的な挙動としてイメージされることによって，その表現が必ずしも一対一に対応づけられなくても，保護されることがある[40]。これは，ジャーナルの連載や書籍のシリーズに時間的につながりが想定されるとき，全体に一つの創作物または制作物が擬制されるのと同様であろう。そして，このような性質は，情報世界のディジタル著作物についてもいえる。

　有形的媒体への固定を要件としないわが国の著作権の法理においても，ド

---

[37] 東京高判平 6.10.27 判時 1524 号 118 頁。これは，編集著作物（Wall Street Journal）の記事利用の著作権侵害が問題とされた判例である。

[38] まだ著作物が存在していなくても，「新聞においては，取り上げられる具体的な素材自体が異なっても，一定の編集方針が将来的に変更されないことが確実であれば，編集著作物性を有するものと扱うことによって，法律関係の錯雑を招いたり，当事者間の衡平が害されたりするおそれがあるとは認め難いことに鑑み，将来の給付請求として，当該新聞が発行されることを条件として，予測される侵害行為に対する予防を請求することができるものと解するのが相当である。」としている（東京高判平 6.10.27 判時 1524 号 [125 頁]）。なお，この編集著作物性は，法律用語として不適切であり，編集著作物の著作物性とすべきであろう。

[39] たとえばオリンピック大会の放送権（放映権）に関するものが適例であり，2004 年，2006 年，2008 年の 3 大会のテレビ放送（放映）権が設定されている。

[40] 東京地判昭 51.5.26 無体例集 8 巻 1 号 [225〜226 頁]。

イツ著作権の法理のように，著作権が著作物の有形的な使用と無形的な再生からなる支分権の束として整理されることが一つの整合性をもつ。ところが，わが国の著作権の条項は，著作物の有形的な使用と無形的な再生を明確に分けていない。これが，わが国において，著作権法界にある二つの法理の混同した議論に至る主因をなしていよう。ここに，著作物の有形的な使用と無形的な再生を明確に分けないで，わが国の著作権の法理と整合性を保持させるためには，次の法技術が必要である。

　著作権の基本的な概念が著作権制度が制定された当時にすでに出揃っていたという仮定に立って著作権の支分権をカテゴライズすれば，図 6.3 のように，著作物の複製 (reproduction) に関する権利，著作物の送信 (transmission) に関する権利，著作物の派生 (derivative) に関する権利の 3 カテゴリーで分類することができよう。それらは，著作物の形成プロセスに対応して循環関係をもつ。そして，それらは，図 6.3 の著作権の支分権の関係にそって，著作権の支分権の例示規定が表 6.1 に示す複製に関する権利，送信に関する権利，派生に関する権利の三つのカテゴリーに分類される。

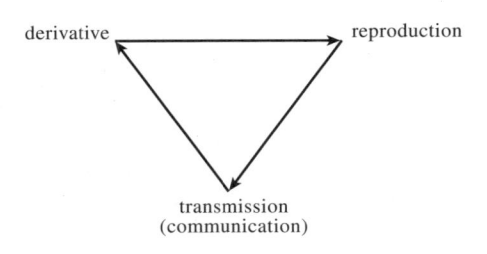

図 6.3 著作権の支分権の関係

(2) 権利の所有

　著作権の所有は，創作によって表現された著作物に対してなされる。言語の著作物において著作権の所有とは，原稿用紙に書き込まれたものを所有することにより，その所有する物に対する権利を有することによって成り立つ。

表 6.1 著作権の支分権のカテゴリー

著作権の カテゴリー	複製（reproduction） にかかわる権利	送信（transmission） にかかわる権利	派生（derivative） にかかわる権利
著作権の支分権	複製権（21条）	上演権および演奏権（22条） 上映権（22条の2） 公衆送信権等（23条） 口述権（24条） 展示権（25条） 頒布権（26条） 譲渡権（26条の2） 貸与権（26条の3）	翻訳権，翻案権等（27条） 二次的著作物の利用に関する原著作者の権利（28条）

　これは書物の歴史の初期に見られるものであり，著作権の所有という概念の一つのモデルを与える。ディジタル著作物の所有は，原稿用紙に書き込まれたものをコード化された情報に変える。この形態は，伝達の様式の変化を伴うものであり，著作物の所有形態に変化をもたらす。

　著作権の法理が既存の創作物を印刷技術により複製することにより始まり，著作権の保護が新たに創作される著作物に及び，さらに将来作成されるであろう制作物にまで拡張されている。ディジタル著作物は，著作物の形成に関する多様性を促進させ，著作者のパターンを多様化する。著作権に対する法理の混乱は，将来発行あるいは放映される対象物を提供する組織（法人）と器（媒体）の存在が前提にある。その対象には，提供者が用意した器の中で表現されるであろう著作物（制作物）がイメージされている。そこには，権利の行使が，名目的な所有権者から実質的な所有権者へ変化していることが見いだせる。

　ところで，財産権の所有において，次のような変化がある。株式会社では，所有権の増加によって，財産とよんでいた実体を名目的な所有権と支配（権力）との分離へと誘引している[41]。所有権の地位が積極的動因から消極的動

---

[41] Berle, Adolf A., Jr. and Gardiner C. Means, *The Modern Corporation and Private Property*

因へと変化し，さらに所有権に付随していた精神的価値も，所有権から分離したことにより，所有者の意のままになった直接的な満足を喪失させるに至った[42]。ここで，資本主義における私的所有は，絶対性と抽象性にある[43]。所有の絶対性は，所有者が所有物に対しどのような行為（使用，収益および処分）をもなしうることにある（民法206条）。すなわち，客体に対するあらゆる支配を含むところの全包括的な権利である[44]。ただし，この資本主義的所有は，法社会学的には，歴史的，地域的に特殊なものといえる[45]。所有の抽象性は，観念的・論理的に決定されることをいう。すなわち，当該物を現実に支配しているかどうかに関係なく，所有権は成立する。したがって，所有（ownership）は，占有（occupation）とは直接に関係しない。ここで，無体物としての著作物の所有は，かえって物の所有よりも情報の所有の方に整合性がある。

また，一つの所有物は一人の所有者（自然人，法人）に限る。ただし，数人が同一物の所有権を量的に分有する共有と，質的に分有する総有は，資本主義的所有と矛盾するものではない。資本主義的所有は，非現実的な所有形態を可能とする。なぜならば，所有が抽象的，観念的，論理的であることから導かれる当然の帰結といえるからである。そして，非現実的な所有は，情報ネットワーク環境の所有との関連において意味をもたせることができよう。そこには，財産権の所有から財産の利用への変化が見いだせる。

(3) 権利の消滅

著作権は，著作物の公表または著作者の死後の一定期間を過ぎると消滅する。その期間の長短において，議論があるものの，権利の消滅に関して疑問

  (Macmillan Company, London, 1932). （北島忠男訳『近代株式会社と私有財産』文雅堂銀行研究社，1959年，5頁，7頁，11頁）

[42] Berle & Means（北島訳）・前掲注41）（84頁）。
[43] 川島武宜『日本人の法意識』岩波書店，1967年，62～71頁。
[44] 川島・前掲注43）64頁。
[45] 川島・前掲注43）63頁。

の余地はない。しかし，無体物である著作物は，有形的媒体への固定あるいは有体物を擬制しており，その限りにおいて著作権の消滅と類似の効果をもつ権利の消尽が働くことなる。その典型的な例は，著作物が化体した出版物（書物）の流通において見られる。

著作物等（ここに書籍が含まれる）の貸与については，貸与権（著作権法26条の2）の規定を，当分の間，適用しないとする経過措置がある（著作権法附則4条の2）。この経過措置の規定の削除は，わが国の出版者団体においてたえず要求されてきたものであるが，ディジタル情報社会においてその必要性は増していよう。また，譲渡権の新設にあたっても，著作物等（書籍）の譲渡行為のすべてに譲渡権が及ぶことになると，著作物等の流通に大きな影響が生ずる恐れがあるとして，譲渡権の認められる範囲を制限する[46]。この制限は，著作者（著作権者）に及ぶものであり，出版者に直接関わるものとはいえない。しかし，書籍（出版物）に関わる権利が出版者にとり不明確であるがゆえに，権利の保護と円滑な流通の確保との調和をはかっていくうえで摩擦が生ずることになる。

そのような見方に対して，ディジタル著作物は，物にとらわれてきた著作物の概念を解放し，複製の意味の変化を促し，権利の消尽の及ぶ範囲に制約を与えよう。出版物（書物）は著作物の伝達手段の一つであり，その器に着目すれば権利の消尽は法技術として適切である。しかし，コンピュータ・プログラムおよびデータベース著作物がオリジナルと同一性を保持したまま半永久的に利用しうる電子情報であることより，有体物に適用されている権利の消尽をそれら電子情報に適用することは不適切である。この見方は，情報ネットワークを介して流通するコンテンツに関わる権利において，変わる点はない。したがって，コンテンツが電子情報で伝達されるとき，権利の消尽の適用の関係は図6.4のようになり，5.3.1項で述べたように権利の消滅の例外的な機能をもつ権利の消尽は解除条件付きの性質を有するものであり，公

---

[46] 岸本織江・越田孝夫「著作権法の一部を改正する法律」ジュリスト，No.1165（1999年）64～65頁。

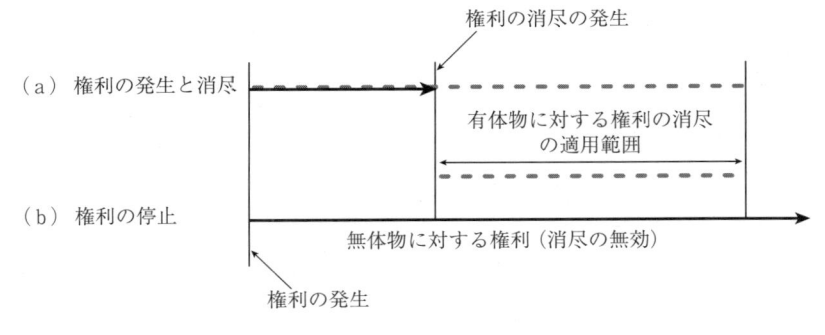

第 6 章　情報財の流通に関する法システム　　163

```
(a) 権利の発生と消尽              権利の消尽の発生
                              ↓
    ━━━━━━━━━━━━━━━━━━▶
                      ┈┈┈┈┈┈┈┈┈┈┈┈┈
                       有体物に対する権利の消尽
                      ◀──── の適用範囲 ────▶
                      ┈┈┈┈┈┈┈┈┈┈┈┈┈

(b) 権利の停止
    │                        ─────────────────▶
    │             無体物に対する権利（消尽の無効）
    ↓
   権利の発生
```

図 6.4　権利の消尽の適用に関する関係

共的な要因からの制約に限定されよう。

6.4　事例の再検討：日本書籍出版協会（著作・出版権委員会）における検討事項

　半田正夫教授は，情報の流通に関する制度デザインは，現実に機能している慣行を踏まえてから検討する必要性を説いている。それは，メディアの変遷を通して著作権の制度デザインにおいても見いだせる。その見解に従えば，著作物が商品の出版物として流通することを踏まえて，ディジタル情報社会における制度的な対応が加えられることが効率的であろう。以下では，出版者団体が検討している制度的な対応に対して再検討を加える。

6.4.1　印刷媒体における出版者の権利について（第 1 分科会の検討事項）

　日本書籍出版協会の著作・出版権委員会第 1 分科会の検討事項は，出版者の権利の確立を目指すものであり，1990 年 6 月の文化庁『著作権審議会第 8 小委員会（出版者の保護関係）報告書』に提言された内容の法文化にある。この提言は，出版物のコピー問題に端を発するものである。この提言の立法化の前提は，版面権の創設は設定出版権の削除を条件とするものであった。出版者団体は設定出版権の削除の条件を容認せず，また経済団体連合会の反

対により，版面権の法文化はなされていない。第 1 分科会は，この障害を除去するための検討を加えるものである[47]。

わが国の出版者団体が出版者の権利を検討するうえでまず疑問が生じるのは，出版者の立場から著作権制度との関係を見いだすはずであるのに，検討をすすめていくと，著作者の視点に変化していることである。これは，出版物の定義を検討するうえにおいても，著作物の定義に置き換わってしまうことになる。その原因は，繰り返し指摘しているように，わが国の著作権法システムに出版に関わる定義が要素として存在しないことによる。

この問題の解決は，まず著作権法界にある二つの法理（author's right アプローチおよび copyright アプローチ）の調和の観点[48]から出版者および出版物に関わる権利が著作権法システムの枠内で関連づけられる必要がある。コンテンツを有形的媒体への固定に擬制すれば，著作権法界にある二つの法理は，図 6.5 のようにコンテンツを媒介として橋渡しができよう。

そして，著作権の法概念に含まれる要素（著作者人格権（moral right），著作隣接権（neighboring rights），*sui generis* right ）の相互関係は，一つの法システム[49]の中で機能することになろう。この著作権法システムにおいて，コンテンツは，伝統的な創作物が制作物，創作性のないデータベースと相互に関係づけられるものになる。

ところで，アメリカの著作権には，著作隣接権の法概念がない。ここに，同じ対象であっても，著作権のカテゴリーにずれが生じる。財産あるいは排他的所有権という観念は，本来，自然的な作用（function）ではなく，厳密に

---

[47] 日本書籍出版協会『著作・出版権委員会第 1 分科会中間報告書 印刷媒体における出版者の権利について』(2000 年 3 月)を参照。ここでは，出版者団体において，出版者の権利は，著作隣接権，副次的に *sui generis* right と関連づける提言をしている。

[48] この考察は，児玉晴男「著作物の伝達に関する author's right の法理と copyright の法理とのシンセシス」『現代先端法学の展開―田島裕教授記念論文集』信山社，2001 年，441〜467 頁を参照。

[49] Gunther Teubner, *Recht als autopoietisches System* (Suhrkamp Verlag, Frankfurt am Main, 1989)．(土方透・野崎和義訳『オートポイエーシス・システムとしての法』未來社，1994 年，153〜155 頁)

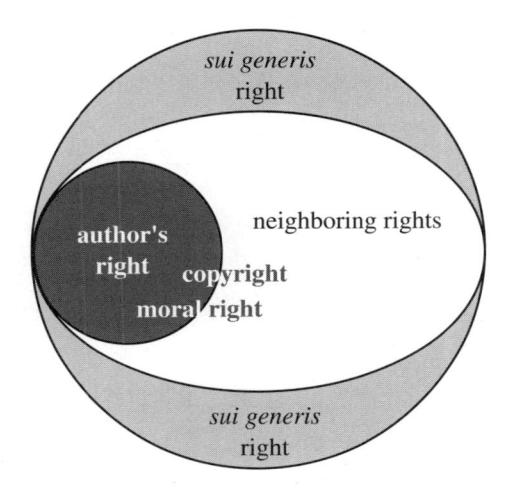

第 6 章　情報財の流通に関する法システム　　165

図 6.5　コンテンツを媒介とする著作権の相互関係

いえば，労務に対する権利や賃借権と同じく，対人的な権利であり，ある目的のために物に対する権利という言い方が簡便であるかもしれないが，単に人に対する（against）物に関する（in respect of）権利が存在しうるにすぎない[50]。この観点からいえば，author's right アプローチの考え方と copyright アプローチの考え方は，実際には限りなく接近する。すなわち，英米の出版者が copyright holder であることと，わが国の出版者が著作隣接権者であることに不都合な点はない。したがって，出版者の権利は，わが国において著作隣接権に関連づけられることに不合理な点はない。そして，その権利の対象は，著作物（ディジタル著作物）に編集が加えられたコンテンツである。

6.4.2　ディジタル時代に対応した出版契約（第 2 分科会の検討事項）

　出版者が著作物の出版を行う著作権法上の権利関係は，わが国の出版者は出版権者として，英米系の出版者は copyright holder となる傾向にあり，そ

---

[50]　Vinogradoff, Sir Paul, *Common Sense in Law, 3rd ed.* revised by H.G.Hanbury（Oxford University Press, London, 1959）p.50.（末延三次・伊藤正己訳『法における常識』岩波書店，1972 年，61 〜62 頁）

れらの権利の性質は実質的に同じになることも前にも指摘したとおりであるが，この関係がディジタル著作物の電子出版においても同様の関係になる。出版権者と copyright holder が著作権法システムの中で合理的に関連づけられることが必要である。

　日本書籍出版協会の著作・出版権委員会第2分科会は，著作物のディジタル化を踏まえた出版契約書（設定出版権契約）のひな型を公表している[51]。この検討にあたって，電子出版の出版契約の在り方について検討が加えられているが，電子出版が印刷出版と異なるシステムを必要とするという点から見送られている。しかし，印刷出版と電子出版が技術的に異なるにしても，制度的には統一的にとらえる必要がある。それは，実際の流通形態の制約はあるにしても，著作物の伝達が印刷情報でなされても電子情報でなされても無体物を対象にするわが国の著作権法システム上に違いがないからである。

6.4.3　出版者の権利について（第1分科会の検討事項）

　2001年2月から1年間をめどに，印刷媒体における出版者の権利の在り方について検討してきた前期までの第1分科会中間報告書の内容を引き継ぎ，さらに第2分科会で検討した延長線上で，電子媒体で発行した出版物における出版者の権利について報告書を出している[52]。その検討の方向づけは，次の観点によっている。

(1) 前期の第2分科会では，電子媒体には出版権は及ばないとの前提で検討をすすめていたが，電子出版物にも出版権の拡大を求める方向を考えることが適切であるかどうかの是非の検討。

(2) 電子出版物では，他のメディアとの境界が曖昧になるとし，出版者独自の権利を考えることが適切であるかどうかの是非の検討。

---

[51]　日本書籍出版協会による出版契約書のひな型の主な改正点は，出版物をディジタル化するとき，著作物を固定する出版者に第一オプションを与えるとするものである。

[52]　日本書籍出版協会『著作・出版権委員会第1分科会報告書 出版者の権利について』（2002年4月）。

(3) 電子出版契約において出版者の権利や利益を確保する方法があるかどうかの是非の検討。
(4) 電子出版物の権利保護に創作性のないデータベースに関する *sui generis right* がどこまで有効かどうかの是非の検討。
(5) 著作権審議会マルチメディア小委員会ワーキンググループで検討を開始した権利制限規定の見直しに対して，補償金制度の導入に際し出版者にも使用料受け取りの権利を求めることの是非の検討。
(6) 画一的・大量の電子的利用については，集中処理システムの構築を将来の問題として見据えるかどうかの是非の検討。

　本報告書において，出版者の権利の種類（著作隣接権），性質（原則として許諾権），保護内容（複製・公衆送信・譲渡・貸与），保護期間（50年）は中間報告書と総論的には異なる点はない。しかし，本報告書の結論は，出版者（発行者）の権利を電子出版物に主張することは時期尚早とし，電子メディアを含めた多様な利用方法に対して，印刷媒体における出版者の権利の主張によって，出版物の発行者の権利を確保するべきであるとする[53]。これは，ディジタル情報技術と出版との関係づけからいえば，後退または先送りする内容といわざるをえない。

　上の各検討事項は，すでに指摘しているように，出版者の権利と著作者（著作隣接権者を含む）の権利とが相互に錯綜している。これは，いわゆる出版物のコピー問題に対し，出版者団体が適切な対応ができなかったことも起因しているであろう。その適切な対応とは，著作権法システムとの関連で出版者と出版物を位置づけることである。この観点から上の検討事項をとらえ直せば，出版者の権利と著作者（著作隣接権者を含む）の権利とは明確に区分けすることができる。そして，ディジタル情報社会における出版者の権利がコンテンツとの関連で明確化されることによって，上の検討課題は統一的に解決できるであろう。

---

[53] 日本書籍出版協会・前掲注52) 12頁。

6.5 コンテンツの流通を円滑にする法システム

本研究で対象にするコンテンツの多くは，研究成果としての著作物によりなる。ここで，そのコンテンツは産業的な利用も考えられる。この性質は，著作物性とは異なり，ソフトウェア的な性質が想定しうる。たとえばコンピュータ・ソフトウェアは，著作権法の対象であり，同時に工業所有権法（特許法）の対象になっている。そのようなコンテンツは，著作物性（copyrightability）と特許性（patentability）の性質をもつ。また，法解釈においても，特許法のカテゴリーで形成された寄与侵害や開発に対する投下資本の保証といった概念が，著作権法のカテゴリーの議論における著作物の複製や創作性のないデータベースの権利の創設にあたって用いられる。ここに，コンテンツの流通に関しては，文化と産業とを明確に分けえない状況ができつつある。著作物は創作性と複製の対象を備えた著作物性を要件としている。しかし，コンテンツは複製の対象であるものの，創作性の要件を含まないこともありうる。

6.5.1 一元的な知的財産権法システム

ディジタル情報技術との関連で知的財産権が議論されるとき，特許法・商標法などの法改正の必要は現時点では存在しないとされる[54]。そもそも，工業所有権が産業的側面に関連づけられることにより，著作権と工業所有権との境界領域を許さない傾向にある。さらに，情報ネットワークを介する知的財産権問題の検討については1980年代後半に終わり，現在の検討課題は情報通信倫理（information technology and ethics）へ移行しているとの認識にもなっている[55]。したがって，情報ネットワークを介するコンテンツの制度的

---

[54] Information Infrastructure Task Force (IITF), Working Group on Intellectual Property Rights, *Intellectual Property and the National Information Infrastructure: The Report of the Working Group on Intellectual Property Rights* (September 1995) p.17. Commission of the European Communities, *Green Paper on copyright and related rights in the information society*, COM(95)382 final (Brussels, 19 July 1995) pp.7-8.

[55] 土屋俊教授「第1回研究会 先端科学技術と社会（情報倫理は日本に根づくか）」（1995年12月13日）の講演による。

な対応において著作権と工業所有権の相互関係が直接に議論されることはない。

しかし，ディジタル著作物は，テキスト・図・映像・音声といった言語著作物および視聴覚著作物を電子情報として統合化するものである。この環境では，紙面ではコンテンツの相互間が静的な関係であってもディスプレイ画面内ではコンテンツの相互間が動的な関係に変化し，著作物だけにとどまらず，特許発明・意匠・登録商標が情報ネットワークによってリンクされよう[56]。事実，電子出版物をクリックしていくとき表示されるクレジットラインを見れば明らかなように，電子出版物自体が著作権法以外の保護対象の利用なくしては機能しない。コンテンツ自体だけでなく，そのコンテンツを視聴覚的にプレゼンテーションするうえにも，知的財産権法の相互の連携が前提になる。

コンテンツがコンピュータ・プログラムまたはシステムとして動的に機能する性格まで拡張し，コンテンツ自体の性質からいえば，著作権の法理と工業所有権の法理とを橋かけするシステムが想定される。それは，ディジタル的な複製を起点にして著作権の二つの法理の差異を超えた制度ハーモナイゼーションが想定でき，さらに特許発明の要件にディジタル的な複製に反復継続可能性が擬制できるとき，コンテンツの使用が著作権と工業所有権を複製（reproduction, replication, duplication）の概念によって相互に関連づけることができ，その実体的な権利が複製権（right of reproduction, right of replication, right of duplication）になると考える[57]。そして，その法理がコンテンツの流通において知的財産権の中心的な存在になると考える。コンテン

---

[56] たとえば，クヌース（Donald E. Knuth）のACM（Association for Computing Machinery）の電子ジャーナル "Journal of Experimental Algorithmics" 第1版の論文は，「文書でもあり，動くプログラムでもある。コードを実行し，グラフを見たり，3次元空間の中を動かす」（「座談会 クヌース先生に聞く」bit, Vol.29, No.4（1997年4月）11頁を参照）ことができるという。著作物のディジタル化は，非機能的・記述的なもの（non-functional descriptive material）から機能的・記述的なもの（functional descriptive material）へ変える。

[57] 児玉晴男「情報通信社会にフィットした知的財産権の制度デザインについて」『平成10年度 情報通信学会年報』（1999年3月）95〜108頁。

ツの流通を考えたとき,「著作権の文化の発展に寄与すること」,「工業所有権の産業の発達に寄与すること」という法上の目的の違いが,同一の対象に対して向けられる。この法現象は,著作権と工業所有権の一元的な知的財産権法システム[58]を指向していよう。

この一元的な知的財産権法システムは,ディジタル情報技術によって発生するコンテンツの複製の性質によって,一つの知的財産権システム内で同時に著作権と工業所有権が同時に実効性を有するものとなる。そして,権利者は,コンテンツの権利処理に応じて,著作権と工業所有権を選択または共有することができる。今日の知的財産権問題の主要な課題は,コンテンツの準著作物性によって顕現してきたものと考える。ここに,この課題解決にあたって,新規立法によるのではなく,著作権と工業所有権とをあたかも一元的にとらえる立法政策が有効になろう。

6.5.2　知的財産権を横断する利用権システム

一元的な知的財産権法システムのとらえ方に対して,著作権と工業所有権を同一の場でとらえること自体に,本質的に無理があるとの論駁が加えられよう。また,この論者の著作権と工業所有権の冗長性をもつ法システムという見解に同調するものの,その検討には数十年のオーダーの期間が必要であるとの指摘がある[59]。この懸念に対し,現行著作権法と現行工業所有権法とを横断する,コンテンツの利用権システムが一元的な知的財産権法システムを実際に機能させると考える。

著作物は,著作者による出版権の設定によって複製できる。ここで,設定出版権は著作権法における利用権の性質を有するといえる。ここで,少なくとも著作物の有形的媒体への固定が擬制される限りにおいて,著作者人格権の問題はクリアされるとする。また,人格権が実際には著作物の利用を妨げる目的で主張されることはめったにないとの見解がある[60]。これはディジタ

---

[58]　児玉晴男『ハイパーメディアと知的所有権』信山社,1993年,116～118頁。

[59]　苗村憲司「マルチメディア社会の知的財産権」苗村憲司・小宮山宏之編著『マルチメディア社会の著作権』慶應義塾大学出版会,1997年,98頁。

ル著作物の電子出版にあたっても同様の判断が下せるであろう。したがって，このような著作権と工業所有権の相互の利用および抵触関係[61]を横断的にとらえるシステム構築が，情報ネットワークを介して流通するコンテンツの制度的な基盤整備の一つの満足解になろう。

6.5.3 情報財としてのコンテンツに対する権利の創造

　技術的な見地からも，電子情報形態の知的財産は，複製をもって著作権侵害とする copyright の発想，および印刷技術を前提とした著作権制度を否定し，利用に対する対価徴収権を基本とする法制度に改正すべきとの提言がある[62]。法的な見地においても，コンテンツの流通・利用の形態は対価徴収権に合理性をもつ[63]。したがって，対価徴収権は，コンテンツの利用においても合理的な見解といえる。しかし，対価徴収権が報酬請求権の一種であり，それを著作権法上の権利に対応づけるとすれば，当然に著作権法で保護される客体に対して実体的な権利が対応づけられなければならない。ところが，著作物の出版の関係において明確にされていないものは，ディジタル著作物

---

[60] Commission of the European Communities, supra note 54, p.66.

[61] 工業所有権の各法は，権利の制限として，工業所有権の相互の利用関係および工業所有権の相互および著作権との抵触関係について規定している（特許法72条，実用新案法17条，意匠法26条，商標法29条）。特許発明，登録実用新案，登録意匠（登録意匠に類似する意匠を含む（意匠法23条））は，それぞれの相互の利用を規定する。特許権と実用新案権とは，法理上，相互の抵触は存在せず，意匠権および商標権（立体商標）との調整規定をおくものになる。なお，意匠権（登録意匠に類似する意匠を含む）については，登録意匠に係る部分と特許権，実用新案権，商標権，著作権との抵触関係を規定している。そして，商標法29条は，指定商品または指定役務と特許権，実用新案権，意匠権，著作権との抵触関係について規定をおく。相互に抵触する場合，意匠権については実施許諾を得ることにより，著作権については出版権の設定（著作権法79条）等の契約により調整されることになる。ただし，商標法における禁止権の取り扱いについては，著作権のほうが時間的に先行するときは，明確な解釈がなされていない。また，商標法には利用関係はない。著作権と特許権との客体（コンピュータ・プログラム）に二重性が想定されることを加味すると，知的財産の相互の利用および知的財産権の相互の抵触の明確化は，コンテンツの流通・利用において不可欠な要件になる。

[62] 辻井重男「総論―情報セキュリティの背景と課題」第2回若手研究者のための講演会資料集（情報理論とその応用学会，1995月7月19日）27頁。この対価徴収権は，超流通を前提とした報酬請求権を想定している。

[63] 中山信弘『マルチメディアと著作権』有斐閣，1996年，159〜161頁。

の電子出版においても明らかではない。

　ディジタル情報技術は，図書館，美術館，博物館で保存されている文化財のマルチメディア蓄積を可能にしている。そして，それら芸術品がマルチメディアの具体的なコンテンツになる。たとえばマイクロソフト（Microsoft）社のビル・ゲイツ（Bill Gates）は芸術的に価値の高い絵画をディジタル映像として所有する「ディジタル化に関する権利」の取得に感心を示しているといわれている[64]。事実，わが国においても，Microsoftは，『エンカルタ』のハイパーテキスト化の展開を通して，既存の出版物の版面に対するディジタル化に関する権利の所有をはかっている。

　ここには，出版物の版面のコピー問題と同じ構図が見いだせる。そして，この問題は，ディジタル著作物の電子出版においても生じる。ここに，この課題解決は，著作物（ディジタル著作物）に編集が加えられたコンテンツに対する権利の創造によって，それをもとにして調整していくことに実効性があろう。

　なお，一元的な知的財産権法システムおよび知的財産権を横断する利用権システムは，コンテンツ自体のソフトウェア的な性質を通して出版者が情報産業の中で新しい産業を創成するためのチャンスを与える。そのとき，情報財としてのコンテンツに対する権利の創造は，不可欠の要素になる。

---

[64] Bill Gatesが資本投下しているコービス（corbis）社は，世界の有名美術館，博物館の収蔵品の写真をディジタル化する契約を結び，収録されている1700万点以上の写真をインターネット上で有料の貸出しを始めている（藤井一「デジタル・コンテンツ争奪戦の内幕」週刊ダイヤモンド（1997月4月19日）146頁）。ただし，ここで注目しなければならない点は，同時にオトグラフ（肉筆）を所有している点にある。たとえばレオナルド・ダビンチのノートおよび特殊相対性理論を解説したアインシュタイン直筆の原稿がオークションで落札されていることがあげられる。これは，情報世界におけるディジタル化された対象物とディジタル化される対象物の両者の権利の所有を意味する。

第7章

情報財の利用に関する社会経済システム

7.1 ディジタル情報社会における出版者と公共図書館との関係の再構築

　1970年代の複写機器の発達・普及は，出版物のコピー問題を生じさせた。この問題は，公共図書館に設置される複写機器によってもコピーできることから，価格の高い学術出版物ほど大きな影響を受けたとされる点にある。事実，コピー問題に対して，その対象とする著作物の範囲は，学術関係の著作物のように，ある程度複写頻度の高い著作物から順次対処していく方が現実的であるとの提言がなされている[1]。

　そして，そのような著作権処理の方法として，集中的権利処理機構である日本複写権センター（JRCC）が設立されることになる。この運用は，出版者の権利（版面権の確立）を前提にして分配規定が設けられているが[2]，この

---

[1] 文化庁『著作権の集中的処理に関する調査研究協力者会議報告書—複写問題』（1984年4月）48頁。

[2] 1994年6月から7月にかけて行われた徴収使用料の分配のための第1回実態調査に基づいて，1996年3月26日，複写使用料（約3億3400万円）の第1回分配として，平成4，5，6年度分が関係権利者6団体（㈳日本文芸著作権保護同盟，㈿日本脚本家連盟，日本美術著作権連合，全日本写真著作者同盟，学協会著作権協議会（現在，学術著作権協議会），出版者著作権協議会）に分配されている。なお，出版者が受け取る複写料のうち出版者著作権協議会の事務手数料10%を控除し，著作権者分配基金と出版者分配基金を折半する。著作者分は，委託

出版者の権利が確立していないことにより，出版者への配分の明確な根拠を欠くものになっている。これと同じ問題は，出版物がディジタル化されて学術情報のサービス提供という形へ展開されるときに生じる。

　また，公表された著作物の第三者の実際上の利用・使用は，出版物の版面を通して，自由なアクセスの対象となる。著作物の化体した書籍・ジャーナルを読むためには，読者が自らそれらを購入し，それら自体を所有するならば個人的な複製の範囲内であれば問題はない。また，公共図書館の蔵書が閲覧され，著作権の適用除外（著作権法31条各号）の範囲内で複写されるのであれば，現行著作権法上，問題はない。しかし，その行為は，読者が出版物を公共図書館から借り出し，さらに出版物を複写することで代替しうる。このとき，著作権の適用除外の複製であっても，公共図書館の相互貸借，いわゆる図書館相互貸借（Inter-Library Loan，ILL）により貸借された印刷出版物のコピーは，著作権の適用除外の範囲を逸脱していよう。同様に，出版物のディジタル化および電子出版物の電子的な版面がディジタル的な複製に供されるときも，著作権の適用除外の範囲にずれが生じるであろう。

　本来，出版者と公共図書館は，著作物の著作者とその利用者にとっては，出版物を媒介にして協調すべき関係にあるはずである。しかし，今日，出版者と公共図書館との間に協調関係が見いだせないのは，複製技術の変化，すなわちアナログ的な複製からディジタル的な複製への変化の中で，出版物を

出版者から推薦のあった学協会（日本学術会議に登録する団体を主対象とする481団体）へ分配する。出版者分は，日本複写権センター（JRCC）および出版者著作権協議会に構成7団体（㈳出版者著作権協議会，㈳日本書籍出版協会，㈳日本雑誌協会，㈳自然科学書協会，㈳出版梓会，㈳日本図書教材協会，㈳日本専門新聞協会）が拠出した会費および入会金（1990～1995年度）の合計額を基礎分配額とし，当該団体が拠出した額の比率により，分配額を算定し，分配する（ただし，分配金総額の8.7％相当額をクレーム基金とする）。第2回実態調査が1996年に，第3回実態調査が1998年10月に実施されている。なお，第4回実態調査（2001年10月に実施）に基づいて，2000年度（平成12年度）分複写使用料が，2002年3月末，権利者6団体に対して総額129,672,699円を分配（第7回）している。この内訳は，学術著作権協会66,052,178円，著作者団体連合19,844,964円，出版者著作権協議会43,775,557円である。2003年度（平成15年度）の徴収目標額は，1億4500万円におき，2002年度（平成14年度）分複写利用料分配のための第5回実態調査を行っている。

利用(閲覧)する形態が変容していることがあげられる。そして,ここで強調しなければならないことは,複写の対象は著作物であっても,実際は著作物に編集[3]が加えられた出版物の版面を通してなされていることである。したがって,ディジタル情報社会において出版者と公共図書館との協調関係を再び構築するためには,コンテンツが情報ネットワークを介して利用されるときの合理的なシステムの構築にある。

7.2 ディジタル情報社会におけるコンテンツの利用システム

　情報処理振興事業協会が実施する「パイロット電子図書館システム」の実証実験にあたって,商業出版社あてに出版物のディジタル化の同意について文書による依頼がなされている。これは,1996年2月28日付けで特定の商業出版社に送付された。ここでは,出版物のディジタル化にあたって,ディジタル化された対象物の権利は,情報処理振興事業協会と商業出版社が共有するとしている。また,国立情報学研究所は,文部省(現在の文部科学省)の学術用語集の出版を委託した商業出版社に,学協会である著作者(著作権者)の許諾を得たとして,その出版物をディジタル化し,国立情報学研究所が学術情報データベースにして研究者に無償で公開する旨の了解を求める文書を送付している。これは,国立国会図書館の蔵書を第三者機関がディジタル化するときの典型的なモデルになろう。出版者の権利が明確になっていない状態で行われる権利処理は,ディジタル情報社会において混乱を招く。ここに,コンテンツの利用に関する相互関係の確立が求められる。

---

[3]　編集自体は創作性が認容される必要はないものとする。したがって,それと整合性をもたせるために,わが国の著作権法における編集著作物,データベース著作物における編集に対しても,同様に解すべきと考える。なぜならば,それら著作物は,編集の加えられた制作物に対して創作性が認容されるものだからである。

7.2.1 コンテンツに想定しうる要素：著作物編集権

　学術出版は，知的財産権の法理と知的財産権問題が凝縮されている。知的財産権を取り巻く環境は，知的財産の経済的価値を強調している。実際，今日の知的財産権問題が一見すると知的財産とよびえない対象と連動するかのように，今日の出版物が学術的価値とは無関係なものを対象にしているものが多い。しかも，今日の知的財産権問題の多くは，そのような対象に向けられたものといってよい。この関連で出版者の権利が評価されてしまうと，出版権（出版者の権利）の条文化にあたって展開された議論の繰り返し，すなわち出版者に必要以上の権利保護を与えるとの懸念を招くことになる。

　6.5.3 項で考察したように，学術出版は著作物の出版において重要な役割を果たしており，その出版物の版面には学術出版の社会的機能に対する実体的な権利（編集が加えられた著作物の複製に関する権利（以下，著作物編集権 (reproduction right in respect of works spliced by editor) とよぶことにする）が想定できると考える。そして，ディジタル著作物の電子出版においても編集の操作は必要であり，そこに著作物編集権が想定できる。

　出版者の権利が立法政策的な観点から理解される性質をもつにしても[4]，その権利の創造に関しては自然権的な性質との関連を考慮する必要があろう。ここに，著作物編集権は商業出版社に帰属する自然人である編集者に発生する権利である。そして，商業出版社の中における学術出版の社会的機能を果たす実体は法人である出版者であり，この出版者は自然人である編集者のパートーナーの集合からなっていることを想定する。したがって，出版者に著作物編集権が与えられるためには，次のような法技術が必要となる。職務著作（著作権法 15 条）と同じ要件に基づく法人である出版者の発意と責任のもとに出版物（電子出版物）が発行されるとき，著作物編集権が出版者に与えられるとするものである。また，著作物編集権に基づく複製権が電子出版物のディスプレイ表示される版面の登録によって発生するとすれば，ア

---

[4] 玉井克哉「出版権と「出版者の権利」」ジュリスト，No.927（1989 年）67 頁。

メリカの特許制度がとっているように，原始的に編集者に発生する著作物編集権の出願権の譲渡は認められない。そこで，出願中の著作物編集権が法人である出版者に譲渡されることによって，当該権利を法人である出版者に与えることになろう。

　ディジタル著作物の電子出版にあたっても，学術出版の社会的機能をもった組織により遂行されるとすることに実効性があると考える。そう考えるのは，著作物を出版物として表象し，かつ出版物の版面の健全性の維持管理を通して文化的所産の蓄積と合理的な利用・使用を果たしてきた機能が著作物のディジタル化・ネットワーク化にあたっても必要であると考えるからである。ただし，本書では従来の商業出版社という企業組織がそのまま移行することは必ずしも想定するものではない。ただし，学術出版の社会的機能は，企業組織の出版社に帰属する編集者が著作物（ディジタル著作物）に編集を加えることによって出版物（電子出版物）を制作し，そこに表象されるコンテンツを頒布または送信可能にすることによって果たすことができる。しかし，たとえ情報ネットワークを介する疑似的な出版が行われているからといって，著作者および編集者だけで出版を維持していくことは現実的ではない。したがって，それは，現在の商業出版社であっても，たとえ全くのボランティアであったとしても，学術出版の社会的機能を果たす企業組織であればよい。

　出版物は，著作者の表現する著作物であると同時に，編集者の著作物に編集を加え表象された制作物でもある。無体物である著作物が有体物の出版物に置き換えられる関係は，著作者に与えられる著作者人格権と学術出版の社会的機能を果たす出版者に与えられる著作隣接権とが双対をなす。この双対の関係は，著作者人格権がベルヌ条約で規定された経緯からいって「思想または感情を創作的に有形的媒体へ固定を伴う表現がなされるまでの権利」という限定された範囲をもつという前提による。そして，有形的媒体への固定（書籍やジャーナルなど）の後においては，同一性保持権（著作権法20条）で主張される実質的な意味は翻案権（同法27条）で対応可能なものと解せよ

う。翻案権が改変に対して異議を申し立てる権利として規定されており，財産的な権利に対して，人格的な権利を第三者の著作物の利用の歯止めに直接適用することは，著作権法システムの論理的整合性において無理があろう。たとえば，「行政機関の保有する情報の公開に関する法律」（平 11 法 42）（以下，情報公開法とよぶ）の立法化に伴う著作物の公表に関するみなし規定（著作権法 18 条 3 項），適用除外規定（同法 18 条 4 項），および氏名表示権の適用除外規定（同法 19 条 4 項）は，図 7.1 の著作者人格権の主張可能な範囲に対応づけられよう。

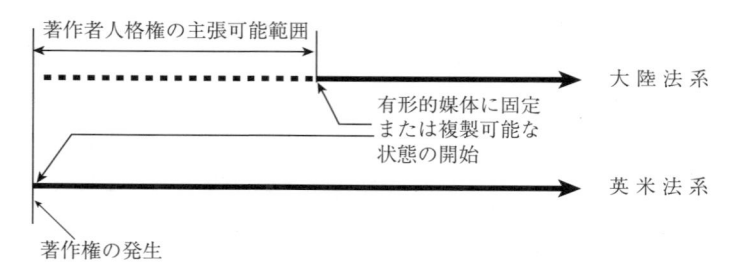

図 7.1 著作者人格権の適用範囲

たとえば実演家が表象する対象は，著作者人格権と著作隣接権者とを架橋する。ここにおいて，著作物の表象プロセスにおいて，図 7.2 で示すように，著作隣接権は著作者人格権と発生の範囲を共通にし関連づけられるものとなろう。著作物編集権は，著作物の利用によりなる権利である。ここに，著作物の出版（またはディジタル著作物の電子出版）は，著作権法における設定出版権（著作権法 79 条）では適切ではない。したがって，著作物編集権は，著作物の利用の許諾（同法 63 条）の存在が前提になり，この要件のもとに著作隣接権の実体的な権利の性質を有するものとなる。

第7章 情報財の利用に関する社会経済システム　　179

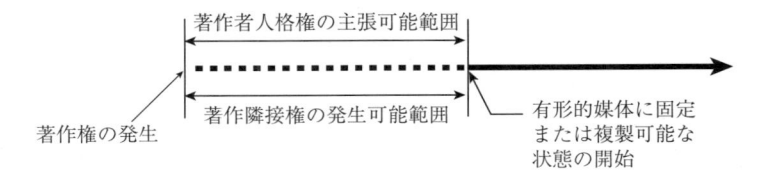

```
         ┌─────著作者人格権の主張可能範囲─────┐
         ・・・・・・・・・・・・・・・・・・・・・・・・・→
         └───著作隣接権の発生可能範囲───┘
著作権の発生                              有形的媒体に固定
                                         または複製可能な
                                         状態の開始
```

図 7.2 著作者人格権と著作隣接権との相互関係

7.2.2 著作物編集権の対象：コンテンツの電子的な版面

　著作物の伝達が印刷出版物を媒体し，ディジタル著作物の伝達は電子出版物を媒体とする。その伝達される対象は，それぞれ印刷メディアの印刷情報および電子メディアの電子情報で表記される。そして，印刷情報と電子情報は，出版物の版面形態およびそれを擬制した電子的な版面形態をもつコンテンツである。

　本書で前提にしてきたことは，著作物と出版物はそれらの流通・利用において違うものであり，著作物の複製がアナログからディジタルへ変化したときに，著作物の利用と出版物の利用は区別しなければならない点にある。そして，その区別は出版物の版面に現れており，それはディスプレイ表示されるときの電子的な版面になる。

　出版物の版面に対しては，それ自体がコピーされるのでなければ，著作物編集権は著作権と一体化する。他方，出版物のディジタル化またはディジタル著作物の電子的な版面に対して著作物編集権は著作権と分離して独立の関係をもつことになる。この電子的な版面がコンテンツの利用にあたっての最小の基本単位になる。ここに，著作物編集権の対象はコンテンツの電子的な版面にあり，それが学術出版の社会的機能を果たす出版者が所有し保護されるべき対象になる。そして，その出版者は，コンテンツの電子的な版面に対する複製，送信，譲渡に関する権利を所有することになる。

7.2.3 コンテンツの経済的な利用を円滑にする社会経済システム

　著作物のディジタル化・ネットワーク化は，研究成果の発表としての著作物の提供と入手の種々のパターンを情報世界において混在させる。ここで，研究成果の発表としての著作物の提供と入手は，次のようにモデル化できよう。

　まず，学協会における研究会の学術的な講演内容の聴講が考えられる。著作物の提供を受けるためには，その研究会への参加が無料のときもあるが，参加費または資料集の購入費を支払うことが必要になる。そして，学術的な講演内容は，学協会誌の形で学協会会員だけでなく学協会会員以外にも提供される。それを入手するためには，学協会会員は年会費によって，学協会会員以外の者は学協会誌の購入料を支払うことになる。また，それらと並行して，学協会誌は，公共図書館によって無料で閲覧することができる。さらに，そのハードコピーの入手は，一定の制限のもとに複製できる。

　たとえば国立国会図書館における印刷出版物のコピーについては，著作権のある印刷物（書籍・ジャーナル）の資料については，原則，一論文ならば全文（ただし，論文集の場合は単行本と同様に個々の論文の半分まで），単行本なら本文の半分まで（即日複写は80頁/回を限度に5回/日），その枚数に比例したコピー代金（たとえばA4・B4判24円/枚。それに消費税が付加される）をJRCCとは何ら関連のない一民間企業（東京都板橋福祉工場国立国会図書館複写権センター，富士ゼロックスシステムサービス（株）国会図書館SC）に支払うことにより可能になる（ただし，現在は国立国会図書館複写受託センターとなっているが，本質的な違いはない）。また，国立国会図書館における電子出版物のコピーについては，CD-ROM 1枚についてA4判20枚/日に制限され，本文で75円/枚，雑誌記事索引で60円/枚に消費税が付加される。ただし，ジャーナルについては，最新のものはコピーできない。さらに，極端な例としては，横浜市立図書館では，図書館内にコイン式の複写機器の設置により，利用者が私的使用のもとに直接コピーする

ことができるものまである。公共図書館における蔵書のコピーの実態は，著作権の適用除外による図書館等における複製と私的使用のための複製との境界，さらにそれらと営利を目的にする複製との境界を判然としないままに行われているといわざるをえない。この状況は，電子出版物のコピーにおいてもあてはまる。

著作物が出版物で提供される比重が大きい現実世界において，出版物の購入と公共図書館での閲覧という著作物の入手にかかわる二律背反的な見方から，著作物のディジタル化・ネットワーク化は多様な入手を一元化する。そして，著作物のディジタル化・ネットワーク化が出版物の提供と入手に与えた影響は，コンテンツを電子的な版面を一単位として情報世界でリンクさせて多様な提供と入手を可能にすることである。このとき，ハードコピーの入手にかかる現在のシステムは，著作権の制限規定に基づいて行われるにしても，その運用に合理性を見いだすことは困難になっている。逆説的には，このような制約されたコピーでは利便性にも欠け，その運用には限界がある。ここに，このような環境にあるコンテンツの利用に適合したシステムの構築が必要となる。

（1） 著作物編集権者の公示システム

学協会誌の論文は，学協会がその著作者と著作権の譲渡契約によって所有することを明記し，Ⓒ表示されている。前にも指摘したように，Ⓒの表示自体は著作権法上の法的な意味は少ないものの，学協会に掲載される論文を利用する者にとって，それは複製権者の公示機能をもっている。

論文投稿において，投稿者の著作物の投稿先団体への権利帰属は，著作権，設定出版権，版権が混同して用いられている。ここに，一つの限定された規則性を見いだせば，著作権，設定出版権，版権の実際的な意味は，出版物に対する著作権の支分権のうち複製権（著作権法 21 条）を意味するものとして統合できよう。

著作物を利用するときに重要なことは，権利が誰に帰属しているかを確実

かつ容易に認識できることである．それは，コンテンツの電子的な版面の利用においても同様である．すなわち，複製権者の公示が要請されてくる．ここに，©に明記される権利者は，著作者名，出版者や映画制作者の企業名，放送業者のロゴ，ディストリビュータの商号が表記されることがあっても差し支えない．コンテンツをグローバルな情報ネットワークにのせて送信させていくために，複製権と©表示は，複製に関わる国際的な複製権者の公示のプロトコルといえる．コンテンツの流通・利用にあたっては，その権利者の特定が重要である．その特定は，複製権者，すなわちコンテンツの著作物編集権者の公示システムによるものとする．

　ここで考察した複製権者の公示は，著作物の出版またはディジタル著作物の電子出版を起点にする権利であることからいえば，著作者を厳密に特定することを回避するものである．しかも，著作物の権利関係に戻らずに，コンテンツの電子的な版面に関する権利関係を前提にするものである．コンテンツの電子的な版面の真正性が著作権の保護の客体としての著作物自身と原則的に同一であり，かつ出版物の版面が由来するソース（著作者，出版者・学協会）も原則的に同一であることが条件になる．図7.3に示すような著作物編集権に基づく複製権者の公示は，フォールトトレラントな「一箇所ですべて間に合う店（one stop shop）」の一つの公示システムといえる．

（2） 電子的な版面の登録システム

　著作権保護の要件に有形的媒体へ固定されることが必要とされるとき，1988年アメリカ著作権法の改正前に規定していた意味において，出版物に複製権者表示を貼付し，出版物を公的機関に登録するという方式主義が適う（17 U.S.C.§401 (b)，408 (a)）．出版物の版面に関わる複製権者の公示がなされれば，当然，その登録が必要である．それは，著作物の有形的媒体への固定またはその擬制を要件とすることと整合性があり，コンテンツの電子的な版面のディジタル的な複製において，コンテンツの電子的な版面の登録は権利関係の法的安定性のために必要である．その登録は，次のようなシステ

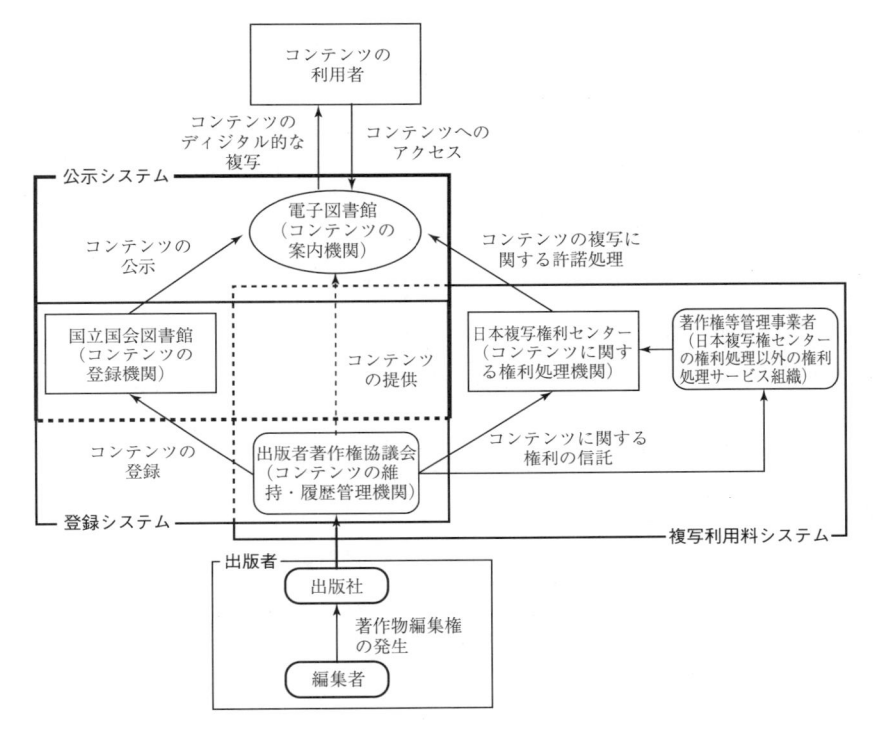

第7章　情報財の利用に関する社会経済システム　　　　　　　　　　183

図 7.3 コンテンツの経済的な利用を円滑にする社会経済システム

ムが考えられる。

　わが国では，出版物は国立国会図書館に納本される。国立国会図書館の機能が出版物（電子出版物）の納本制度にあることを考慮し，この納本制度の性格を明確にするために図 7.3 に示す登録システムが適切と考える。この登録システムは，出版物の版面のディジタル化，および電子出版物における電子的な版面を国立国会図書館に登録することにより構成される。つまり，この登録システムは，コンテンツの利用をめぐる紛争を処理するときに，保護対象を明確にする。

　また，JRCC は，複写利用者から複写使用料を徴収する。すなわち，出版者が，印刷出版物と同時にコンテンツの電子的な版面を国立国会図書館に納

本することが，実質的に著作物編集権者の公示と出版物の版面（および電子的な版面）の登録の機能を有するものになる。これが，出版者と公共図書館が協調できる電子図書館の利用システムの前提条件になる。そして，出版物の版面を通しての著作物の利用が JRCC と連動し機能すれば，商業出版社が当該センターに参加しうる設立の本来の目的に適うことになる。

(3) ディジタル的な複製に関する複写利用料システム

コンテンツの電子的な版面の登録が行われるとき，印刷システムによって組み立てられてきた出版に関わる慣行は，再考されなければならない。たとえば，印税方式の出版物（電子出版物）の発行という様式があげられる[5]。そのためには，図 7.3 に示すコンテンツの複写利用料システムが確立されなければならない。

ここで考慮しなければならないことは，公共利益と企業の利益追求とのバランスが要求されることである。コンテンツの形成・流通は，コストが 0 でなされるわけではない。それは，ディジタル著作物においても同様である。そして，そのコストは，利用者が直接支払わなくても，何らかの形で利用者に関わっている。たとえば公共図書館の維持管理は，国民や住民の税金によって賄われており，公共図書館の公共的な組織上の制約が緩和されていくとき，すべて無料である必要性はない。

この利用に関する態様は，放送と通信が融合化された性質をもつものに対しての利用料が一つの基準となろう。この基準は，定額料金（放送（有線放送でとられる定額制））と従量料金（通信でとられる従量制（距離，時間が要素））のバランスをとることにある[6]。また，情報通信システムの料金体系

---

[5] 学術出版物において，著作者に初刷部数を印税保証部数として定価の 10 ％が乗ぜられた印税として支払われることは減少している。たとえば，印税率が下げられ，また初刷部数については印税 0%とするものがある。なお，印税 10%は，著作物の出版の試行錯誤のうえに条件のばらつきを調整していった経緯を有する。

[6] 岡井元「マルチメディア社会への展望―制度的・文化的あいろの克服に向けて」情報通信学会誌，Vol.12，No.4（1995 年）21〜22 頁。

は，建設コストの積み上げと同様な手順により計算される[7]。それらを考慮したコンテンツの複写利用料は，伝送料と情報料の区分による適正な利用契約の検討が必要となる。適正な利用契約を考えていくとき，1）アクセスの頻度，2）アクセスされる対象の評価，3）アクセスの頻度＋アクセスされる対象の評価という三つの基準が考えられる。ここで，その複写利用料の基準は，次の対応づけが適切である。

　JRCCは，日本複写権センター委託出版物（一般扱い表示 Ⓡ と特別扱い表示 Ⓡ [8]）の包括許諾契約により，複写利用者から複写使用料を徴収することになっていた[9]。この委託出版物・特別扱いと委託出版物・一般扱いの関係は，著作物編集権の許諾権および報酬請求権のそれぞれの期間に対応づけることが考えられる[10]。ここで提言する権利の性質の転換点は，著作権の保護

---

[7] 多賀谷一照「マルチメディア・ネットワークとNTTの役割」ジュリスト，No.1099（1996年）9頁。

[8] 複写利用規程4条（2）エ（現在，このJRCCの委託出版物・特別扱いの規定は複写利用規程から削除されており実効性はない）。なお，著作権法学会の機関誌である『著作権研究（*Copyright Law Journal*）』は，特別扱い表示になっていた。

[9] 現実には，一般扱いが主として履行されており，特別扱いは機能していなかった。そして，2000年12月26日に開催されたJRCCの理事会は，「特別委託出版物を今後も同センターの業務とすること」に対し10対6の反対多数で否決している。そこで，特別委託出版物に対する複写利用料を複写利用者から徴収して出版者に配分することを事業目的にするための組織（（株）日本著作出版権管理システム（Japan Copyright Licensing System Co., Ltd., JCLS））が2001年1月25日に設立され，著作権等管理事業を行う者として2002年4月16日に文化庁長官の登録を受けた。同社は，出版社から複写にかかる権利を預かり，出版社が出版物ごとに独自に定めた複写使用料と許可条件で利用者に許諾を与え，利用者から徴収した使用料を出版社に還元することを業務とする。なお，学術著作権協会は，（株）学術著作権処理システム（Academic Copyright Clearance System Co., ACCS）を2001年12月21日に設立し，2003年6月23日に有限責任中間法人，学術著作権協会が著作権等管理事業を行う者として，文化庁長官の登録を受けている。ただし，出版者団体のみが容認する組織が設立されたとしても，出版物に対する出版者の位置づけが明確でないままの状態にあれば，JRCCの設立前の状況に戻してしまうことになりかねない。また，JCLSとACCSとは，それぞれの委託者の権利構造が異なる点に留意しなければならない。

[10] 一般扱いの2円／頁／部は，出版物の定価についていえば，ほぼ文庫本の1頁単価にあたる。この利用料は，出版の経済性と公共性との均衡の指標になる。ただし，わが国の複写使用料は，諸外国，とくにアメリカのCCC（Copyright Clearance Center）と比較して1桁以上の開きがある。したがって，諸外国の複写権処理機構との契約が締結されておらず，国際的な複

期間が50年であるとき，著作物編集権の許諾権を発生から3年まで，報酬請求権を4年以降50年までとするものである[11]。

7.3 ディジタル情報社会における出版の経済性と公共性との新たな均衡

マルチメディアやインターネットに関する著作権問題の議論において，印刷メディアにおいて了解されていた相互関係の根拠が明確でなくなってくる。著作物の私的使用（著作権法30条1項）およびフェアユース（17 U.S.C.§107 (1), (2), (3), (4)）[12]の延長で，公共図書館におけるアクセス・サービスにそのまま適用できるとすることは不適切である。なぜならば，今までに論考してきたように，著作物のコピーの対象は出版物の版面であり，この出版物は出版の経済性により成り立つものであり，その視点から公共的な利用との調整が必要であると考えるからである。これが出版者と公共図書館がともに読者や利用者に提供するサービスの方法を再定義する必要があるとするゆえんになり[13]，この課題解決によって出版の経済性と公共性の新しい均衡がはかられよう。

7.3.1 現実世界と情報世界との相補性

著作物は，版面形態の書籍またはジャーナルによって有形的媒体に固定される。その有体物の出版物は，まず著作物の経済的価値を派生させる。他方，それら版面で表象された出版物が国立国会図書館に納本されて，著作者と社会との共有物とみなされると，出版物の版面が電子的に利用できるシス

写使用料回収の有効なシステムが機能する状況には至っていない。ただし，JRCCとは別に，学術著作権協会がCCCと契約を締結し，複写サービスを行っている。

[11] この基準は，たとえば出版物の再販制度と出版権の要件を考慮して，値幅再販（消費税相当の5%），時限再販3年と方向づけを想定したときのシミュレーションによっている。

[12] フェアユースの法理は，条文の機械的な解釈から導出されたものではなく，エクイティによって形成された法概念であり，私的使用の自由とは解釈上に差異がある。

[13] IPCC "Position Statement on Libraries Copyright and Electronic Environment"（April 1996）.

テムが指向されることになる。その効果的な利用システムこそが，電子図書館構想および電子出版物の納本制度が想定するものであろう。出版物の読者（ユーザー）の視点において，出版者の役割と公共図書館の役割との違いは，国立国会図書館に納本された蔵書がディジタル化されて情報ネットワークを介して提供されるとき，あいまいになる。

　このような関係を説明するには，次のような見方が必要である。社会的選択（social choice）の理論によれば，民主主義的な社会において，各個人の価値を集計して社会的価値を求める準則（rule）が論理的な斉合性を満たすときには，個人の価値判断が主観的な価値観の支配・何らかの偏見に基づいて決定されるような性質を有しており，合理的な手続きによる社会的選択の準則は存在しえないというパラドクスが形式論理的な手法によって示されている[14]。すなわち，両極の中間に解を求めていくのとは異なる手順を要する。

　ディジタル情報社会が議論されるとき，知的財産権や電子商取引（electric commerce，EC）の経済的な効果のみに関心が向けられる。たとえばコピーマートは，そのような視点からとらえている。これは，著作物の性質の一つの側面に対するものにすぎない。このような電子的著作権管理システムに欠けているのは，著作物の構造から導かれる公共的な評価が加えられていないことである。その評価とは，情報共有という面である。この条件が満たされたシステムは，たとえば現実と超現実の双方向からの投影からの法システムと適合しよう[15]。それは，現実世界と情報世界におけるそれぞれの価値が相補的な関係にあることである。このような関係は，次のような見解と連動する。

　一般に，物やサービスの利用料の関係は，利用者が提供者に対し直接に支払うべきものである。電子情報についても，同様な見方ができよう。他方で，

---

[14]　Arrow, Kenneth Joseph, *Social Choice and Individual Values*（Yale University Press, London, 2nd ed., 1963）．（長名寛明訳『社会的選択と個人的評価』日本経済新聞社，1977 年，41〜43 頁，163〜190 頁）

[15]　More, Thomas, *Utopia*（1516）（平井正穂訳『ユートピア』岩波書店，1957 年，59 頁，61〜62 頁，89 頁，139 頁，159 頁，181〜182 頁）を参照。

電子メディアの本来性が発揮されれば，そのオリジナリティの所属があいまいとなり，知的財産権や情報の「値段」が消滅していく対象であるとの見解がある[16]。また，電子情報の利用料を必ずしもエンドユーザーである利用者が直接に支払う必要のないものとする見解もある[17]。それらの見方には，ディジタル情報技術の影響による出版の経済性と公共性との新たな均衡をはかる方向性が見いだせる。

7.3.2 情報共有財の蓄積

著作物の出版にあたっては，他の著作物（出版物）からの引用・転載・掲載に関しての慣行がある。理工系の学協会においては，著作者自身が自分の論文を他に引用するときでさえ，学協会に許諾を得て出典を明記することを求めている。これは，学協会誌から転載する場合，著作権に関する一括処理が簡便にできるといった利点があげられている。学協会の一致した見解として，この許諾処理は，無断転載という著作権侵害に対する予防効果をあげる。そして，引用・転載・掲載を伴う著作物の出版に関して，一定の対価を要するものと許諾許可の省略を含め原則無料に分かれる[18]。ここで，公表された著作物または発行された出版物の部分的な利用形態である引用・転載・掲載のそれぞれの意味が明確にされなければならない。

(1) 公表された著作物は，「公正な慣行に合致する」ものであって，「目的上

---

[16] 黒崎政男「電子メディア時代の「著者」」竹内郁雄著，養老孟司・中村桂子他対談『新科学対話』アスキー出版社，1997年，213～216頁。

[17] 下條信輔「コマーシャルとコンテンツ—情報化新時代の複合化問題」bit，Vol.29，No.7，共立出版，1997年，3頁。

[18] わが国においては相互に儀礼的な手続きに近い。それに対して，対アメリカ・EUに対しては，とくに図・表の引用転載に対し，使用料を支払うケースがある。Scientific Americanでは，1図当たり$50または$75といったような，オリジナルに対する対価が要求される。また，John Wiley & Sonsとの間において，1990年の時点では同一書籍15図以内，300ワード以内であればクレジットラインと再トレースを条件に，転載許可なしで引用することができた。しかし，1991年以降，その条件は解除されている。なお，1996年10月のSTM総会において，紙の媒体に限定しているものの，STM会員間における許諾指針に関する最終案が採択され，引用を原則無料とし，許諾許可の省略を決めている。

第7章 情報財の利用に関する社会経済システム

正当な範囲内」で行われていれば，著作者（著作権者）の許諾を得ることなく，引用して利用できる（著作権法32条1項）。ただし，出所が合理的と認められる方法および程度により明示されていなければならない（同法48条）。引用するときの注意事項として，1）他人の著作物を引用する必然性，2）自分の著作物と引用部分との区別（カギ括弧をつけるなど），3）自分の著作物と引用する著作物との主従関係の明確化（自分の著作物を主体とする），4）出所の明示があげられている[19]。ここで，引用部分を抽出することに創作性があるとしても，その引用部分自体には何らの創作性もないことは自明である。引用部分を従属的に引用する者が創作性のあるものを付加しないかぎり，全体的な著作物性は否定される。

(2) 公共機関が一般に周知させることを目的にした著作物は，刊行物に転載することができる（著作権法32条2項）。すなわち，転載を禁止する旨の表示がある場合を除き，著作者および出版者は，公共機関に転載の許可を得て，公共機関が作成した著作物を出版物に転載することになる[20]。ここでは，著作者が研究の目的で学協会に論文を発表するときは，文書の複製は許されようが，当該物を出版物として商用出版社で発行するときは，文書の複製に対して障壁があろう。このように，著作権の制限規定は営利を目的とするものには適用されず（同法35条，38条，46条4号），または通常の使用料に相当する額等の補償金（同法33条2項，34条2項，36条2項）を支払わなければならない。したがって，転載は，第三者が，商用出版社によって出版物の発行を目的

---

[19] 最判昭55.3.28民集34巻3号［277頁］，［287～288頁］を参照。

[20] 国土地理院の行う基本測量の測量成果または測量記録の謄本または抄本は，一定の手続きにより（測量法28条1項），そして一定額の手数料を納めることによって交付される（同法同条2項）。ただし，基本測量の測量成果のうち，地図その他の図表，成果表，写真または成果を記録した文書を複製しようとする者は，国土地理院の長の承認を得なければならない（同法29条前段）。そして，複製しようとする者が，それらの成果をそのまま複製して，もっぱら営利の目的で販売する者であると認めるに十分な理由があるときには，国土地理院の長は測量成果の複製を承認してはならない（同法29条後段）。

として，地図その他の図表，成果表，写真あるいは成果を記録した文書をそのまま複製[21]することはできない[22]。

(3) 公表された著作物は，学校教育の目的上必要と認められる限度において，検定教科書または文部科学省が著作権者であるものに掲載することができる（著作権法33条1項）。ここには，掲載料に関しての基準がある。

公表された著作物の利用形態である引用，転載，掲載は，その列挙順に許容される複製の条件が厳格になっている。掲載は複製する対象をそっくりそのまま利用する度合いが相対的に高く，その複製の条件は限定される。引用・転載・掲載という複製は，論文の執筆においても妥当する。ここに，論文の執筆においては他人の著作物の引用・転載・掲載が認められても，著作者がそれを出版物として商用出版社によって発行するとき，直接，その引用・転載・掲載が著作権の適用除外の許容範囲にあることにはならない。著作権の制限規定は営利の目的でない私的な複製に限定され適用されるものであり，考えうるあらゆる複製技術を用いた著作物の複製は原則として著作権侵害にあたる。その相互関係の複雑化の要因は，著作物が形成されるプロセスで引用・転載・掲載される対象が共有（tenancy in common）とみなせることによろう。しかも，その共有の形態は，各権利者が現実的に線引きして占有できるものではなく，仮想的にしか分けられない合有（joint tenancy）に近いものといえる。そのとき，それは，一人の人間にとって占有しえない。

---

[21] わが国の出版物については，複製を禁止する表示を出版物の扉裏に載せているが，複製方法について例示するものは少ない。実際，現行著作権法には，複製方法についての例示がない。しかし，外国の出版物には，電気的，機械的，写真複写，録音，またはその他（electronic, mechanical, photocopying, recording, or otherwise）という複製方法についての例示がある。わが国においても，旧著作権法（明32法39）では，複製方法について，著作権の制限規定に，器械的方法または化学的方法，機械的方法の記述がある（旧著作権法30条）。現行著作権法において，複製方法の例示がないのは，旧著作権法に例示される複製方法を前提として，あえて明示する必要性がないとしたことによる。

[22] 東京地判平10.2.20判時1643号176頁。本判決では，著作物の引用転載と著作物の営利目的とを峻別する。

第 7 章　情報財の利用に関する社会経済システム

このように，著作物は，オリジナルな創作だけによって形成されるものではなく，他人の著作物の引用・転載・転載がなければ成り立たない。しかも，創作性のないデータが，広義の知的財産制度に組み込まれることによって，かえって自由に利用できなくなることさえ想定しうる。すなわち，著作物は，先人の業績に著作者（創作者）（author）の精神的な創作が付加されていく性質をもつ。そして，著作物のディジタル化・ネットワーク化は，先人と著作者との共有を鮮明にする。これをさらに発展させて理論的な説明を加える見解がある。すなわち，先人の業績は時の経過とともに社会一般に帰属すべきものであり，その意味から著作者と社会との共有とみることができるとし，このとき著作権利用料の対価の一部は公共目的に使用することも背理とはいえなくなるとする[23]。

実際，その見解は，著作権法システムの中ですでに現実化している。たとえば私的録音録画補償金制度において，私的録音録画補償金（著作権法 104 条の 2）の一部は，権利者の意思に関わりなく文化的な事業に使用することになっている[24]。この類似の関係は，録音録画機器による著作物（映画放映）の複製が許容されるか否かのケースに関して，フェアユースと copyright との対立関係に対し，利用者が著作物（映画放映）を 録音録画して time-sift によって観賞するという公共性の観点から判決が下された点に見られる[25]。また，その関係は，JRCC で徴収されている複写使用料のうち，出版者団体に配分されるうちの半分の額（著作権者の範囲内）が学術出版物の出版補助として学協会に配分されることが計画されていることに見られる。なお，それ

---

[23]　中山信弘「情報と財産権―討論の概要と感想」ジュリスト，No.1043（1994 年）88 頁。

[24]　この補償金制度は，私的使用のための複製において，家庭用のディジタル録音器，録画器に補償金を課すものである（著作権法 30 条 2 項）。この制度は，著作権法という私法に税法的な公法の要素が加味した制度といえる。ただし，そこで特定する機器および記録媒体は，ディジタル方式に限定される（著作権法施行令 1 条，1 条の 2）。しかし，ディジタル方式とは，アナログ／ディジタル変換によるものであり，そこには必然的にアナログ方式の複製を伴っており，著作物の複製の本来の意味からいえば，録画録音機器および記録媒体をディジタル方式に限定する必要性はない。

[25]　Sony Corp. of America v. Universal City Studios, Inc., 464 U.S.417（1984）.

らのシステムは，法政策的なものであり，著作権の法理に適合するものとはいえないものの，著作者の権利を保護するための現実的な解決を与えよう。

真に基礎的なアイディアには，本当の所有権（ownership）（商業的利益の独占権を何らかの期間にわたり与えること）はありえず，そのアイディアを社会のために利するための信託管理（stewardship）のみがあるとし，また，ある図書館に世界的に価値のある書物がある場合にも，アイディアの場合と同様な関係が見いださせる[26]。これは，コンピュータサイエンティストらがコンピュータ・プログラムに対してとったスタンスと同じである。ここに，国立国会図書館に蓄積されていく出版物は，情報共有財として，広く利用される環境整備が求められよう。ディジタル情報技術は，インタラクティブ性のある情報共有財を，利用者が自由にアクセスする社会経済システムの構築に適う。また，出版者の情報共有財への寄与は著作物（ディジタル著作物）の出版（電子出版）を通して形成されていくコンテンツの統合化にある。そして，電子図書館の意義は，現実世界において物理的に分散して存在しているある著作者による著作物を，各出版者のコンテンツをリンクし情報世界において一つの情報共有財として統合化することにある。このとき，電子図書館が案内するコンテンツの電子的な版面は，情報ネットワークを循環するコーパスになる。

7.3.3　情報の経済性と公共性との均衡

20世紀初頭までの科学者・思想家の著書ばかりでなく，紀元前の哲学者などの言い伝えたとされる著作が，文庫本で提供されている。それらオリジナルに与えられる著作権は，保護期間の過ぎたものであり，当然，公有となっている。

すでに公有となっている原典（オトグラフ）は，フリーソフトウェアと同様な利用がなされるべき対象である。ところが，その原典の翻訳は，各時代

---

[26] Wiener, Norbert, *Invention : The Care and Feeding of Ideas*（MIT Press, 1993）pp.151-152.（鎮目恭夫訳『発明―アイディアをいかに育てるか』みすず書房，1994年，187〜188頁）

の社会環境の変化とともに，別の角度から再解釈され新たな出版物として発行される。したがって，原典の翻訳は，今後も，種々の翻訳者によってなされ，それらはその翻訳に限り著作権が順次発生していく。このような原典の翻訳を含めた対象は，原典が公有になっていることで，すべて自由に利用できることにはならないという関係をもつ。そのような私有と共有との均衡は，次のようにとらえることが考えられる。出版物は一定の増刷部数が見込めなければ印刷せず，定期的な品切れ状態を起こすことになる。公有とされている情報共有財を見たいときに見られる状況にするのが，情報共有財としての著作物のディジタル化・ネットワーク化の意味であり，そこに出版の文化的な意義を見いだすことができる。このようなケースと同様なものとして，博物館・美術館にある古文書の複製物の出版があろう。

　このように，著作物の経済性と公共性は，著作物の出版において，出版の経済性と公共性との均衡によって現実に反映させられたものとなる。この均衡は，権利保護と自由なアクセスとの優先度の決定，または法理の異なる制度の一方の選択によって与えることはできない。すなわち，ある人には権利の保護の対象に見えるものが，他の人には自由にアクセスし利用するための対象になる。それは，出版物にも引き継がれるものであり，著作権の法目的の文化的所産の公正な利用の面も留意しなければならないことと整合する。たとえば有体物である土地の私的な占取関係に見られる公有地と私有地との相互関係には，土地の共同占取と労働要具の私的占取というものに固有の二元性がある[27]。そのような関係の中で，権利濫用の意識は，所有権の私的性質の独立化の矛盾の現象型態，その所産にほかならず，権利濫用の法理の性質は，所有権の私的性質と社会的性質との対抗・矛盾関係を現実化し拡大する[28]。そのような関係の制度的な対応は，共有財がたとえ部分的に私有財を内包して構成されているとしても，合理的に利用できる権利関係が指向されるものになると考える。

---

[27]　大塚久雄『共同体の基礎理論』岩波書店，2000年，37～38頁。
[28]　川島武宜『所有権法の理論』岩波書店，新版，1987年，34頁。

ところで，CCC と契約をしていた企業の研究者が，個人用ファイルをもつために，特定ジャーナルより数編コピーしていたという事実関係に対し，フェアユースの法理が適用されず，CCC を利用するようにとの判決が下されている[29]。先例では，このような事実関係に対しては，フェアユースが認められていた[30]。ただし，先例の時点では，CCC は設立されていない。ここで，強調すべき点は，コピー利用に対する徴収システムが機能する環境においては，コピーをとってよいか否かという尺度とは異なった面からの評価が加えられたことにある。

ディジタル情報社会における著作物は，ビジネスとの関係でとらえられることが多い。ディジタル著作物も，同様な関係になる。出版物は，著作物の伝達を通して一つの産業を成立させてきた商品である。しかし，著作物の形成が他人の著作物の合理的な利用・使用によりなる。アメリカ連邦著作権法の規定は，アメリカ連邦議会に，単に著作権法を制定する権限を与えただけではなく，知識と学問の進歩を昂進するという社会的価値の実現に従って著作権法を制定するとの権限を与えることによっている。わが国の著作権法の理念も，同様に解される。このとき，ディジタル情報社会においても，出版の経済性と公共性の均衡は，出版産業と出版文化との調和によって最も効果的に実現可能になる。

7.4 ディジタル情報社会における出版産業と出版文化との調和：広義の学術出版の社会的機能

コンテンツのディジタル情報社会における公共的な利用を考察するとき，

---

[29] American Geophysical Union v. Texaco Inc., 802 F. Supp.1 （S.D.N.Y. 1992）．本ケースは，テキサコの研究者（たまたまサンプリングされた者）が，個人用ファイルのために，特定ジャーナルより数編コピーしていたという事実関係に対し，フェアユースの法理をとらなかったケースであり，テキサコは CCC と契約をしていたにもかかわらず，CCC を利用するように勧告されている。

[30] Williams & Wilkins Company v. United States, 487 F. 2d 1345 （1973）．

著作権の制限規定（著作権法31条，35条）の拡大解釈の面から著作物の公共的な利用がとらえられる傾向にある[31]。学術出版物の公共的な利用は，著作権の制限規定に基づいた運用規定を設けることにより行われている。しかし，コンテンツの情報ネットワーク環境における公共的な利用が著作権の制限規定をさらに推し進めることによって処理できるとする方向性には限界があり，法理の整合性からいっても不適切な対応といわざるをえない。ここに，コンテンツの公共的な利用は，出版者と利用者との間に合理的な相互関係を創造し調整することに実効性があると考える。

　企業組織の目的は経済性の追求にある。ただし，その企業組織を維持していくために，公共性とのバランスが求められる。出版者が果たす学術出版においても同様な見方ができるが，その構図は他の産業の企業組織とは異なる対応が必要である。コンテンツが営利を追求する情報財であっても，そのコンテンツが著作物の複製によって成り立つ限り，著作物の形成から特徴づけられる経済性と公共性とのバランスをとることが求められる。出版がその経済性と公共性の均衡で維持している関係は，著作物の性質から導き出されるものである。したがって，コンテンツは，経済的な視点だけでなく，公共的な視点からも評価されるものである。

7.4.1　コンテンツの公共的な利用における出版者と利用者との相互関係[32]

　国立国会図書館に納められている出版物の多くは，初版のままのものを所蔵している。ところが，発行された出版物は，たえずその維持管理が出版物の版面に対してなされている。たとえば増刷りされる書籍は，そのたびに誤植・修正が加えられることがあるし，少なくとも修正されるべき箇所を特定

---

[31] 著作権の制限規定の拡張解釈は，文化審議会著作権分科会情報小委員会の「図書館等における著作物等の利用に関するワーキング・グループ」および「著作物等の教育目的の利用に関するワーキング・グループ」でそれぞれ検討されている中に見られる。

[32] この予備的な論考として，児玉晴男「著作物のディジタル化・ネットワーク化に伴う著作権法の課題—情報サービス提供者としての出版者の権利と義務」『紋谷教授還暦記念論文集 知的財産権法の現代的課題』発明協会，1998年3月，529〜547頁を参照。

しうる。ジャーナルにおいても，たとえ同一の形態で増刷りされることがなくても，特集のテーマで再編集されて再発行される。このとき，初版の誤植・修正が加えられる。このように，印刷出版物であっても，発行された後，発行時の状態のままにあるのではない。また，印刷出版物の版面に直接に反映されるものではないが，出版物は履歴管理がなされている。しかし，出版物の納本制度において，発行者（出版者）は初版以外の納本を義務づけられるものではない。これは，電子出版物の納本においても同様である。

また，絶版や品切れによる出版物は，発行される予定もなく，出版社に埋もれた状態にある。当然，JRCCに登録されている出版物は，絶版や品切れのものを除外してなされている。しかし，この状態は，出版者が果たさなければならない著作物の頒布を目的にした出版物の発行を懈怠するものである。現行著作権法においては，絶版になった出版物に関しての権利は，設定出版権が消滅すれば，出版権者である出版者においても著作物を複製をする何らの権利も残っておらず，このとき出版物に対しても著作権法上の何らの権利も存在しないことになる。ところが，電子図書館でアクセスするコンテンツは，訂正が絶えず加えられて動的な形態をもたせることができる。したがって，絶版・品切れの状態にある出版物が文化的所産として利用の価値があるものならば，それをディジタル化し電子図書館においてコンテンツの電子的な版面として整備することは出版者において法的な意味からいって重要になる。その前提のもとに，ディジタル情報社会におけるコンテンツの公共的な利用を円滑にするための出版者と利用者との相互関係が見いだされる必要がある。

（1） 電子的な版面の複製に関する要素：ディスプレイ複製権

コンテンツの公共的な利用は，出版者と利用者との利害が顕在化するものであり，出版物のコピー問題を解決するための対応の延長上にある。この課題解決にあたって，次のような観点が考えられる。複数間の経済活動において利害のすれ違いなどが生じるとき，すなわち外部不経済において，両者の

権利義務関係を制度的に定めていなくとも，利害の調整（資源配分）が最終的には全体として最適な状態になる[33]。これは，当事者に選択の自由を許可する限り，彼らは自発的にその財産権を最も高くする法規を選択することになる[34]。この視点に立ったとき，コンテンツの公共的な利用を円滑にするためには，人類共通の財産である著作物を著作者から利用者へつなぐ合理的な関係が構築されることが必要である。コンテンツが情報ネットワークを介して利用されるとき，まずコンテンツに対する出版者の権利と義務の相互関係が明らかにされる必要がある。

（a）　コンテンツに関する出版者の権利

　財産権を創り出せるところはどこでも法システムが金銭的価値（monetary worth）を生み出していくプロセスに関わっており，著作者にとっての経済的価値（economic value）は著作権法によって生み出される[35]。他方，著作物の経済的価値は，だれでも自由にコピーできる状況では，最小限の金銭的価値しかもたないことになる。ここに，ディジタル情報社会における出版者の権利は，ディスプレイ画面に表現（rendering）されるコンテンツに対するネットワークアクセスとディジタル的な複製に関する権利（以下，ディスプレイ複製権とよぶことにする）に位置づけられると考える。その権利の性質は，著作物編集権の支分権としての複製権に対応する。

　また，アクセスされるコンテンツの電子的な版面は，当然に維持管理されなければならない。それを維持管理する者は，まず出版者が想定できる。その責任のよりどころが，ディプレイ複製権になる。そのとき，出版者が著作権法上の権利を有しえない，優れた内容でありながら絶版とした出版物や，

---

[33]　Ramseyer, J. Mark『法と経済学—日本法の経済分析』弘文堂, 1989 年，158～159 頁。

[34]　Coase, Ronald H., *The Firm, the Market, and the Law*（University of Chicago Press, Chicago, 1988）pp.157-159, pp.163-170.（宮沢健一・後藤晃・藤垣芳文訳『企業・市場・法』東洋経済新報社，1992 年，179～181 頁，186～193 頁）

[35]　Stones, Cristopher D., "Should Trees Have Standing? : Toward Legal Rights for Natural Objects" 45 S. Cal. L. Rev.450（1972）p.476.

長期間品切れ状態においている出版物に対しても，コンテンツの電子的な版面にネットワークアクセスしディジタル的な複製が可能な状態にすれば，ディプレイ複製権が出版者に著作権の保護期間内において想定しうる。

ところで，著作物編集権の許諾権と報酬請求権とも一定の期限で分けられるとらえ方は，貸与権（著作権法26条の3）において見られる。貸与権は，著作者の保護期間については死後50年（著作権の保護期間は70年，そして100年に漸近している[36]）の許諾権を与えている。一方，著作隣接権者における貸与権は，1年の許諾権プラス49年の報酬請求権という構成をとっている。著作隣接権者の貸与権は，許諾権と報酬請求権が期間を限って性格を変える。したがって，ディジタル情報社会における出版者の権利としてのディスプレイ複製権は，そのような許諾権と報酬請求権の二面的な関係を有する。

それは，情報ネットワーク環境における著作物の化体した出版物の版面の利用・使用は，発行日から一定の期間を過ぎた出版物をその部分的な利用（版面単位）に合わせた複写利用料システムに連動させることである。すなわち，それは，コンテンツの電子的な版面のディジタル的な複製に関する権利を著作隣接権で，出版権との整合性を加味し，さらに許諾権プラス報酬請求権とすることを想定している。それがディスプレイ複製権であり，ここに，許諾権と報酬請求権の期間の転換点が著作物編集権と連動させた一定期間3年を条件とする。コンテンツの公共的な利用とコンテンツの経済的な利用とは，権利の運用の差異に置き換えられる。

---

[36] 「著作権及び特定の関連する権利の保護期間を調和させる1993年10月29日の理事会指令」(Council Directive of 29 October 1993 harmonizing the term of protection of copyright and certain related rights, 91/250/EEC) §1(1), (2), §2(2)。同指令前文(11)において，著作権の保護期間は，著作者の死後70年または著作物が適法に公衆に提供または提示されたときから70年の点において調和されるべきとする。同指令前文(5)は，その根拠として，ベルヌ条約に定める最低限の保護期間の50年が著作者とその子孫の最初の2世代に保護を与えることを意図しているとし，EUにおける平均寿命はより長くなっており，50年の期間は2世代を保護するには不十分とすることによっている。

第7章 情報財の利用に関する社会経済システム　　　　　　　　　199

(b)　コンテンツに関する出版者の義務

　ディジタル情報社会において，情報ネットワークを流れるコンテンツの信頼性の維持が重要である。たとえば，情報ネットワーク環境でのコンテンツの改ざんや名誉毀損が現実に問題となっている。情報通信倫理（information technology and ethics）[37]の課題は，情報世界と現実世界との接点でコンテンツを利用するうえで抱える問題である。情報通信倫理の必要性がいわれるのは，メディアの形態が口伝えであっても印刷メディアであってもその形態を問わず情報の伝達に伴って必ず生起する問題である。人間秩序の維持に反し，または他人の価値を害する場合には，それを抑止する必要があるとする方向づけに対し[38]，表現の自由の面から揺り戻しがある。

　ここで留意しなければならないことは，これまでの印刷メディアのコンテンツ（版面）が静態的な特質にあったものに対し，電子メディアのコンテンツ（電子的な版面）の特性は動態的である点である。たとえば電子掲示板の情報の表示の一部は，コンテンツのカットアンドペーストによりなっている。コンテンツの表示が時系列に全体表示されていれば，とくに問題となることはない。しかも，発信者は，たとえコード番号（ニックネーム）であっても，記名表示がなされていれば情報発信者の責任の所在も明確になっている。しかし，匿名により情報発信がなされたり，その会話内容の表示の一部が切り離されたりすることによって，それが一人歩きをし，なおかつ反復されていくプロセスをたどることによって，情報世界のコンテンツの形成に固

---

[37]　電子情報通信学会の倫理綱領は，1章 基本的方針，2章 社会的責任，3章 社会的信頼，4章 品質保証，5章 知的財産権，6章 ネットワークアクセス，7章 研究開発，8章 実施基準，9章 管理者基準，よりなっている。また，情報処理学会倫理綱領は，社会人として，専門家として，組織責任者としての行動規範の遵守を規定する（1996年5月20日施行）。

[38]　アメリカの1996年通信品位法（Communication Decency Act of 1996：1996年電気通信法のV編「わいせつおよび暴力」（V. Obscenity and Violence））による下品な画像に対する規制がある。また，1997年7月にドイツで成立した「情報通信サービスの基本条件の規制に関する法律」（通称，マルチメディア法）（Gesetz zur Regelung der Rahmenbedingungen für Informations-und Kommunikationsdienste（Informations-und Kommunikationsdienste-Gesetz-InKDG））には，人権侵害や名誉毀損などのトラブルが起きたときのテレサービス提供者の責任を明記するものがある。

有な問題が生じる。

　また，ディジタル情報技術の普及は，コンテンツ自体の信頼性を問題にする。たとえば偽写真づくりは，ディジタル写真合成によって，時間と技能をさほど必要としないでつくることができる。ディジタル画像（image）は，その与えられている内容が，事実であるか，虚構であるかの識別をあいまいとさせている。さらに，ポスターや映画で見られるように，実写にコンピュータグラフィックスを加味することによって，実と虚の合成によるプレゼンテーションがなされている。ここで問題とされることは，過去100年間，議論され認証された証拠写真の確実性を覆えし，画像に写っている以外のことからその真偽を判断しなければならなくしていくことである[39]。意見の画一化は，次の二つの要因から起きるという。すなわち，第一は情報の制限によって複雑な現象が一つの仮想現実へ投影されることであり，第二は，すでに選択された事項は重要なものという錯覚（思い込み）である[40]。印刷メディアと電子メディアは，ともに意見の画一化を促進していく構造をもっている。

　出版者は，このような情報の信頼性または健全性を維持することを出版物に対して果たしている。誤植や間違いの全くない書籍・ジャーナルは，現実には存在しない。出版者は，その修正を正誤表（errata）または増刷りが行われるときの版面の補正で対処している。ディジタル情報技術は，出版物に固定されてしまった内容をリアルタイムに修正でき，コンテンツの健全性を維持管理し履歴管理を含むシステムを実現させる。この波及効果は，大きい。たとえば国立国会図書館に納本された初刷の書籍・ジャーナルは補正が加えられることはないが，誤植・修正の訂正が判明したとき，出版者はコンテンツの電子的な版面に随時修正していくことができる。このとき，コンテンツは，過去の履歴（history）をも蓄えた複数の版（version）を入れ子（nesting）

---

[39] Mitchell, William J. "When Is Seeing Believing?" *Scientific American*（February 1994）pp.68-73.
[40] Haken, Hermann, *Erfolgsgeheimnisse der Natur : Synergetik, die Lehre vom Zusammenwirken*（Verlags-Anstalt GmbH, Stuttgart, 2.Aufl., 1981）．（高木隆司訳『自然の造形と社会の秩序』東海大学出版会，1985年，171～172頁）

として有する電子図書館の分散データベースのコーパスにあたるものになる。出版者は，コンテンツの健全性の維持管理および履歴管理に対して義務を果たすことによって，ディジタル情報社会において広義の学術出版の社会的機能を果たすことになる。

(2) 電子的な版面の公共的な利用に関する要素：情報利用権

文化[41]としての著作物からいえば，著作物は広く公開され，自由に利用されることが求められる。そのような利用に対する権利として，アクセス権とよばれるものがある。アクセス権の概念は，多様であり，私法的な意味においては，資本主義の発展にともなって強大化したマスメディアのもつ大量の情報の独占化・集中化に対抗する構造から発生してきたものとされている[42]。そして，マスメディアの性格は，聴衆の量的規模の大きさに重点を置くものではなく，すべての人々が同時にそれに関与し参加するという質的な密度の高さに重きがある[43]。一方，公法的な意味では，行政機関が保有する情報に対して，国民または住民が要求できるアクセス権がある。ここには，私的な世界と公的な世界とは，きわめて複雑な形で交じりあっている[44]。このように，アクセス権には多面性があるが，コンテンツの公共的な利用においては私法的な場での意味が相対的に重要である。その私法的な意味でのアクセス

---

[41] コンテンツの文化性は，次の二義性を受け入れたものとして理解している。文化には，ある一定の社会において審美的・知的評価の対象とされる作品と所作を指す一方，一つの共同体が世界との，他者との，自己自身との関係をどのように生き，考えているかを表現する「特別の価値のない」普通のプラチック（日常的実際行動）を意味する（Chartier, Roger, *l'Ordre des livres Lecteurs, auteurs, bibliothèques en Europe entre XIVe et XVIIIe siècle* (Editions Alinea, Aix-en-Provence, 1992)（長谷川輝夫訳『書物の秩序』筑摩書房，1996年，12頁））．

[42] Berrigan, Frances J. (ed.), *Access: Some Western Models of Community Media* (UNESCO, Paris, 1977).（鶴木眞監訳『アクセス論―その歴史的発生の背景』慶應義塾大学出版会，1991年，3～58頁）

[43] McLuhan, Marshall, *Understanding Media : Extentions of Man* (McGraw-Hill, New York, 1964).（後藤和彦・高儀進訳『人間拡張の原理―メディアの理解』竹内書店新社，1967年，453頁）

[44] Said, Edward W., *Representations of the Intellectual : The 1993 Reith Lectures* (1994).（大橋洋一訳『知識人とは何か』平凡社，1995年，34頁）

権は，情報ネットワーク環境において重要性が増している。ここで，アクセス権は情報の公開の理念を前提におくものであり，プライバシー保護のアンチテーゼをなしている。「知る権利」の反射概念として，情報の公開の概念がディスクロージャ，ディスカバリとして顕在化しているが，アクセス権はそれらのバックグラウンドをなす。

(a) コンテンツに対する利用者の権利

出版物の価格上昇はコピーを恒常化させ，コンピュータ・プログラムの高価格とバージョンアップの過度の繰り返しはダビングを促進させる。それらは，明らかに著作権（複製権）侵害であるが，このような権利侵害は，新たな著作物が文化的所産としての著作物の公共的な利用によって創作されるという観点からいえば，コンテンツの権利保護とその自由な利用との調和点が見いだされなければならない。

情報共有の概念は，情報ネットワーク環境における前提である。このような環境において，著作物の化体したコンテンツの公共的な利用を抑制するためだけに出版者の権利を解釈していくことは，情報ネットワーク環境における情報財の価値を高めるうえで，かえって消極的な対応策といえる。ここに，著作物の化体したコンテンツの公共的な利用の対処法が必要であり，このためには情報共有財の公共的な利用に対応した権利の創造があって認知されるものになろう。

この権利の性質は，次のような社会環境に連動する。エレクトロニクスやグローバルな情報ネットワークの進展は，自然環境を意識させる[45]。そして，情報財は，環境財の利用権とアナロジーがある[46]。この環境財の利用権は，一種の入会権[47]といえる。そして，ここでは，著作権法システムとは別に情

---

[45] たとえば McLuhan, Marshall, *The Gutenberg Galaxy : The Making of Typographic Man*（University of Toronto Press, Toronto, 1962）（森常治訳『グーテンベルグの銀河系―活字人間の形成』みすず書房，1986年，401～424頁）を参照。

[46] 公文俊平『情報文明論』NTT出版，1994年，133頁。

[47] 共有の性質を有する入会権は，各地方の慣習に従うほか，共有の規定が適用される（民法

報基本権について提案するものがあり，共有と区別された通有（share）が定義されている[48]。しかし，著作権は無体物であり，それは情報形態を含みうることからいえば，情報基本権の概念はかえって混乱を招く。

ここで想定するコンテンツへのアクセス権としての「コンテンツの電子的な版面を公共的に利用する権利」（以下，情報利用権とよぶことにする）[49]は，情報ネットワークを介するコンテンツの公共的な利用を明確にするための権利の創造になる。この権利は，必ずしも実定法上の権利でなくてもよい[50]。そして，情報利用権を創造することは，創作物に知的財産権があると信じるのと同じ程度の思考の飛躍にすぎないものといえよう。

(b) コンテンツに対する利用者の義務

公共図書館の意義は，司書の立場から評価されるべきものである。今日の公共図書館は，図書館自体に内在する資料案内の面が発展させられずに，本の貸出しが主要なサービスとなっている[51]。この運営の混乱がそのまま電子

263条）。民法上の共有は，各共有者の間に人的結合がなく，自由にその持分を処分し，または分割の請求をなすことが認められる。しかし，共有の性質を有する入会権は，財産権を共同に有する準共有（同法254条）とみるべきでなく，近代的所有権を前提としない一種の総有と解される。なお，クラブ財の利用は，同様の権利関係をもつであろう。

48) 情報権は，行為の調整活動の側面に関わる権利であり，情報権がもつ諸側面は相互に矛盾している面があるので，相互間の調整が不可欠であるという。1) 情報自律権は主体がその認識・評価やコミュニケーション等の情報処理活動を自律的に行う権利。情報安全権は自分の情報処理過程への他主体の介入を排除する権利，2) 情報帰属権は主体の情報処理活動の過程で発見・創出された情報は当然その主体に帰属すると主張する権利，情報優先権は自己に帰属する情報の通有を他の主体に許した場合でも他主体によるその第三者へのコミュニケーションを禁止ないし制約する権利，3) 情報管理権は，ある主体に関わる情報の創出・入手・処理・伝達については当該の主体が当然関知しなければならないとする権利と定義している（公文・前掲注46) 103頁）。

49) 情報利用権の法理は，共同利用権（right of common access）の法理を参考にする。スウェーデンには，森林や湖沼などの自然資源に対し，たとえそれらが私有のものであっても，自由に利用できる共同利用権が慣習的な規律としてある。そして，自然保全法（Nature Conservation Act（1964））は，共同利用権に従って，すべての人に公開されることを認めている。ただし，当然，所有者（owner）または占有者（occupant）に損害を与え，権利侵害をしないことを条件とする。

50) わが国において，知る権利および環境権が明記される必要性はあるものの，情報公開法および環境基本法でそれら権利が規定されていない状況を想起すればよい。

図書館の運営へ移行すると，出版者による出版物（電子出版物）の発行と公共図書館によるコンテンツのサービス提供とに利害の衝突が起こる．

本来，著作物はアクセスの対象ではあるが，出版物は購入され所有されて利用される対象である．公共図書館における公共的な利用は，蔵書の閲覧に限定されるものであり，貸出しは直接対象になるものではない．しかも，当該図書館における閲覧も，当該図書館で購入された出版物に限られよう．ところが，国立国会図書館の蔵書のディジタル化によるネットワークアクセス機能は，その公共図書館の閲覧と貸出しの機能を超えてしまう．

そのとき，利用者の義務に，公共図書館における公共的な利用であっても，コンテンツの電子的な版面の複写にあたっての複写利用料，あるいは少なくともアクセスの対象物の管理・運用のための租税的な負担が想定される．さらに，情報利用権に付随して，不正行為が問題となる．ここで，情報利用権が保証されるためには，アクセスされる対象に対する不正行為を行わない義務が課される．

7.4.2　コンテンツの公共的な利用を円滑にする社会経済システム

現実世界における出版物の私的利用と公共図書館での閲覧・借出しは，コンテンツの公共的な利用に関するディスプレイ複製権と情報利用権との相互関係に置き換えて調整される．ただし，この相互関係は，現実世界で機能している著作権の制限規定にとってかわるものではなく，その情報世界における相互関係として共在的に付加されるものである．

ディスプレイ複製権と情報利用権との相互関係は，利用者がコンテンツの電子的な版面に関するディスプレイ複製権に対して複写利用料を支払い，出版者は健全性が保持されたコンテンツに情報利用権によりネットワークアクセスしディジタル的な複製ができるように整備することによって実現する．ここで，コンテンツの公共的な利用の複写利用料は，図 7.3 に示した複写利

---

51)　たとえば前川恒雄「『中小レポート』をふりかえって」図書館雑誌, Vol.67, No.4（1973 年）134 頁，小柳屯『木造図書館の時代』石風社，1999 年，204〜205 頁を参照．

第7章　情報財の利用に関する社会経済システム　　205

用料システムにおいてアクセスの頻度に収れんした基準が合理的と解する。

　このとき，図1.2で示した出版物の流通・利用の経路は，電子図書館を通したコンテンツの流通・利用の経路において，著作者が直接に電子図書館にリンクされるものではなく，出版物の流通・利用の経路と同様に著作者―出版者を通してコンテンツの流通・利用によって成立する。その関係は図7.4に示す関係になり，出版物の流通・利用の経路（取次会社―書店）は合理的に内包され，書店と公共図書館は読者（閲覧者）にとってコンテンツの利用に関する共通のターミナルとして機能するものになる[52]。この環境は，電子図書館の社会基盤に民間の資本を活用する形態をとるものになり，この関連

現行の流通・利用の経路　→

著作者 → 出版者 → 取次会社 → 書店 → 読者・閲覧者
　　　　　　　　　　国立国会図書館・公共図書館

新しく想定される
流通・利用の経路　--→

電子図書館

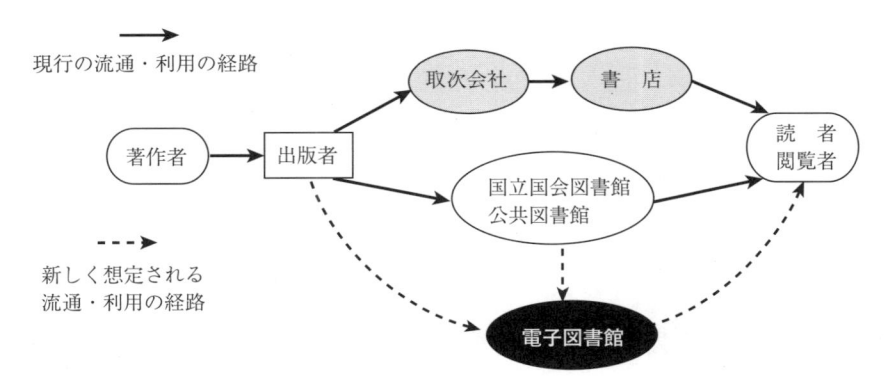

図7.4 コンテンツの利用関係

---

[52]　現状においても，書店におけるコンテンツへのアクセスは，公共図書館と機能的に同一性を有し，読書する環境においては公共図書館よりも進んだ面さえもっている。たとえば専門書の棚揃えを重視するジュンク堂の池袋店に入ればわかるように，その棚揃えは，図書館で蔵書を閲覧する形態より，利便性においてより優れた形態といえる。それは，総売り場面積2,000坪に，各ジャンル別に配列された書籍が冗長性をもたせて複数のジャンルにわたって置かれているからである。しかも，その在庫150万冊を備えた大型書店の中に，ナラ材で特注された机と椅子（全部で100席）が置いてあり，とくに専門書を選ぶうえに十分な時間を提供するためのスペースが設けられているだけでなく，テラス付きのコーヒーショップがあり，そこに店内の書籍を持ち込んでコーヒーを飲みながら本を読むことさえできるからである。このような書店のモデルは，すでにバーンズ・アンド・ノーブル（Barnes & Noble）社といったアメリカの大型書店に見られ，ジュンク堂もそれを参考にしている。コンテンツの利用が電子的な版面へのディジタル的な複製へ拡張されたとき，書店と公共図書館とは機能的な面で競合関係にさえなりうる。

から出版者が電子図書館の「蔵書」となるコンテンツの整備に積極的に参加しうる社会経済システムになる。

　ここに，コンテンツの公共的な利用が合理的になされる要件が，コンテンツの経済的な利用を円滑にする社会経済システムに付加されることによって，コンテンツの公共的な利用を円滑にする社会経済システムとして機能するものになる。そして，そのシステムは，ディジタル情報社会における出版の経済性と公共性との新たな均衡を与えるものになる。ここで，コンテンツの公共的な利用の合理的な要件を見いだすことが，コンテンツの利用システムのすべての要件に優先する。

第8章

情報財の循環のための社会制度デザイン

8.1 情報財の循環システム

　本書は，ディジタル情報技術を積極的に活用することによって，ディジタル情報社会において学術出版の振興をはかっていくための課題の解決を目的にするものである。その課題の解決のための具体的な提言が情報財としてのコンテンツの形成・流通・利用システムの構築になると考える。

8.1.1　コンテンツの形成・流通・利用システム

　コンテンツの形成・流通・利用システムは，
 (1) 情報財の創造としてのコンテンツの形成
 (2) コンテンツの流通に関する基本システムとしての情報システム
 (3) コンテンツの流通に関する基本システムとしての法システム
 (4) コンテンツの利用に関する基本システムとしての社会経済システム

から構成され，さらに(2)，(3)，(4)の基本システムはそれらの要素（サブシステム）から構成される。その相関図が図8.1で示すものであり，この総合システムがコンテンツの形成・流通・利用システムの構築になる。このシステムが機能することによって，出版者が著作物の出版を通して果たしてきた潜

社会経済システム
・ディスプレイ複製権と情報利用権との協調システム

情報システム
・登記システム
・維持・履歴管理システム
・アクセス・複製システム

情報財の創造（コンテンツ）

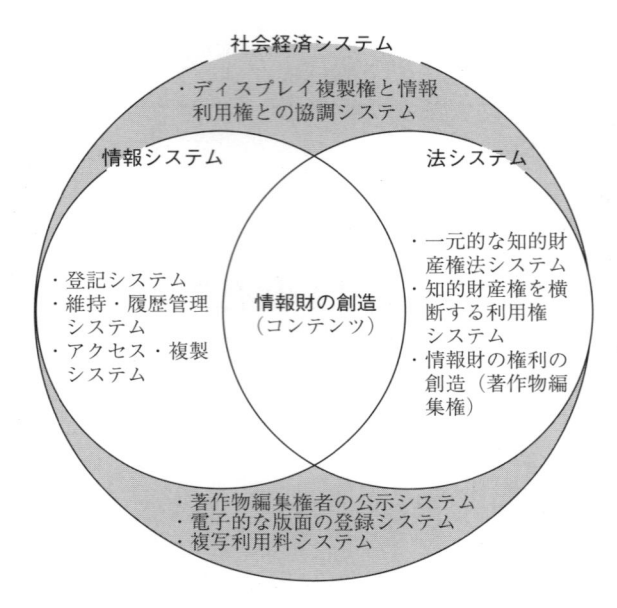

法システム
・一元的な知的財産権法システム
・知的財産権を横断する利用権システム
・情報財の権利の創造（著作物編集権）

・著作物編集権者の公示システム
・電子的な版面の登録システム
・複写利用料システム

図 8.1 コンテンツの形成・流通・利用システムの相関図

在的な機能（学術出版の社会的機能）がディジタル情報社会において顕在化し機能することになる。

　そして，そのシステムの中で循環するコンテンツは，出版者によって維持管理（履歴管理を含む）された情報財であり，利用者（研究者）の創造的な産出システムに資する情報共有財になる。すなわち，情報財としてのコンテンツは，出版者がその複写利用料，利用者による公共的な利用および経済的な利用に関する多様な要望にそって加工（編集）されたコンテンツに関するサービスの提供，さらにコンテンツ自体のソフトウェア的な活用を通して情報産業の情報財の対象になる。また，情報共有財としてのコンテンツは，利用者（研究者）にとって，研究の発想ひいては著作物の創作を支援するシステムとよびうるものになる。この情報財および情報共有財の性質を併せ持つつコンテンツが情報ネットワークにおいて合理的に流通・利用され循環していく社会は，出版者がディジタル情報社会における出版の経済性と公共性と

の新しい均衡を保持して学術出版の社会的機能を積極的に果たす知的資源循環に関する環境を提供することになる。

　本書は，課題解決を新しいシステム構築に求めるものである。そのためには，上の出版を取り巻く社会環境において，図8.1で示したコンテンツの形成・利用・利用システムの実行可能性（feasibility）が示されなければならない。この点に関しては，まず電子図書館の「蔵書」の構築がコンテンツの形成・利用・利用システムによって効率的になしうることを示せばよいだろう。電子図書館の「蔵書」の構築は，著作権の保護期間の消滅した国立国会図書館の蔵書をディジタル化するだけで完成されるものではない。また，たとえ完成された電子図書館の「蔵書」が存在するとしても，その「蔵書」を自由にアクセスし複製できるシステムがなければ電子図書館自体の存在価値は半減してしまう。ここで，ディジタル化され，アクセスし複製される情報の伝達形態は，ディジタル情報ではなく，国立国会図書館に納本された学術出版物の電子的な版面といえる。そうであるならば，その版面を合理的に活用する施策がより有効であろう。すなわち，電子図書館の「蔵書」の効率的かつ適切な構築は，著作権の保護期間に関係なく国立国会図書館の蔵書のディジタル化をすすめる環境が求められる。そのディジタル化される対象は，出版者が維持・履歴管理する学術出版物を電子的な版面形式で電子出版物として納本（リンク）することによって成り立つ。そして，電子図書館の「蔵書」へのネットワークアクセスとそのディジタル的な複製を合理的に利用できる環境へ拡張することが図8.1で示した経済的な要素の中に公共的な要素が含まれる共存システムの運用によって達成可能になる。

　情報財としてのコンテンツの形成・流通・利用システムは，上で考察してきたように，限定された機能をもつ個々の要素（情報システム，法システム，社会経済システム）を特定の関係（コンテンツの形成・流通・利用の循環）で結合することにより新たな機能をもつ構成物（ディジタル情報社会における情報財に関わる社会制度デザイン）と定義しうる。ここで，当該システムは，情報システム，法システム，社会経済システムのサブシステムの集合からな

る。現実世界において，それらサブシステムおよびその要素において不稼働なサブシステムおよび要素が存在する。このとき，フォールトトレランスなシステムが指向される。すなわち，当該システムは，どのようなサブシステムおよび要素が機能しなくなったとしても，残りのサブシステムおよび要素が，各レベルにおいて，自ら制御可能で，互いに協調しうる関係にある[1]。そのためには，情報財としてのコンテンツの形成・流通・利用システムは，構造が均質であり，機能が平等であり，情報が局所であることが前提とされる。

8.1.2　コンテンツの形成・流通・利用システムのプロトタイプ[2]

「e-Japan 戦略 II」は，コンテンツ立国を標榜し，コンテンツ（放送コンテンツ，出版コンテンツなど）の充実をかかげている。そこでは，実効性のあるディジタルコンテンツの流通・管理・利用システムと著作権契約システムとが協調的に機能することが求められる。情報財としてのコンテンツの形成・流通・利用システムの実行可能性が国立国会図書館の納本制度の機能を拡張した電子図書館への展開によって与えられるとするとき，まずネットワーク系電子出版物（電子情報）の形成・流通・利用システムに対する検討が残されている。この検討はすすめられてはいるが，ネットワーク系電子出版物の形成・流通・利用に関するシステムの具体的な形態が提示されない限り，印刷出版物およびパッケージ系電子出版物のような納本制度の指針は期待できない[3]。以下では，本書の観点を敷衍して，ネットワーク系電子出版物のプロトタイプとネットワーク系電子出版システムのプロトタイプを納本制度との関連から提示する。

文部科学省大学共同利用機関メディア教育開発センター（National Institute of Multimedia Education, NIME）[4]では「国際的通用性の高い先進リソースと

---

[1]　これは，自律分散システムとよばれるものである。

[2]　児玉晴男「学習オブジェクトの流通・利用のための社会システム」『FIT2003 情報科学技術フォーラム 一般講演論文集 第 4 分冊』（2003 年 9 月）469～470 頁。

[3]　納本制度審議会ネットワーク系電子出版物小委員会「ネットワーク系電子出版物小委員会における調査審議について」（2003 年 3 月 13 日）を参照。

その流通方略の研究開発」（2001年から2005年までのプロジェクト[5]）があり，その中に「デジタルコンテンツの蓄積・流通・利用を促進する方略の研究開発」（2002年から2004年までのサブプロジェクト）がある。このサブプロジェクトは，さらに「学習デジタルコンテンツ蓄積・流通システムの研究開発」と「著作権処理自動ネゴシエーションシステムの研究開発」の二つのテーマからなる。

　このような情報ネットワーク環境のコンテンツの開発（蓄積）・流通・利用に関わるシステムで欠落している観点が，その開発（蓄積）と流通・利用に同時性がないことである。印刷メディアにおけるコンテンツは出版流通が想定され，それは経済的な流通・利用だけでなく公共的な流通・利用とみなせる納本制度が存在している。情報メディアのコンテンツの実効的な流通・利用を想定したとき，経済的な流通・利用システムだけでなく，公共的な流通・利用システムがデュアルシステムとして実装されることに実効性が見いだせよう。

　著者は，プロジェクト「国際的通用性の高い先進リソースとその流通方略の研究開発」の中で，2002度と2003年度において，学習オブジェクト（印刷・放送教材融合型のウェブカスティングコンテンツ）のプロトタイプモデルおよびその蓄積・流通の促進のためのネットワーク系電子出版支援システムのサブシステム（テキストベース・メディアミックス型コンテンツ開発支援システム）のプロトタイプの研究開発を行った。また，学習オブジェクトの著作権管理情報としてのメタデータの検討，および著作権処理自動ネゴシエーションシステムに著作権自動処理機能として公共的な流通・利用システムを想定して著作権交渉パターンを縮約化する制度的な研究を行っている。

---

[4]　本機関は，2004年4月1日から，独立行政法人メディア教育開発センターになる。

[5]　本プロジェクトは，独立行政法人メディア教育開発センターへの移行に伴い，新たな5カ年のプロジェクトに発展的に引き継がれる予定である。

(1) 学習オブジェクトの蓄積・流通・利用システム：ネットワーク系電子出版支援システム

　学習オブジェクトの素材は，個人レベル（教育者・研究者）の情報メディアだけで形成されるわけではなく，印刷メディアで発行される出版物（学協会のジャーナルおよび商業出版社による書籍）が対象になる。その素材をディジタル化するうえで，著作者および制作者（送信者）は，汎用性のあるプリミティブなテキスト形態（XML）で蓄積し，その維持管理を加えてデータベース化することが学習オブジェクトの素材レベルの所有形態を明確にするうえで有効である。

　このテキスト形態（XML）を多様なメディアでプレゼンテーションするプロトタイプ（テキストベース・メディアミックス型コンテンツ開発支援システム[6]）は，オープンソースソフトウェアにより構成され，ウェブベースからCD-ROM等，さらにオンデマンド出版までを包含するネットワーク系電子出版支援システムになろう（図8.2）。これは，ウェブカスティングコンテンツの提供システムであり，著作権との関連では自動公衆送信権と著作隣接権に関するリソースの権利関係のモデルを与える。そして，恒常的に特定される送信者のレポジトリが国立国会図書館（電子図書館）へリンクされれば，このシステムは図7.3で提示したシステムを適用したネットワーク系電子出版物の納本形態となる[7]。

(2) 学習オブジェクトの権利管理システム：著作権自動処理機能と著作権契約機能のデュアルシステム

　著作権契約ための支援ツールが考えられている。そのツールは，学習オブジェクトの利用の多様性を与えるものになろう。しかし，そのツールには，

---

[6] 本研究は，電気通信普及財団研究助成（研究調査関係）「高等教育機関が保有管理する知的資源の学習コンテンツ化システムの構築とその制度的な相関問題に関する調査研究」（平成15年度，研究代表者）によるものである。

[7] 児玉晴男「電子図書館における電子的「蔵書」の合理的な蓄積・利用システム」情報通信学会誌，Vol.20, No.2（2003年1月）65〜71頁。

第 8 章　情報財の循環のための社会制度デザイン　　213

◇ Webサーバ（OSはLinux）
◇ コンテンツのXML化のためのシステム
　XMLドキュメント管理用には「Smart Doc」を導入：Linuxベースソフト
◇ XMLデータから書籍組版用TeXデータへの変換ソフト
　組版用TeXデータには「EWB」（Editors Work Bench）を導入
◇ TeXデータからHTMLデータへの変換ソフト
　上で組版したデータを自動でHTML化するために「TeX to HTML」を導入
　：Linuxベースソフト
◇ 流通・利用のためのWeb画面
　Web画面のCGI（インタラクティブなWeb画面）化
◇ コンテンツ，著作権管理のためのデータベース各種データベースソフト
◇ このシステムの統一的な運用のためのインタフェース
◇ 管理者用が各作業をこなすためのグラフィカルなインタフェースを「Perl/Tk」
　（パール/ティクル；プログラミング言語）などでプログラミング

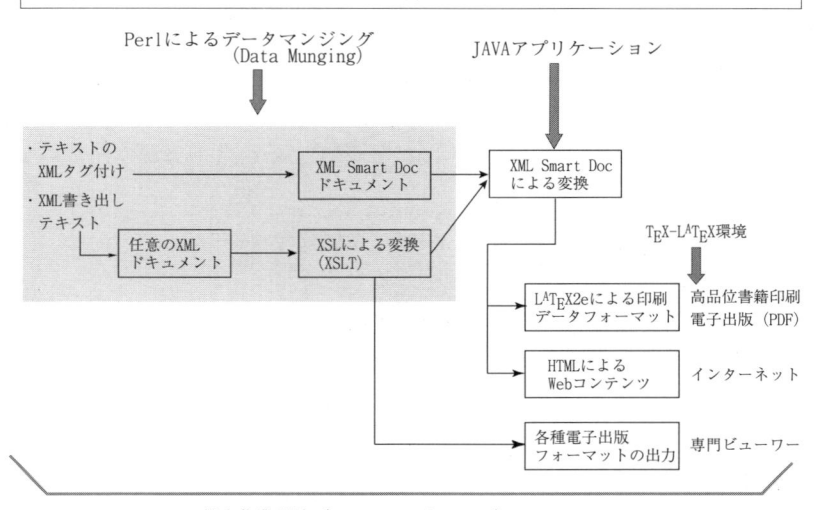

統合作業環境（Perl/Tk による GUI）

備考
・Linux,Windows,Macintoshのいずれの OS でも使用可能：プラットフォームニュートラル
・Perl,XML,Smart Doc,TeXのいずれも Unicode(UTF-8)サポート：国際化機能
・いずれもフリーソフト，生成ドキュメントはライセンスフリー：オープン技術

図 8.2 ネットワーク系電子出版支援システムのサブシステム（テキストベース・メディアミックス型コンテンツ開発支援システム）のプロトタイプの概要

契約パターンの複雑性が残されたままのものにならざるをえない。ここに，学習オブジェクトの流通・利用に出版流通システムを仲介すれば，著作権契約のパターンは縮小化できる。このようなシステムのモデルとしては，交渉条件のパターンを著作権等管理事業者（権利管理団体）のモデル契約に対応づけて，その条件を通過したパターンを呼び出し，その契約内容を送信することによって著作権契約を自動的に処理ものになる。

このとき，学習オブジェクトは，著作権自動処理システムと著作権交渉システムに二分されたシステムを連携させ，学習オブジェクトの利用形態を著作権の法理に適合した契約内容とともにカテゴライズできるものになる（図8.3）。なお，著作権自動処理システムは，（電子）出版物の（電子）出版流通における公共的な流通・利用システムといえるものになり，ここに著作権契約システムが縮小化されることによって，多様な契約システムに実効性をもたせることになる。

学習オブジェクト自体が全く無料で提供されるにしても，そのオブジェクトの開発およびその維持管理には資金が必要である。その資金の間接的な回

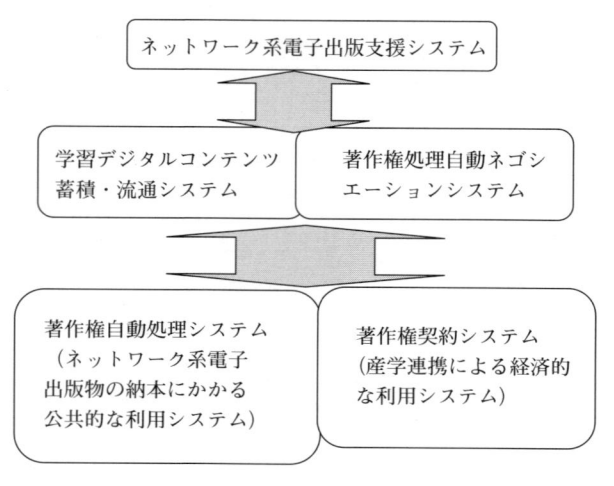

図 **8.3** メディア教育開発センターのプロジェクトの中のシステム相関図

収を考慮したとき，学習オブジェクトの著作権自動処理システムは，公共機関が開発した学習オブジェクトの利用においても実効性がある。ここに，著作権自動処理システムと著作権交渉システムとを二分するシステムを想定する論拠がある。

(3) 学習オブジェクトの形態：ネットワーク系電子出版物（電子情報）

インターネットが普及する一方で，必要な学習オブジェクトはまだ絶対的な数が不足しているのが現状である。また，情報ネットワークを介して流通する学習オブジェクトの充実は，国の施策ともなっており，新たな学習オブジェクトの制作をはかっていくことは急務である。しかしながら，その制作には，時間だけでなく，莫大な費用を伴うものであり，現実的には，多様なメディア形態で存在する既存の素材をディジタル化，ネットワーク化していくことが重要となる。ここで，放送大学が保有・管理する印刷教材，放送番組（ラジオ，音声）の二次利用（再利用）は，ウェブキャスティングコンテンツ[8]としての学習オブジェクトの素材として実効性があり，その多様な提供が可能である[9]。ここで想定している形態は，放送大学の印刷教材（テキスト）・テレビ番組（映像）・ラジオ番組（音声）の二次利用（再利用）として，それらを融合し，併せて著作権処理に配慮したウェブキャスティングコンテンツ（図8.4）と，その送信にかかる権利管理システムである。

しかし，それらを個々に学習オブジェクトの素材とすることは技術的な面で可能であるにしても，制度的な面ではさまざまな障害がある。たとえば，印刷教材のディジタル化および放送番組の再利用という初歩的な段階においてさえ，複雑な権利関係を有しており，学習オブジェクトの公開へ展開する

---

[8] ウェブキャスティングコンテンツの構造と機能は，オンデマンドのストリーミングおよびコンテンツからなり，テキストの目次および索引のキーワードにより相互に関連づけられる形態からなる。

[9] 本研究は，放送大学教育振興会助成金「放送大学の印刷教材と放送番組を融合したオンデマンドコンテンツ化およびその著作権管理・流通・利用システムに関するプロトタイプの研究開発」（平成15年度，研究代表者）によるものである。

には超えなければならない制度的な課題がある。それは、狭義の著作権の制度内だけではなく、肖像権やプライバシーに拡散する。これは、公共的な流通・利用に関しては一定の制度的な対応がはかれよう。

このメディア教育開発センターと放送大学・放送大学教育振興会の学習オブジェクト相互関係モデルは、技術移転機関（TLO）あるいは大学知的財産本部における著作権管理に関する主要な対象になる。メディア教育開発センターと大学・大学出版会の連携により機能するウェブカスティングコンテンツが学習オブジェクトとして想定できる。ここで強調しなければならないことは、ウェブカスティングコンテンツの提供がメディア教育開発センターのレポジトリを介してなされることに実効性があり、印刷教材、放送番組（ラジオ、音声）の個々のコンテンツの制作・蓄積・流通・利用のトータルシステムとして機能する点にある。

(4) 学習オブジェクトの権利管理情報としてのメタデータ

メディア教育開発センターの教育情報ポータルの構築にあたって、他機関との連係を考慮し、国際的にも汎用性のあるメタデータの設定がなされている。コンテンツ流通において、権利管理情報としてのメタデータに対して国際的に整合性をはかることは当然のことである。このとき留意しなければならないことが、著作権法界にある法理の差異である。その差異は、権利管理情報としてのメタデータに関わる著作者、制作者（出版社など）、寄与者との間の権利の制度的な違い、および著作権の支分権の多様性に起因する。その影響は、コンテンツ流通を適切に処理するうえで伝達（送信）に関わる行為（著作隣接権）との整合性を欠くことにもなる。

本書では、コンテンツ流通は著作物の循環モデルおよび著作物の複製を起点におく出版流通を擬制した電子的な出版流通を想定している。これは、印刷出版物およびパッケージ系電子出版物の延長でネットワーク系電子出版物（電子情報）をとらえるものである。ここで、コンテンツ流通に中間的な節点（node）をおくことによって著作権契約のパターンを縮小化する権利管理

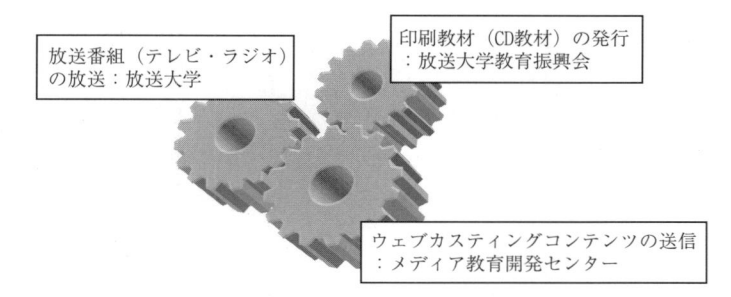

第 8 章 情報財の循環のための社会制度デザイン 217

(a) 放送番組・印刷教材とウェブカスティングコンテンツの関係

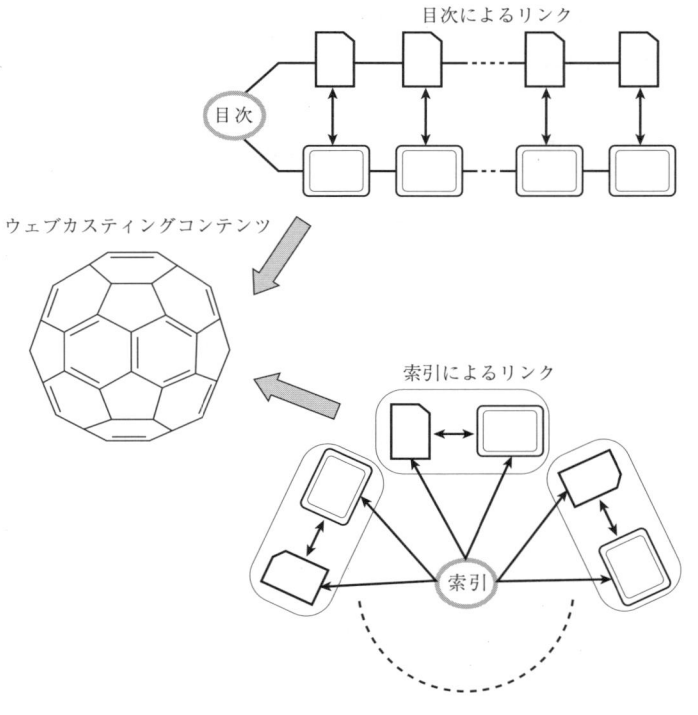

(b) ウェブカスティングコンテンツの構造と機能

図 8.4 学習オブジェクトとしてのウェブカスティングコンテンツの相関関係

システムを想定し，著作権契約に必要となる権利管理情報としてのメタデータの構造について考察する。なお，メタデータの検討を行うとき，IEEE などとの比較検討の議論を行う必要があろう。しかし，ここで着目するのは，それらの優劣に重きを置くものではなく，権利管理情報に限定して比較法的な検討を加えることにある。

権利管理情報としてのメタデータの対象項目としては，学習オブジェクトの素材を利用するときの学習オブジェクトの創作，制作およびそれに寄与する形態に関する権利管理，すなわち利用許諾や権利制限に関わる項目があげられる。たとえば Dublin Core Metadata Element Set（DCMES）の知的財産権関連の創作者（Creator），寄与者（Contributor），発行者（Publisher），権利管理（Rights）が検討項目の例示になる。メディア教育開発センター（NIME）の高等教育用の学習オブジェクトメタデータ（learning object metadata，LOM）および文部科学省教育政策ナショナルセンター（NICER）の初等・中等教育のLOM においても，IEEE の LOM を参照し，ほぼ同様の項目が検討されている。権利管理情報としてのメタデータは，学習オブジェクトの利用者によって参照されるものであり，学習オブジェクトの権利者と利用者との関係になる。したがって，この権利管理情報としてのメタデータは，権利管理システムと権利制限との均衡の観点からとらえる必要があるが，そこには二つの課題がある。

第一は，著作権の法理の差異によって，Creator，Contributor，Publisher が管理可能な権利範囲に違いがある。その違いに対して整合性をはかるうえで，学習オブジェクトの構造と流通システムのモデル化が必要である。第二は，学習オブジェクトのネットワーク系電子出版物（電子情報）としての流通に関する技術的な権利管理システムの適用において，暗号化技術がセキュリティ上において完全ではないことと，それ以上に，公共図書館等で閲覧でき，館外持出しが可能な著作物（出版物）のような経済的な価値を有するコンテンツに電子透かし技術を付加して流通させる必要性があるかどうかである。ここで想定できることは，学習オブジェクトの流通に関する技術的な権

利管理システムの適用には，二段階で考慮する必要があろう。第一段階は，公共図書館等で使用可能な学習オブジェクトにおけるDOIおよびコンテンツIDは，司書情報としての意味づけに留まるものになる。第二段階は，公共図書館等で使用可能な学習オブジェクトに付加価値が与えられた学習オブジェクトの利用に，改めて著作権契約が必要となるものに対しては，DOIおよびコンテンツIDが著作権管理情報のメタデータになる。

　学習オブジェクトの流通のための権利管理情報としてのメタデータは，権利管理情報は著作権制度内で公表を前提にするISSN，ISBN，DOIで与えられることになり，それらは司書情報としての意味を有する。また，学習オブジェクトの全体と部分の利用にあたって，学習オブジェクトの粒度（granularity）とそれに適合する著作権処理が必要になるが，DOI，ISBN，ISSNとコンテンツIDは権利管理情報のメタデータになる。ただし，DOI，ISBN，ISSNとコンテンツIDは，一つの例示であり，ここで強調しなければならないことは，ウェブカスティングコンテンツの制度的な関係からの意味づけである。ISBNとISSNの性質は，前者がコンテンツ固有のメタデータであり，後者はコンテンツの発行者（著作権者）のメタデータになる。また，DOIは自動公衆送信を行う者（法人）と多様なメディアで表象されるコンテンツとを特定するメタデータという性質をもつ。そして，コンテンツIDは，コンテンツまたはコンテンツの時間的・空間的な部分に対応する権利管理情報を与えるものになる。したがって，DOI，ISBN，ISSNが構造化されたものが権利管理情報としての権利管理情報としてのメタデータの構造になる。

8.1.3　コンテンツの形成・流通・利用システムの法整備

　1990年代に検討され，また運用されてきた出版物の流通・利用に関する二つの制度的な問題，すなわち再販問題およびコピー問題は，学術出版物の発行を維持していくうえにおいて重要な課題である。この二つの問題は，2000年度において，再販問題は著作物再販価格が維持されることになり，コピー問題の一つの課題解決としての日本複写権センターの特別扱いの複写利用料

徴収は停止されることになった。すなわち，それらの方向づけは，出版物の流通・利用に関して1990年代に入る前の状況に戻されたことを意味する。

　本書で明らかにしたコンテンツの形成・流通・利用システムの構築は，出版物の流通・利用に関する制度的な手立てを包含するものであるが，残される課題として情報財としてのコンテンツの形成・流通・利用システムが合理的に運用されるための制度デザインがある。本書では，その制度デザインの議論を正面から展開することを避けてきた。なぜならば，本書の課題が著作権および知的財産権の制度内で直接に解釈を導き出すことに無理があると考えるからである。また，コンテンツの形成・流通・利用システムの構築は制度デザインと表裏一体の関係にあるものではあるが，まずそのシステム構築が優先されるべきであり，それによって実効性のある制度デザインが導出できると考えたことによる。そして，その制度デザインは，新しい観点が必要であり，図8.5（a）のように，現実世界と情報世界とを分離し，それらにそれぞれ対応づけることによりなされるものではない。それは，図8.5（b）のように，現実世界の法現象が情報世界の法現象を包含し，そのときの法現象が現実世界と情報世界との界面に生じるものとみなすことによる。すなわち，情報財としてのコンテンツの制度デザインは，現実世界と情報世界とを包含するものになる。

　ここで，出版者が出版産業から情報産業へ移行するうえの法律上の問題は，

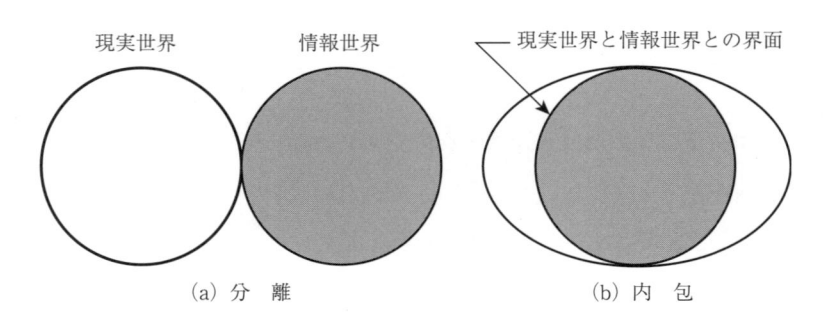

図8.5 情報世界の法現象に対する制度デザインの二つの観点

知的財産法制によろう[10]。この見方に対して，経済学的には，情報の経済的価値とその社会的価値を調整するものとして適切でないという見解がとられている[11]。たとえばノウハウについては，情報の隠蔽が主要な条件として加えられている。しかし，知的財産法制は，情報（知的財産）を公開することによって，権利者の保護と第三者の公共性を調和させることに法目的を有する（著作権法1条，特許法1条）。ここに，情報の公開性という条件を前提にすれば，また知的財産の保護強化だけを強調するのではなくて，合理的な利用を維持する制度のデザインを目指すならば，知的財産法制は情報の経済性と公共性とを調和する有効な法制度となると考える。そして，この制度デザインは，ディジタル情報社会におるディジタル的な伝達・複製の環境において，著作権と工業所有権（産業財産権）とを別なシステムとしてではなく，それら二つを知的財産の相補的な要素（権利）として，文化的であり産業的である性質をもつ情報財を所有から利用への観点に立って，著作権と工業所有権（産業財産権）とを協調的に再構築する知的財産権法システムが適切である[12]。

ディジタル情報社会における学術出版の役割の重要性を考慮すれば，情報財としてのコンテンツの形成・流通・利用システムが一つの循環システム[13]として機能するための保護政策が必要になる。たとえば作曲家が創作した楽曲

---

[10] 廣松毅・児玉晴男「情報財の形成と流通―出版物のディジタル化によって出版産業が直面する課題―」『平成11年度情報通信学会年報』（2000年3月）29～41頁。

[11] 野口悠紀雄『情報の経済理論』東洋経済新報社，1974年，71～72頁。

[12] この考察として，児玉晴男「情報通信社会にフィットした知的財産権の制度デザインについて」『平成10年度 情報通信学会年報』（1999年3月）95～108頁を参照。なお，本論考と同じ趣旨とはいえないが，欧米と同様に工業所有権と著作権を一元的に管理するために，「知的財産権基本法」（平14法122）が制定されている。

[13] Maturana, Humberto R. and Francisco J. Varela, *Autopoiesis and Cognition*（D. Reidel Publishing Company, Dordrecht, 1980）（河本英夫訳『オートポイエーシス―生命システムとはなにか』国文社，1991年，105～106頁）。Luhmann, Niklas "The Autopoiesis of Social System" *Essays on Self Reference*（Columbia University Press, 1990）pp.1-20. Hart, H. L. A., *The Concept of Law*（Oxford University Press, London, 1961）pp.77-96. 富永健一『社会学講義―人と社会の学』中央公論社，1995年，48頁。

は，演奏家によって奏でられることによって広く伝達されるようになるのであって，コンテンツの形成に施される著作物（ディジタル著作物）の編集にはこれと同質なものが含まれている。本書では，学術出版の社会的機能を制度的につなぐものとして，出版者の権利は著作隣接権で認められるべき性質のものであり，その権利の実体が編集者の著作物（ディジタル著作物）の編集による著作物編集権という要素にあることを明らかにした。ここに，この観点から情報財としてのコンテンツの形成・流通・利用システムの合理的な権利関係を展望すれば，ディジタル的な複製によって関連づけられた知的財産権法システムのもとに，出版物（電子出版物）を制度的に明確にするために，出版者と出版（電子出版）は具体的な法文という形で示される必要がある。

それは，図 8.6 に示すように著作物と出版物を峻別し，それぞれ著作者による著作権管理および出版者による著作隣接権管理の対象とすることを前提にする。そして，出版者によって，出版物（電子出版物）が著作物の有形的媒体またはそれが擬制される媒体に一時固定（複製）され，著作物の同一性を保持した状態で著作物に編集が加えられプレゼンテーションされ，伝達可能あるいは送信可能なコンテンツが形成されるプロセスを規定するものになる。その法文の概要は，次のような出版（電子出版を含む）および出版者の権利に関する条項を設けるものになり，それはネットワーク系電子出版物（電子情報）のウェブカスティング（ストリーミングおよびオンデマンド）コンテンツを対象にする自動公衆送信権に対応するものになる（なお，アンダー

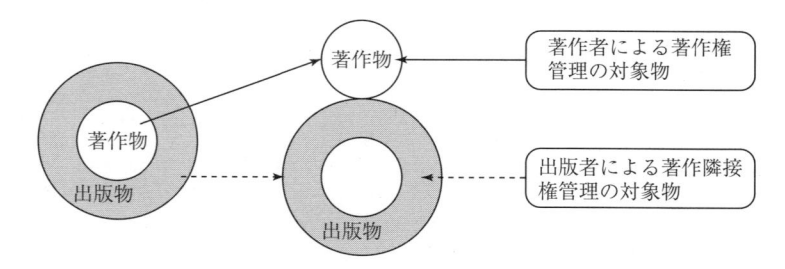

図 8.6 著作物と出版物の峻別

第8章　情報財の循環のための社会制度デザイン

ライン部分は現行著作権法の該当する条文に挿入する文言である)。

(i) 著作権法1条は,「実演,レコード,放送,有線放送」を「<u>出版(電子出版を含む),</u>実演,レコード,放送,有線放送<u>並びに自動公衆送信</u>」とする。

(ii) 著作権法2条1項2号の次に,次の定義を挿入する。

　2の2　出版物　著作物に編集を加えて,印刷その他の機械的,化学的又は電子的方法により文書又は図画として有形的な媒体(電子媒体を含む)に固定されたものをいう。

　2の3　出版者　著作物の出版(電子出版を含む)に発意と責任を有する者をいう。

(iii) 著作権法7条に保護される出版物(電子出版物を含む)の規定を明記する。

(iv) 著作権法89条以下に出版者の権利の規定を設ける。

　(複製権)　出版者は,著作物の編集にかかる出版物の版面(電子的な版面を含む)を複製する権利を占有する。

　(送信可能化権)　出版者は,著作物の編集にかかる出版物の版面(電子的な版面を含む)を送信可能化する権利を占有する。

　(譲渡権)　出版者は,著作物の編集にかかる出版物の版面(電子的な版面を含む)を譲渡により公衆に提供する権利を占有する。

(v) 出版権の条項は削除し,設定出版権の利用権としての性質を明確にするために,著作権法における利用権制度(著作物の利用権に関する権利関係)の規定をおく。

　著作物の性質は,著作物性の有無で分けられる。そして,それらは,著作権の発生に制約が加えられることになる。データベースに関わる情報財においても,同様にデータベース著作物と創作性の想定されないデータベースに二分されることになろう。前者は著作権制度の枠内で著作権が発生するが,後者は著作権制度の枠外を含めて *sui generis* right が付与されるとする方向づけがそれぞれの対応づけになる。ところが,著作物の形成において考察した

ように，著作権と *sui generis* right が対象にするものは，同じものを異なった観点から評価したものといえる。前者は対象物をマクロスコピックとミクロスコピックとの二分で評価するが，後者はメゾスコピックにとらえたものといえる。このとき，情報財の性質は，後者の観点によって構築されることが適切になろう。この観点は従来の観点とは異なり[14]，そのための知的財産法制が必要になる。

8.2 情報財の知的財産法制

「知的財産戦略大綱」は，知的創造サイクルの確立をかかげ，コンテンツの創作活動の保護と流通の促進の対応をうたっている。そして，コンテンツの形成・流通・利用を円滑にするための著作権契約システムの確立があげられている。そこで描かれている高度情報通信社会が有効に機能するうえで，いわゆる「著作権問題」あるいは「知的財産権問題」が解決されなければならない。ところが，情報ネットワークを介して流通し利用されるコンテンツの形態とその権利関係は，いまだ不明確なままである。このような状況において，著作権法において，1) 著作権法制の全体的な「構造」の単純化，2) 権利に関する規定の単純化，3)「権利制限」に関する規定の単純化が指摘されている[15]。その関連で付言すれば，著作権と産業財産権[16]との相関関係の単純化の検討も，「著作権問題」あるいは「知的財産権問題」の課題解決を方向付けるうえで必要になろう。以下では，コンテンツの形成・流通・利用の法的課題を再検討したうえで，コンテンツの構造・機能とその法的性質を分析し，著作権・知的財産権の全体システムからコンテンツの形成・流通・利用

---

[14] 従来の観点がユークリッド幾何による解釈にたとえれば，新しい観点は非ユークリッド幾何によって解釈されるものになる。

[15] 文化審議会著作権分科会『文化審議会著作権分科会報告書（案）』（2003年12月10日）16頁。

[16] 知的財産戦略大綱において，従来からの指摘による知的所有権を知的財産権（intellectual property）とよび，工業所有権を産業財産権（industrial property）とすることが推奨されている。

を促進するための制度デザインについて考察する。

文化庁では，著作権権利情報集中システム（Japan Copyright Information Service System，J-CIS）を発展させてインターネット上で，著作物の利用計画，支払いができる「バーチャル著作物マーケット」（ITを活用した個人参加の「バーチャル著作物マーケット」の研究開発）の構想をもつ。そして，総務省は，情報通信政策部会インターネット利用高度化委員会において，放送番組や映画として蓄積された膨大な量の「映像」コンテンツを，インターネットを介して自由に入手・蓄積・コピーし，容易に持ち運び，さまざまな機器で検索，再生，編集等を行うことを可能とするサービスを対象に検討している。また，通商産業省（現在，経済産業省）は，1997年に「産業構造審議会情報産業部会基本問題小委員会デジタルコンテンツ分科会」と「産業構造審議会知的財産政策部会デジタルコンテンツ小委員会」との合同会議において，ディジタルコンテンツ（その後アナログも含めた「コンテンツ」に拡張）の適切な保護と新たな市場の展開の双方が実現される環境整備のあり方について検討が加えられている。そして，この検討の流れが「e-Japan計画」に継受され，「e-Japan計画II」ではコンテンツの充実を目的にコンテンツ立国を掲げている。ここで想定しうることは，コンテンツが情報ネットワークを介して形成・流通・利用されるためには国際的な調和を図る必要があること，またそれらコンテンツと総称される対象が情報ネットワーク環境に存在するときに著作物のカテゴリー内でとらえきれない性質を発現する点である。

8.2.1 コンテンツの法構造

コンテンツの素材として，著作物（出版物）のディジタル化や放送番組のコンテンツ化が想定される。また，その確定的な形態が近い将来に提示されるにしても，制作コストを考慮すれば，すぐに実現可能になるかは不確実である。ただし，その形態は，多様なメディアで存在するコンテンツをディジタル化し，それらを単にウェブに展開するものではないはずである。

(1) コンテンツの形態：入れ子

　著作権法で意味をもつ法的な行為は，著作物の利用（exploitation）である。特許法では，特許発明の利用は実施になる。ここでは，コンテンツの構造機能を著作物の利用と特許発明の利用（実施）に関する現行制度における関係から考察する。

(a) 著作物の利用

　引用（著作権法32条）は，著作物の使用と利用に関与する。引用は，著作物の使用の意味で規定される。ここで，たとえば出版物を読むことは使用で著作権法の関与しない領域とされてきた。しかし，著作物のディジタル化・ネットワーク化は，利用と使用（アクセス）の区別を混淆しているという[17]。しかし，引用は，共有の著作物の構成要素となり，経済的な利用においては著作物の利用契約が必要となる。

　ここで，著作物の全体的な利用と部分的な利用で留意しなければならないことは，著作権の及ぶ範囲に違いが生じることである。たとえば編集著作物（著作権法12条）（データベース著作物（同法12条の2）を含む[18]）の権利が及ぶのは，その全体を利用する場合のみである。したがって，編集著作物の部分的な利用にあたっては，個々の著作物の著作者の許諾を得れば，編集著作物の著作者からの許諾は不要であり，適法に利用可能となる。そして，二次的著作物（derivative works）（同法2条1項11号）の利用においても，同様の関係になる。この関係は，権利の階層的な構造に連動している。そのような著作物の構造からコンテンツをとらえると，多様な権利関係の組み合わせのパターンが派生しよう。

　今日の著作権の対象とするものは，単独の著作者によって創作された著作

---

[17] 齊藤博「デジタル環境下での著作物の利用と電子的許諾」『知的財産法と現代社会―牧野利秋判事退官記念論文集』信山社，1999年，676頁。

[18] わが国の著作権法ではアナログ形式の編集著作権とディジタル形式のデータベース著作物とを峻別するが，諸外国の著作権法制では編集著作物にアナログ形式とディジタル形式とを含めている。

物に関する権利関係というよりも，編集著作物（データベース著作物）の制作に関する権利関係に焦点が合わされている。ここに，それら著作物の利用許諾と同様に，情報ネットワーク環境にあるコンテンツは，現行法の解釈では煩雑になり容易な利用ができないことが問題になる。

（b） 特許発明の実施

著作物の使用と同じ意味で，特許発明の保護との調和をはかる上で第三者の利益としての特許発明の利用（使用）が規定されている（特許法1条）。この特許発明の利用（使用）は，特許発明の開示による第三者の技術文献としての利用（使用）であり，一定期間の特許の保護の経過後は，だれでも特許発明が利用（使用）できるとする。

著作物の利用と同じ意味の特許発明の利用とは，産業上利用可能性（特許法29条1項）でいう利用である。この利用は特許発明の実施を意味する。そして，この実施の態様については定義があり（同法2条3項），この中で特許発明の実施の一態様として物の発明における物の使用（同法2条3項1号），方法の発明における方法の使用（同法2条3項2号），物を生産する方法の発明は方法の使用および物の使用（同法2条3項3号）に規定がある。また，これらの使用とは，「著作物の利用」と同じ意味をもつ。また，特許発明の利用として，他人の先願特許発明などとの利用関係がある（同法72条）。この利用とは，一方の特許発明の実施が他方の特許発明を全部実施することになるが，その逆は成り立たない関係をいう。すなわち，後願の特許発明等が先願の特許発明等を包含する関係にあることを指している。この関係は著作物の引用等の態様と同じ構図をもち，ここには階層的な包含関係が想定できる。

特許発明の利用は上で述べた関係を有するが，それらはインターネットなどの流通に置かれた利用についても規定をもつ（特許法29条1項3項）。このとき，特許発明（考案，意匠を含む）は，データベースあるいは開示された技術情報としての「著作物の利用」と同じ利用形態で伝達されていくことが想定できる。そして，その性質をもつコンテンツの構造は，入れ子（nesting）

になっている。

（2） コンテンツの機能：二重性

　コンピュータ・プログラムおよびデータベースが著作権法で保護される点からいえば，コンテンツも著作権法の保護対象とみなせる。ところが，コンピュータ・プログラムが著作権法の対象とされてから，コンピュータ・ソフトウェアとして一定の制約（自然法則の利用等）があるものの特許法の対象にもなっていく。そして，コンピュータ・ソフトウェアをハードウェア，別な表現でいえば有形的な媒体への固定を問わずに流通する形態への法改正がなされた。すなわち，特許法の保護対象の物にプログラム等が含まれること，プログラム等の実施に電気通信回線を通じた提供が含まれることが明確化されている（特許法2条3項1号）。このとき，コンピュータ・プログラム（ソフトウェア）の性質を有するコンテンツは，著作権法と特許法の二重保護でとらえられることになる。この相関関係は，コンテンツの機能が著作物性（複製権保護可能性，copyrightability）と特許性（patentability）とを併せ持つことを意味しよう。情報ネットワーク環境における著作物と特許発明の形成においては，それらの間に連続性がある。

　コンテンツは，創作する者と制作に関与する者が編集的な分業によりつくりあげられるものといえる。その観点は，創作者の創造性という精神的な評価とは異質の制作者の情報の収集や入力の費用という物質的な評価にもなる。ここで，精神的な評価と物質的な評価は相補的に関連づけられよう。このとき，権利保護範囲の棲み分けの基準としての「表現」と「アイディア」および「文化の発展」と「産業の発達」という二分法は，コンテンツの機能を評価する規準として適切ではなくなる。

（3） コンテンツの法的性質：準著作物性（準複製権保護可能性）

　コンテンツの形成・流通・利用に関しては，「著作権の文化の発展に寄与すること」，「産業財産権の産業の発達に寄与すること」という法上の目的の違

いが，同一の対象に対して向けられる。この法現象は，著作権と産業財産権との一元的な法システムを指向していよう。

　コンテンツは，電子的な複製の対象である。そして，著作物は，創作性と複製の対象を備えた著作物性を要件としている。ここで，電子的な複製を起点にして著作権の二つの法理の差異を超えた制度ハーモナイゼーションが想定でき，さらに特許発明の要件に電子的な複製に反復継続可能性が擬制できるとき，コンテンツの使用が著作権と産業財産権の対象物を複製の概念によって相互に関連づけることができる。その実体的な権利が電子的な複製に関する権利になり，その法理がコンテンツの形成・流通・利用において知的財産権の中心的な存在になると考える。

　コンテンツの電子的な複製の対象は編集（splicing）により階層的に創作・制作される。それは，マクロスコピックには権利の著作物性と特許性の二重性を有し，ミクロスコピックには創作性の有無を問わないものまでを含むものになる。その条件を満足化するコンテンツの権利の性質は，メゾスコピックには準著作物性（準複製権保護可能性，quasi-copyrightability）とよぶべきものが想定できよう[19]。

8.2.2　コンテンツの創作者（権利者）の権利構造[20]

　前にも述べたように，世界人権宣言（Universal Declaration of Human Rights）27条2項の主体と客体の実質的な意味は発明者（inventor）・発明（invention）と著作者（author）・著作物（literary, scientific and artistic work）の関係になっており，科学的な成果物を創作する者は，著作者（author）であり，また発明者（inventor）になる。ただし，ここで留意しなければならないことは，著作権の権利の発生と産業財産権の権利の発生に違いがあることである。それ

---

[19]　児玉晴男「ディジタルコンテンツの構造・機能と法的性質」『第19回情報通信学会大会発表論文集』（2002年6月）3〜10頁。

[20]　児玉晴男「知的財産における個人の権利の構造とその合理的な関係」パテント, Vol. 56, No. 5（2003年5月）51〜56頁。

は，著作者と発明者（創作者，考案者）と権利者との相関関係の差異になる。

（1） 著作者の権利構造

　著作権法は，無方式主義をとっており，著作物の創作と同時に著作権が発生する。すなわち，著作者と著作権者には連続性が想定できる。ここで，わが国の著作者の権利（author's right）は，著作者人格権（moral right）と著作権（copyright）から構成される。著作者人格権は，公表権（著作権法18条），氏名表示権（同法19条），同一性保持権（同法20条）の三つからなる。著作権は，支分権，すなわち複製権（同法21条），上演権及び演奏権（同法22条），上映権（同法22条の2），公衆送信権等（同法23条），口述権（同法24条），展示権（同法25条），頒布権（同法26条），譲渡権（同法26条の2），貸与権（同法26条の3），翻訳権，翻案権等（同法27条），二次的著作物の利用に関する原著作者の権利（同法28条）からなっている。さらに，公共貸与権および輸入権の創設が検討されている。これら著作権の支分権は，著作物が創作者から利用者へ伝達（送信）され，新たに著作物が創作されていく知的創造の循環プロセスに対応づけられて形を変える。

　ここで留意しなければならないことは，各国の著作権法システムの差異である。たとえばアメリカ連邦著作権制度とわが国の著作権制度とを比較対照することによって表現できる。アメリカ連邦著作権制度では，有形的な媒体への固定を保護の要件とする。ここに，有形的な媒体との整合性をとるために，ディジタル情報の媒体の性質に定義が必要となるゆえんがある。そして，著作権は，人格権を外在化し，著作隣接権（neighboring rights）の法概念を有しない。わが国の著作権制度は，有形的な媒体への固定を保護の要件としない。すなわち，わが国の著作権の法理によれば，権利の性質はメディアの差異によって影響することはない。したがって，情報メディアの有形的な媒体との関連づけは，不要なはずである。この理解は，著作権の支分権の単純化と関連する。

　また，著作隣接権には著作者人格権は認められないが，著作隣接権者の

実演家の権利には限定された実演家人格権が認められる（実演及びレコードに関する世界知的所有権機関条約（WIPO Performances and Phonograms Treaty, WPPT）5条）。この実演家人格権は，現に行っている実演（live aural performances）およびレコードに固定された実演に関して実演家であること主張する権利（氏名表示権（著作権法90条の2）），およびこれらの実演の変更等により自己の声望を害するおそれのあるものに対して異議を申し立てる権利（同一性保持権（同法90条の3））を保有する。ここで，限定された実演家人格権とよぶのは，実演が音に関する部分に限られることにある。ここに，著作権および著作隣接権における個人の権利（実演家の権利）の構造は，財産的な権利と人格的な権利との関連によって形成されると解しうる。

（2） 発明者の権利構造

発明と同時に，発明者は，自己のなした発明を発明の完成と同時に原始的に取得する[21]。ただし，特許法は，方式主義をとっており，発明は一定の手続きを経て登録されなければ権利は発生しない。ここで，特許を受ける権利は移転することができる（特許法33条1項）。ここに，発明者と特許権者との間には非連続性が生ずる。そして，当該権利は純粋な財産権とされ，人格権的なファクタを含まないとされることになる。さらに，発明が個人的な発明家から研究機関へ転化していくとき，研究の経済的価値の牽引になっていよう。

大学における技術移転機関（TLO）の設立は，その流れに沿うものであり，研究者が研究成果を学術論文の公表だけでなく発明として出願することを求めてくる。ここには，大学出版会の出版物の発行によって抱く経済的価値の実現に対する意識と共通する問題点がある。ただし，研究成果の評価対象を社会貢献まで含めることからいえば，研究者にとっても評価対象の多様な形態は望ましいことである。そうであるにしても，発明の本来の価値は，その財産的な権利よりも，発明のプライオリティにあるといってよい。特許法に

---

[21] 中山信弘『発明者権の研究』東京大学出版会，1987年，204頁。

おける人格的な権利である発明者掲載権は，著作権法における著作者人格権の中の氏名表示権と類似の権利である。この観点に立てば，研究者という個人の権利の行使として，印税を伴わない専門書の出版と対応づけて，発明者掲載権で十分といえる範囲は相対的に広いはずである。

そもそも，発明者の権利は，発明者が自己の発明に対して有する権利を指し，それは財産権と人格権の二要素からなる[22]。コンテンツの形成・流通・利用の権利関係に整合性を与えるために，特許権者を発明者の権利の移転からとらえ直し，発明者と著作者とを対応づけて人格的な権利の行使を起点にし，発明者の権利の構造が財産的な権利と人格的な権利との関連からとらえることが適切である。

（3） その他の知的財産権に関わる創作者（権利者）の権利構造

実用新案権および意匠権における考案者および創作者も，発明者の権利構造と同じように，財産的な権利と人格的な権利が密接に関連からとらえることが適切である。ここで，商標権と肖像に関する権利との関連が残される。商標権に関しては，商標を使用する者に財産的な権利と人格的な権利というとらえ方は適切とはいえないかもしれない。ただし，商標を商品や役務（サービス）に使用する行為には，創作性が認めうる。これは，著作隣接権や *sui generis* right における類似なとらえ方になる。ここであえて他の産業財産権と関連づければ，商標を使用する者は財産的な権利と人格的な権利が想定できるとし，商標法の制度的な関係から人格的な権利はたたみこみ（convolution）がなされていると理解できよう。肖像に関する権利に関しては，人格権としての肖像権と財産権としての肖像権の構造をもつ。この後者の財産権の性質を有する肖像権がパブリシティ権とよばれる。肖像に関する権利は，本来，ある個人に存在するといえるが，その財産的な権利と人格的な権利とは均等に適用される権利ではない。この肖像に関する権利は，創作者の権利が個人の全体的な視点からとらえるものとすれば，個人の部分的な視点によるもの

---

[22] 中山・前掲注21) 211頁。

と解することができる。そして，肖像に関する権利，すなわち肖像権とパブリシティ権は，人格的な権利と財産的な権利という関係で，著作者の権利および発明者の権利の構造と同一のとらえ方ができる。商標権と肖像に関する権利は，コンテンツの形成・流通・利用のあらゆる場面で関与する。知的財産権に関わる創作者（権利者）を一般化してとらえることは，コンテンツの形成・流通・利用が合理的に行われるうえで重要である。

(4) 創作者（権利者）の権利構造の展開

創作者の権利は，個人だけでなく，法人にも認められることもある。そして，個人と法人との権利の相互関係は，国立大学法人等においても明確にされなければならない課題である。

(a) 職務著作

職務著作は，その限定した範囲においてではあるものの，法人が著作者となりうる（著作権法15条）。ここでは，著作者の権利である著作者人格権も，法人に帰属することになる。ただし，この制度は，わが国の著作権法の特色をなすものである。

(b) 職務発明（考案・創作）

職務発明は原始的に従業者（研究者）に帰属する。ただし，あらかじめ職務発明について譲渡する旨を定めていれば，従業者（研究者）は相当の補償を受ける権利があるとしている（特許法35条3項）。このとき，法人に帰属するのは財産的な権利のみである。なお，従業者（研究者）の権利意識の変化によって，職務発明の権利の帰属と財産的な権利の評価が問題となっている。なお，この課題解決のために，職務発明の条項の改正の方向づけの中に，特許法35条の削除があげられている。しかし，プログラムに見られる著作権と特許権との二重保護の可能性からいえば，コンテンツの形成・流通・利用を促進するうえで，職務著作と職務発明との整合性をはかることが求められる。

（c） 職務著作と職務発明とのメゾスコピックな性質

　映画のタイトルエンドを見れば明らかなように，映画の著作物は，著作者，著作隣接権者（実演家，レコード制作者），商標権者など，産業財産権に関わる権利者を含めて，ほぼすべてを網羅しているといってよい。このとき，その創作者・制作者の表示（掲載）は膨大なものになり，映画の著作物に関する権利は錯綜する。この関係は，コンテンツに共通する。それら複雑性を有する権利関係を圧縮する形態が，映画の著作物の著作者の権利の帰属パターンになる。映画の制作者は，著作権法15条によって著作者となるか，同法29条により著作権を取得するかという選択できる。この権利形態は，映画の制作者に一括される。これは，著作権法のカテゴリーになるが，職務著作と職務発明のメゾスコピックな性質をもつ。

　職務創作（職務著作・職務発明）の意味することは，法人に創作者の権利を帰属させ，創作者には創作に関する名誉またはマクロスコピックな創作物に対する対価請求権に基づくミクロスコピックな創作物に対する権利の行使という関係になる。その関係は，映画の制作についても同様に解しうる。ここに，コンテンツの創作・制作に関して，財産的な権利と人格的な権利との合理的な関係の構築が必要になろう。

8.2.3　コンテンツの権利の保護と権利の制限の構造

　高校で必修科目となる「情報」の学習指導要領では，著作権問題を情報モラルの育成との関連から教える。ここでは，ネットワーク上のモラルやルールについて理解させることが重要であるとの観点に立っている。たとえば，著作物に関する権利者・利用者間の契約システムの構築を促進し，著作権の保護や適切な契約の習慣が，広く多くの人々に受容される状況を作っていくことが必要であるとする。

第8章　情報財の循環のための社会制度デザイン　　235

(1)　著作権の保護と権利の制限[23]

　著作権問題の多くは，著作権に関わる契約により処理できる。また，著作権処理の対象も，著作権の契約システムによって処理しうる。この観点が著作権教育にあるとすれば，情報モラルの育成は著作権契約に関する決まり事とは峻別した形で情報倫理教育を行うことが想定できる。情報の保護は，主に著作権法によってなされる。copyright を著作権と翻訳することからいえば，また国際的な著作権条約がベルヌ条約によっていることからいえば，情報の保護の制度的なとらえ方に差異はないように見える。しかし，著作権の解釈には二つの法理があり，著作権界に存在するそれらの間には歴然とした違いがある。ところが，わが国の著作権の取り扱いに関しては，それらの差異を考慮せずに履行される傾向にある。欧米の著作権の法理や制度をわが国の社会にそのまま取り入れることに対して，疑念をいだくことに異論はないであろう。ここに，外から取り入れたシステムに対し，整合性をはかるための法技術が必要である。

(a)　コンテンツの保護と著作権

　大陸法システムおよび英米法システムという二つの法文化は，著作権法システムでは，それぞれ author's right の法理および copyright の法理に対応する。それらが著作権界に存在する二つの法理になり，その両者には著作権の解釈において越えがたい隔たりがある。

　アメリカの学会の著作権規程，たとえば「IEEE 著作権方針（IEEE Copyright Policy）」が出版物（publication）としての論文等（work）に対して投稿者からの著作権（copyright）の譲渡（transfer）によって所有権を有することになる。また，「ACM 暫定著作権方針（ACM Interim Copyright Policy）」も，IEEE と同じように，著作権の譲渡によって所有権を有していることになる。ここで，アメリカの学会の著作権規程は，アメリカの出版者が書籍の出版に係る

---

[23]　児玉晴男「情報教育における著作権と情報倫理」『電子情報通信学会技術報告 SITE2002-21』（2002年10月）17～22頁。

著作者との間で交わす契約の著作権規程と整合する。

　わが国の学会の著作権規程は，アメリカの学会の著作権規程をそのまま取り入れているといってよい。この傾向は，理工系の学会がその投稿論文の著作権を管理するうえから促進される傾向にある。基本的に著作権の譲渡によって，各学会に投稿される論文に対する権利処理を行っている。これは，アメリカの学会の著作権規程と同じであるが，わが国の出版者が行う契約とは異なっている。わが国の出版者が書籍の出版契約において著作権の譲渡によることは例外といえ，出版者の書籍の出版は主として設定出版権（著作権法79条1項）による。少なくとも，著作権の譲渡に，翻訳権，翻案権等（同法27条），二次的著作物の利用に関する原著作者の権利（同法28条）を含ませることは，著作権法61条2項からいって適切ではない。また，著作権規程の実質的な内容からいえば，たとえ著作者人格権の不行使特約を付けるにしても，著作者人格権のうちの同一性保持権（同法20条）に留めうる。

　そのような観点からいえば，わが国の著作権の譲渡は，実質的には，準物権的な性質をもつ設定出版権の効果と類似する。ここに，日米の学会の著作権規程を対応づければ，著作権の譲渡は，アメリカのcopyrightの法理において合理的であっても，わが国のauthor's rightの法理では適切ではない。この前提に立ち，さらにもし出版物が「著作物を原作のまま印刷その他の機械的又は化学的方法により文書又は図面として複製する」（著作権法80条1項）ことによりなるとすれば，学会の著作権規程において，著作権の譲渡より設定出版権による方が適切である。そのとき，わが国の学会の著作権規程の二つの手続き，「著作権の譲渡」と「著作者人格権の不行使特約」は，不思議な儀式として映らざるをえない[24]。

---

24)　わが国の著作権制度は，パンデクテン体系にあり，民法の特別法に位置づけられる。他方，著作権・著作隣接権の管理を規定する著作権等管理事業法は信託の法理に基づくものである。ここで，信託に関しては信託法（大11法62）があるが，民法の特別法に位置づけられている。ところが，信託（trust）は，英米法界で育まれてきた法理であり，大陸法界のパンデクテン体系，すなわち物権と債権を厳密に分けるものと異なる法理をとるものである。ここに，設定出版権が著作者の出版権の設定により始まる複製権者（著作者）と出版権者との準物権的な権利関係であることから，設定出版権とcopyright transferとは，わが国の学会の「著作権の譲

第 8 章　情報財の循環のための社会制度デザイン　　237

(a) アメリカ著作権制度と
　　フェアユース

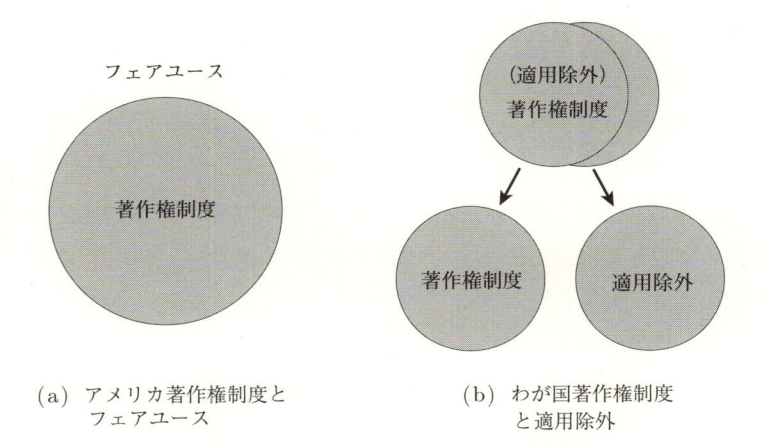

(b) わが国著作権制度
　　と適用除外

図 8.7 著作権制度における著作権（copyright）の適用除外（フェアユース）
との関係

(b)　コンテンツの共有と情報倫理

　コンテンツの保護に関する著作権制度の差異は，当然，情報倫理における著作権（知的財産権）のとらえ方にも影響を及ぼす。アメリカ連邦著作権法は，有形的媒体への固定（合衆国憲法にいう「書いたもの（writing）」）に限定して著作物を保護する法システムである。これを言い換えれば，著作物の対象になるものは，本来，人類共通のコモンズとの見方に立っている。この関係は，わが国のとらえ方と対照的である。そして，それは，著作権の保護とその適用除外（権利の制限）とフェアユースとの関係に現れる（図 8.7）。著作権の適用除外（権利の制限）またはフェアユースは情報の共有の概念と連動し，それは情報世界における前提といえる。

（2）　産業財産権の保護と権利の制限

　知的財産権は一つの法律で規定されているわけではない。ここで，「知的財産」とは，発明，考案，植物の新品種，意匠，著作物その他の人間の創造的

渡」が信託譲渡を意味するとすれば，設定出版権と copyright transfer との整合をとることができよう。

活動により生み出されるもの，商標，商号その他事業活動に用いられる商品または役務（サービス）を表示するものおよび営業秘密その他の事業活動に有用な技術上または営業上の情報をいう（知的財産基本法2条1項）。そして，「知的財産権」とは，特許権，実用新案権，育成者権，意匠権，著作権，商標権などの権利をいう（同法2条2項）。この知的財産権で中心をなすものが著作権と産業財産権であり，産業財産権は，特許権，実用新案権，意匠権，商標権からなる。

　ところで，著作権法または産業財産権法の各法の講義形式で，いままでも法学部や理工学部で行われてきている。この流れは，先端科学技術との関連を重視した法科大学院や技術経営大学院に拡張されている。この傾向の中で，情報（コンテンツ）の権利関係において，現行の著作権や産業財産権の関連条文の文言解釈とそれらの整合性を追求することに有効性が見いだせない状況にある。そして，それらの問題の主因は，知的財産権の対象が「有体物に入れられた無体物」から「情報」へ転換したことによっていよう。著作権で保護されるプログラム著作物（著作権法10条1項9号）と同じ対象が発明の物（プログラム）として特許権の保護も可能である（特許法2条3項1号）。さらに，その物（プログラム）は商品・役務（サービス）との関係から商標権の保護対象へ拡張される。それらの関係は，情報ネットワーク環境において相互連関することになる。ここに，著作権の保護と適用除外（権利の制限）に関する問題が産業財産権においても検討されなければならない。

　ここで，著作権法30条以下に権利の制限の規程があるが，産業上の利用可能性を要件にする産業財産権法では著作権法30条以下と同様の規定を有しない。ここに，情報（コンテンツ）の利用または実施に関する著作権法と産業財産権法とを架橋する公共政策的なアプローチによる権利の制限の対応が要請されよう。それは図8.7で示した対応づけに基づくものであり，産業財産権も著作権と情報倫理で考察してきた権利の保護と権利の制限との均衡でとらえられることになる。このとき，知的財産権は，著作権と産業財産権との相互関係から編成することが前提になる。

知的財産権が著作権と産業財産権との相互作用としての法理と法システムに焦点を合わせるとすれば，著作権と情報倫理との関係は，知的財産権と情報倫理との関係に拡張されよう。この相互関係は，情報技術の発達・普及により不均衡になった著作権・知的財産権とその権利の制限との新たな均衡をたえずはかっていくプロセスを対象とするものになる。そして，それは，情報ネットワーク環境にある情報財としてのコンテンツを活用する者が著作権・知的財産権と情報倫理を意識することなく創造的な活動を展開していく知的創造基盤にほかならない。

8.2.4　コンテンツの形成・流通・利用を促進するための制度デザイン

　コンテンツ自体の性質から，著作権の法理・法システムおよび産業財産権の法理・法システムを架橋するシステムが想定されてくる。また，そのコンテンツの対象は，コンピュータ・プログラムまたはコンピュータ・システムとして動的に機能する性格まで拡張される。さらに，コンテンツの権利の性質が準著作物性（準複製権保護可能性）にあるとすれば，知的財産制度を横断する権利関係の調整が必要になる。著作権の法理と産業財産権の法理とを架橋するシステムとは，知的財産権の全体システムの中で，著作権と産業財産権の各権利の接点を見いだし，著作権と産業財産権との間に各権利の相互の関連づけを与えることである。

（1）　著作権の制度デザイン

　コンテンツの形成・流通・利用の実効性を確保する著作権の法システムを構築するために，以下の課題の解決が必要になろう。

（a）　author's right アプローチと copyright アプローチとの調和

　大陸法システムの author's right アプローチと英米法システムの copyright アプローチが対応する。author's right アプローチでは，著作権とは別の権利として，著作権法システムに著作者人格権と著作隣接権が内包されている。copyright アプローチでは，人格権が著作権法システムの外に置かれ，著作隣

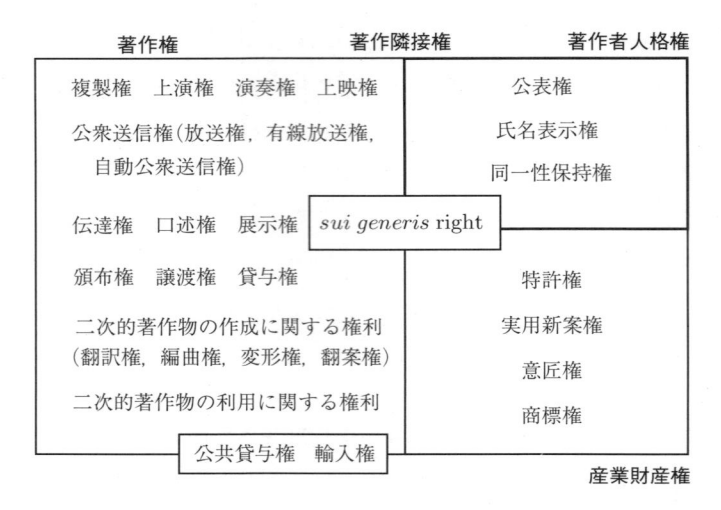

```
        著作権           著作隣接権        著作者人格権
┌─────────────────────────┬──────────────────┐
│ 複製権  上演権  演奏権  上映権  │    公表権       │
│ 公衆送信権(放送権,有線放送権,  │   氏名表示権     │
│   自動公衆送信権)             │   同一性保持権   │
│                  ┌──────────┤                 │
│ 伝達権  口述権  展示権 │ sui generis right    │
│                  └──────────┬──────────────┤
│ 頒布権  譲渡権  貸与権        │    特許権       │
│ 二次的著作物の作成に関する権利 │   実用新案権    │
│ (翻訳権,編曲権,変形権,翻案権) │    意匠権       │
│ 二次的著作物の利用に関する権利 │    商標権       │
│    ┌──────────────────┐                    │
└────┤ 公共貸与権  輸入権 ├───────────────────┘
     └──────────────────┘                産業財産権
```

図 8.8 コンテンツの知的財産権に想定される権利関係

接権の概念を有しないものの，そのカテゴリーに属するものが著作権と同質化している．したがって，著作物が情報ネットワークを介してグローバルに形成・流通・利用されるとき，大陸法システムと英米法システムとのシンセシスが必要である．

このとき，法理の整合性における問題として著作者人格権の対応がある．国際的な保護の調和の枠組みから，著作者人格権が削除される傾向にあり，実際上も著作者人格権が障害になることは少ないといえる．ただし，たとえそうであるとしても，著作者人格権と情報ネットワーク環境との法的な対応は必要である．この対応は，無形的な情報を有形的な媒体に固定した時点から比較法的にとらえると，author's right アプローチおよび copyright アプローチに実質的に相違はなく，それらの法理が調和可能になる点に見いだせよう．

（b） 著作権と *sui generis* right との自己相関関係

著作物のディジタル化・ネットワーク化は，その対象物を物から情報へ変化させている．この法現象は，著作権が無体財産を保護の対象としていること，またわが国の著作権法が有形的な媒体への固定を著作物の要件としてい

ない点からいえば，本来の性質に回帰しているとみなせる。ところが，法律は物を前提に規定されている。その関連からいえば，著作権の法概念も，物質から情報への翻訳が必要となろう。このような著作権の多様性・複雑性を見せる課題の解決は，関連条文の法解釈を厳密にすることから得られるものではない。

著作物の保護については創作性を要件としているが，コンテンツは複製の対象であるものの，創作性の要件を含まないこともありうる。ここで，sui generis right は，創作性の観点より著作権の資産価値から利用価値の転換に伴って顕現した権利といえる。その権利化に対しては，とくに学術研究者から批判的な見解が表明されている[25]。コンテンツの形成・流通・利用を促進するための施策を推進するためには，ここで考察してきたような創作性の想定しにくいコンテンツが創作性の認められるコンテンツとともに自由に形成・流通・利用できる社会制度デザインが必要になろう。

コンテンツの部分的な関係からいえば，sui generis right が広義の著作権法システムに包含される関係をもつとすることがコンテンツの形成・流通・利用の権利処理を行ううえで実効性をもとう。すなわち，著作権の創作性は微小であってもよいことから，sui generis right は著作権または著作隣接権と合理的に関連づけが可能である。さらに，その関連づけは，コンテンツが著作物とその伝達（送信）にかかる行為（給付）の一体化，すなわち著作権と著作隣接権との結合した性質を有するとみなせることにより，コンテンツの形成・流通・利用における国際的な著作権法システムの調和をはかる実効的な解決法になる[26]。

（c） 著作権の支分権の構造化

わが国の著作権契約が対象にする権利は，分割された著作権の支分権にな

---

[25] 「声明 データベースに関して提案されている独自の権利（sui generis right）についての見解」学術の動向，Vol.6，No.12（2001 年）12～22 頁。

[26] 児玉晴男「sui generis right と著作権・知的所有権の相関関係について」パテント，Vol. 50, No. 5（1997 年 5 月）14～22 頁。

る。著作権の支分権は、それぞれの権利が独立して譲渡の対象になることからいえば、当然のことかもしれない。しかし、当初、著作権の支分権を分割して譲渡しえなかったことがあったし、著作権の支分権はあたかも拡散しているように見える。

このような前提に立ったとき、有限の著作権契約という交渉ゲームは、不成立になる。また、無限の著作権契約という交渉ゲームも無限数のパターンをもつことになり、そのような著作権契約に意味を見いだすことはできない。ここに、著作権の単純化は、コンテンツの形成・流通・利用を効率的に機能させていくうえで実際性がある。

ここで、著作権の基本的な概念が著作権制度の制定された当時にすでに出そろっていたという仮定に立てば、著作権の支分権は、表 6.1 と図 6.3 で提示したように、複製権を起点にして著作物が伝達し拡散していく形態に沿って形成されているみなし、著作物の複製（reproduction）、著作物の伝達（transmission）、著作物の派生（derivative）に 3 分類しうる。それらは、著作権の支分権の例示規定が著作物の複製を起点にして、著作物の送信・派生に関する伝達プロセスに対応して循環関係をもつ。この著作権の動的な関係は、遺伝型としての複製権が表現型としての著作権の支分権（複製権を除く）に形を変えて相転移している現象とみなせる。

これは、著作権がたとえ支分権ごとに別々に譲渡の対象になるとしても、著作権の一つの体系の中で複製権が起点になり、各支分権の背面で複製権と連結しているとみなすものである。とくに、コンテンツの伝達（送信）において、複製の概念は、権利の行使の形態を表現する点で、特許発明の行使と同一性を有し、知的財産の法理として適用できよう。ここに、著作権契約システムにおいて、その複雑性が簡素化される。それは、複製権（reproduction right）で一元化できる。

8.2.5　知的財産権の制度デザイン

コンテンツは、テキスト・図・映像・音声といった現実世界の創作物をディ

第 8 章　情報財の循環のための社会制度デザイン　　　243

ジタル変換し，情報世界で統合化していく。この創作物の性質は，著作物と発明・考案・意匠・商標とを併せ持っている。この創作物の合理的な利用関係は，著作権と産業財産権との相互連関が前提になる。

（1）　著作権と産業財産権との相互相関関係

　コンテンツは，フォームの規格化およびプラットフォームの共通化により制作される傾向をもつ。これは，コンテンツとシステムが一体化して流通するものになり，コンテンツが著作権法または特許法が想定した著作物または発明という固定観念を超えたところにある。コンテンツは著作物として多様なメディアに展開できる。そして，そのコンテンツにソフトウェアの機能が含まれていれば試作品から製品までを制作することも可能である。この類似の展開は，遺伝情報と医薬品開発との関係においても適用可能になる。このような知的財産としてのコンテンツの法的性質は，著作権と著作隣接権との一体化にとどまるものではなく，特許権の保護対象である物としてのプログラムの法的性質という二重性をもつものといえる。

（2）　著作権・産業財産権の利用権制度

　著作権の支分権が複製権を起点に循環構造で一体化される権利と理解することは，著作権と産業財産権の支分化されない特許権・実用新案権・意匠権・商標権との相互連携をとるための前提条件になる。著作物は，著作者による出版権の設定によって，その設定された者が複製できる。この設定出版権は，著作権法における準物権的な使用権の性質を有するものといえる。ここで，少なくとも著作物の有形的な媒体への固定が擬制される限りにおいて，著作者人格権の問題はクリアされるとする。したがって，このような著作権と産業財産権との相互の使用（実施）関係を横断的にとらえるネットワーク構造は，情報世界にあるコンテンツが情報ネットワークを介して流通し，現実世界との界面で利用される形態に対する法的な基盤整備になろう。

　この横断的な利用権（実施権）の相互関係は，次のような構成が想定でき

る[27]）。商標法29条と出版権（著作権法79条1項）で連結されている関係は，複製権（著作権法21条）の使用権システムと産業財産権の各抵触規定（特許法72条，実用新案法17条，意匠法26条）をネットワーク状に関連づけることになる。すなわち，著作権と産業財産権との使用権の関係は，著作権法システムに産業財産権法システムと連携する物権的な専用利用権および債権的な通常利用権の想定のもとに，次のように構成できる。

設定出版権と商標権との関係は，複製権と商標権・意匠権・特許権（実用新案権）との関係にも拡張できる。すなわち，情報ネットワークを介する産業財産権の対象物の利用・使用は，専用使用権の設定（商標法30条1項）と通常使用権の許諾（商標法31条1項），専用実施権の設定（特許法77条1項，実用新案法18条1項，意匠法27条1項）と通常実施権の許諾（特許法78条1項，実用新案法19条1項，意匠法28条1項）の権利保有者と利用者の権利関係を個人的な利用にまで拡張し，著作物の複製権に基づく報酬請求権と整合をとることにより関連づけられる。

この利用権制度を明確にするためには，出版権（著作権法77条～88条）および著作物の利用の許諾（同法63条）は，著作権における複製権（著作物の利用）の許諾に関する専用利用権および複製権（著作物の利用）の設定に関する通常利用権の規定に整理する必要がある。この法的整備のもとに，知的財産権の利用権制度の立法化が要請される。ここに，知的財産（無体財産）としてのコンテンツは有体物を擬制して形成・流通・利用が想定でき，知的財産権のネットワーク構造が想定できる。

8.2.6　知的資源循環のための知的財産法制

情報技術の開発・普及は，情報ネットワーク環境との対応から著作権法システムを制度デザインする必要性を顕在化させている。ここで，コンテンツ

---

[27] 児玉晴男『ハイパーメディアと知的所有権』信山社，1993年，118頁。児玉晴男「情報通信社会にフィットした知的財産権の制度デザインについて」『平成10年度 情報通信学会年報』（1999年）95～108頁。

を著作権から見た形態は，ネットワーク系電子出版物（電子情報）になる。その産業財産権からとらえた形態は，商標が付されたソフトウェア機能をもつ物（プログラム）になる。それら形態は，e-Japan戦略等でコンテンツと表記される電気通信回線（インターネットなどの情報ネットワーク）を行き交う「情報ビークル」といえる[28]。

そして，その形成・流通・利用は，情報世界と現実世界との界面における電子的な複製により把握しうる。情報ネットワーク環境の法整備の対応において現行法で不備な点は，その界面における法現象に対する制度デザインにあろう。それは，コンテンツの性質が準著作物性により理解しうるとすれば，その制度デザインは著作権と産業財産権が準著作物性（複製権保護可能性）による一元的な仮想的な法システム（複製権保護可能性に関する法システム，virtual quasi-copyright law system）が想定できる。

ところで，無体財産法制は，全体的にながめれば，著作権法と産業財産権法とが相反性（reciprocity）を有し機能する法システムということができる。すなわち，知的財産の諸問題は，次のようにとらえることができる。主体（自然人，法人）の精神的価値を第一義とおくのか，客体（対象物）の財産的価値を優先するのかという視点の差異によるものである。その法システムを概観してみると，著作権法の著作者と複製物，特許法のイノベータと人工物の対称関係となろう。このような幾何学的な対称関係が，無方式主義か方式主義か，また先発明主義（first-to-invent priority rule）をとるか先願主義（first-to-file priority rule）によるかという手続規定の差異とともに国際的な課題へ投影されているといえる。さらに，登録が権利発生要件か第三者対抗要件かという要件関係とともに，それら幾何学的な対称関係にからみあって，知的財産の諸相をいっそう複雑なものに見せている。そして，日本・EUとアメリカの知的財産権の法理は，上で述べたヒトとモノの対称性がちょうど逆転しているといえる。したがって，知的財産法制を全体包括的な見方に立

---

[28] 児玉晴男『情報メディアの社会システム―情報技術・メディア・知的財産』日本教育訓練センター，2003年，9～10頁。

てば,すなわち著作権の法理と産業財産権の法理を一対の法システムの中でとらえれば,日本・EU・アメリカの知的財産法制の相反性は,それぞれ調和した形態をもっていることになる。

　知的資源の表出としての情報財の知的財産法制は,メタ著作権またはメタ知的財産権としてコンテンツの全体的な利用と部分的な利用との均衡およびその経済的な流通・利用と公共的な流通・利用との同時的な処理機能が指向されてこよう。本書で指摘した法整備は情報世界の法現象が現実世界の法現象として反射されるユビキタスネットワーク社会における制度デザインになりうるものであり,その制度デザインは国際的な知的財産法制の本来の姿にほかならない。

参 考 文 献

単 行 本

[1] Arrow, Kenneth Joseph, *Social Choice and Individual Values*（Yale University Press, London, 2nd ed., 1963）．（長名寛明訳『社会的選択と個人的評価』日本経済新聞社，1977 年）

[2] Barthes, Roland（諸田和治編訳）『ロラン・バルト映画論集』ちくま学芸文庫，筑摩書房，1998 年。

[3] Baudrillard, Jean, *La société de consommation : ses mythes, ses structures*（Éditions Gallimard, Paris,1970）．（今村仁司・塚原史訳『消費社会の神話と構造』紀伊國屋書店，1979 年）

[4] Baudrillard, Jean, *Simuracres et simulation*（Éditions Galilée, Paris, 1981）．（竹原あき子訳『シミュラークルとシミュレーション』法政大学出版局，1984 年）

[5] Baudrillard, Jean, *L'Échange impossible*（Éitions Galilée, Paris, 1999）．（塚原史訳『不可能な交換』紀伊國屋書店，2002 年）

[6] Benjamin, Walter, *Abhandlungen, Gesammelte Schriften, Band I-2*（Surkamp, 1974）．（野村修訳「複製技術の時代における芸術作品」『ボードレール他五篇 ベンヤミンの仕事2』岩波書店，1994 年，多木浩二『ベンヤミン「複製技術時代の芸術作品」精読』岩波書店，2000 年）

[7] Berle, Adolf A., Jr. and Gardiner C. Means, *The Modern Corporation and Private Property*（Macmillan Company, London, 1932）．（北島忠男訳『近代株式会社と私有財産』文雅堂銀行研究社，1959 年）

[8] Berrigan, Frances J.（ed.），*Access : Some Western Models of Community Media*（UNESCO, Paris,1977）．（鶴木眞監訳『アクセス論—その歴史的発生の背景』慶應通信，1991 年）

[9] Beveridge, William Ian Beardmore, *Seeds of Discovery : A Sequel to the Art of Scientific Investigation*（1980）．（松永俊男・鞠子英雄共訳『発見と創造—科学のすすめ』培風館，1983 年）

[10] Bolter, Jay David, *Writing Space : The Computer, Hypertext, and the History of Writing*（Lawrence Erlbaum Associates Inc., Mahwah, NJ, 1991）．（黒崎政男・下

野正俊・伊古田理訳『ライティングスペース―電子テキスト時代のエクリチュール』産業図書，1994年）

[11] Casti, John L., and DePauli, Werner, *Gödel : A Life of Logic* （Perseus Publishing, Massachusetts, 2000）．（増田珠子訳『ゲーデルの世界―その生涯と論理』青土社，2003年）

[12] Chartier, Roger, *l'Ordre des livres : Lecteurs, auteurs, bibliothéques en Europe entre XIVe et XVIIIe siécle* （Editions Alinea, Aix-en-Provence, 1992）．（長谷川輝夫訳『書物の秩序』筑摩書房，1996年）

[13] Coase, Ronald H., *The Firm, the Market, and the Law* （University of Chicago Press, Chicago, 1988）．（宮沢健一・後藤晃・藤垣芳文訳『企業・市場・法』東洋経済新報社，1992年）

[14] de Broglie, Louis, *Matiére et Lumiére* （1939）．（河野与一訳『物質と光』岩波書店，1972年）

[15] Dedekind, Julius Wilhelm Richard, *Stetigkeit und irrationale Zahlen* （1872）．（河野伊三郎訳『数について 連続性と数の本質』岩波書店，1961年，7～37頁）

[16] Deleuze, Gilles, *LE PLI : Leibniz et le baroque* （Les Editions de Minuit, 1988）．（宇野邦一訳『襞―ライプニッツとバロック』河出書房新社，1998年）

[17] Derrida, Jacques, *L'écriture et la différence* （Éditions du Seuil, Paris, 1967）．（若桑毅・野村英夫・阪上脩・川久保輝興訳『エクリチュールと差異』法政大学出版局，（上）1977年，（下）1983年）

[18] Descartes, *Regulae ad directionem ingenii* （1701）．（野田又夫訳『精神指導の規則』岩波書店，1950年）

[19] Diderot et d'Alembert, it Encyclopédie （1751–1780）．（桑原武夫訳編『百科全書―序論および代表項目』岩波書店，1971年）

[20] Dowkins, Richard, *The Selfish Gene* （Oxford University Press, new edition, 1989）．（日高敏隆・岸由二・羽田節子・垂水雄二訳『利己的な遺伝子』紀伊國屋書店，1991年）

[21] Drexler, K. Eric, *Engines of Creation : The Coming of Era of Nanotechnology* （1986）．（相澤益男訳『創造する機械―ナノテクノロジー』パーソナルメディア，1992年）

[22] Dreyfus, Hubert L. and Stuart E. Dreyfus, *Mind over Machine : ThePower of Human Intuition and Expertise in the Era of the Computer* （1986）．（椋田直子訳『純粋人工知能批判―コンピュータは思考を獲得できるか』アスキー出版局，1987年）

[23] Ehrlich, Eugen, *Grundlegung der Soziologie des Rechts* （Duncker & Humblot, Berlin, 1913）．（河上倫逸訳『法社会学の基礎理論』みすず書房，1984年）

[24] Ehrlich, Eugen, *Die juristische Logik* （Verlag von J. C. B. Mohr （Paul Siebeck），Tübingen, 1918）．（河上倫逸・Manfred Hubricht訳『法律的論理』みすず書房，

1987 年)
- [25] Einstein, Albert(中村誠太郎・五十嵐正敬訳)『自伝ノート』東京図書,1987 年
- [26] Eisenstein, Elizabeth L., *The Printing Revolution in early modern Europe* (Cambridge University Press, Cambridge, 1983). (別宮貞徳他訳『印刷革命』みすず書房,1987 年)
- [27] Febvre, Lucien and Henri-Jean Martin, *L'apparition du livre* (Éditions Albin Michel, Paris, 1958). (関根素子・長谷川輝夫・宮下志朗・月村辰雄訳『書物の出現』筑摩書房,1998 年)
- [28] Foucault, Michel, *L'ordre du discours* (Éditions Gallimard, Paris, 1971). (中村雄二郎訳『言語表現の秩序』河出書房新社,1981 年)
- [29] Gibson, William, *Neuromancer* (Ace Books, New York, 1984).
- [30] Gould, Stephen Jay, *Wonderful Life : The Burgess Shale and the Nature of History* (1989). (渡辺政隆訳『ワンダフル・ライフ—バージェス頁岩と生物進化の物語』早川書房,1993 年)
- [31] Greenberger, Martin (ed.), *On Multimedia Technologies for the 21st Century* (Voyager Company, California, 1990). (浜野保樹訳『マルチメディア—21 世紀のテクノロジー』岩波書店,1993 年)
- [32] Habermas, Jürgen, *Nachmetaphysisches Denken. Philosophische Aufsätze* (Suhrkamp, 1988). (藤沢賢一郎・忽名敬三訳『ポスト形而上学の思想』未来社,1990 年)
- [33] Hadamard, Jacques, *An Essay on the Psychology of Invention in the Mathematical Field* (Princeton University Press, 1945). (伏見康治・尾崎辰之助・大塚益比古訳『数学における発明の心理』みすず書房,1990 年)
- [34] Haken, Hermann, *Erfolgsgeheimnisse der Natur : Synergetik, die Lehre vom Zusammenwirken* (Verlags-Anstalt GmbH, Stuttgart, 2.Aufl., 1981). (高木隆司訳『自然の造形と社会の秩序』東海大学出版会,1985 年)
- [35] Hart, H. L. A., *The Concept of Law* (Oxford University Press, London, 1961).
- [36] Hartshorne, Charles and Paul Weiss (eds.), *Collected Papers of Charles Sanders Peirce* (Harvard University Press, 1931-35). (米盛裕二編訳『パース著作集 1 現象論』勁草書房,1985 年,内田種臣編訳『パース著作集 2 記号学』勁草書房,1986 年,遠藤弘編訳『パース著作集 3 形而上学』勁草書房,1986 年)
- [37] Hawken, Paul, Amory B. Lovins, and L. Hunter Lovins, *Natural Capitalism : Creating the Next Industrial Revolution* (Earthscan, London, 1999). (佐和隆光監訳,小幡すぎ子訳『自然資本の経済—「成長の限界」を突破する新産業革命』日本経済新聞社,2001 年)
- [38] Heim, Michael, *The Metaphysics of Virtual Reality* (Oxford University Press, New York, 1993). (田畑暁生訳『仮想現実のメタフィジックス』岩波書店,1995 年)

[39] Henning, Jean-Luc, *Apologie du plagiat* (Éditions Gallimard, Paris, 1997). (尾河直哉訳『剽窃の弁明』現代思潮新社，2002 年)

[40] Hutcheon, Linda, *A Theory of Parody: The Teachings of Twentieth-Century Art Forms* (1985). (辻麻子訳『パロディの理論』未来社，1993 年)

[41] Husserl, Edmund, *L'origine de la géométrie, Traduction et introduction par Jacques Derrida* (Presse Universitaires de France, 1962). (田島節夫・矢島忠夫・鈴木修一訳『幾何学の起源』青土社，1992 年)

[42] Jung, C. G. and W. Pauli, *The Interpretation of Nature and the Psyche* (Bollingen Foundation, New York, 1955). (河合隼雄・村上陽一郎訳『自然現象と心の構造』海鳴社，1976 年)

[43] Karjala, Dennis S., 椙山敬士『日本−アメリカ コンピュータ・著作権法』日本評論社，1989 年

[44] Kauffman, Stuart, *At Home in the Universe*: *The Search Laws of Self-Organization and Complexity* (Oxford University Press, New York, 1995). (米沢富美子監訳『自己組織化と進化の論理―宇宙を貫く複雑系の法則』日本経済新聞社，1999 年)

[45] Laplace, Pierre-Simon, *Essai philosophique sur les probabiliés* (1814). (内井惣七訳『確率の哲学的試論』岩波書店，1997 年)

[46] Luhmann, Niklas "The Autopoiesis of Social System" Essays on Self Reference (Columbia University Press, 1990) pp.1-20.

[47] Lyotard, Jean-Francois, *La condition postmoderne* (Les éditions de Minuit, Paris, 1979). (小林康夫訳『ポスト・モダンの条件―知・社会・言語ゲーム』水声社，1986 年)

[48] Maturana, Humberto R. and Francisco J. Varela, *Autopoiesis and Cognition* (D. Reidel Publishing Company, Dordrecht, 1980). (河本英夫訳『オートポイエーシス―生命システムとはなにか』国文社，1991 年)

[49] McLuhan, Marshall, *The Mechanical Bride*: *Folklore of Industrial Man* (Vanguard Press, New York, 1951). (井坂学訳『機械の花嫁―産業社会のフォークロア』竹内書店新社，1991 年)

[50] McLuhan, Marshall, *The Gutenberg Galaxy*: *The Making of Typographic Man* (University of Toronto Press, Toronto, 1962). (森常治訳『グーテンベルグの銀河系―活字人間の形成』みすず書房，1986 年)

[51] McLuhan, Marshall, *Understanding Media*: *Extentions of Man* (McGraw-Hill, New York, 1964). (後藤和彦・高儀進訳『人間拡張の原理―メディアの理解』竹内書店新社，1967 年)

[52] More, Thomas, *Utopia* (1516). (平井正穂訳『ユートピア』岩波書店，1957 年)

[53] Nelson, Theodor Holm, *Literary Machines* (1980). (竹内郁雄・斉藤嘉己監訳，ハイテクノロジー・コミュニケーションズ訳『リテラリーマシン―ハイパーテ

キスト原論』アスキー出版局，1994年）

[54] Ong, Walter Jackson, *Orality and Literacy : The Technologizing of the Word* (Methuen, London, 1982). （桜井直文・林正寛・糟谷啓介訳『声の文化と文字の文化』藤原書店，1991年）

[55] Ortega y Gasset, José, *La rebelión de las masas* (Revista de Occidente, 1930). （桑名一博訳『大衆の反逆』白水社，1991年）

[56] Pauli, Wolfgang, *Aufsätze und Vorträge üer Physik und Erkenntnistheorie* (Friedr. Vieweg und Sohn, Braunschweiz, 1961). （藤田純一訳『物理と認識』講談社，1975年）

[57] Peat, F. David, *Synchronicity : The Bridge between Matter and Mind* (1987). （管啓次郎訳『シンクロニシティ』朝日出版社，1989年）

[58] Peirce, Charles Sanders, *Reasoning and Logic of Things : The Cambridge Conferences Lectures of 1898*, edited by Kenneth Laine Ketner with an Introduction by Kenneth Laine Ketner and Hilary Putnam (Harvard University Press, 1992). （伊藤邦武編訳『連続性の哲学』岩波書店，2001年）

[59] Polanyi, Michael, *The Tacit Dimension* (Routledge & Kegan Paul, London, 1966). （佐藤敬三訳『暗黙知の次元—言語から非言語へ』紀伊國屋書店，1980年）

[60] Poster, Mark, *The Mode of Information* (Polity Press, Massachusetts, 1990). （室井尚・吉岡洋訳『情報様式論—ポスト構造主義の社会理論』岩波書店，1991年）

[61] Ramseyer, J. Mark『法と経済学—日本法の経済分析』弘文堂，1989年

[62] Reich, Robert B., *The Work of Nations : Preparing Ourselves for 21st-Century Capitalism* (Alfred A. Knopf, 1991). （中谷巌訳『ザ・ワーク・オブ・ネーションズ—21世紀資本主義のイメージ』ダイヤモンド社，1991年）

[63] Rifkin, Jeremy, *The Age of Access : The New Culture of Hypercapitalism Where All of Life Is a Paid-For Experience* (Tarcher/Putnum, New York, 2000).

[64] Rosenberg, M. J., *The Cybernetics of Art : Reason and The Rainbow* (Gordon and Breach Science Publishers, London, 1983).

[65] Said, Edward W., *Representations of the Intellectual : The 1993 Reith Lectures* (1994). （大橋洋一訳『知識人とは何か』平凡社，1995年）

[66] Salmon, Wesley C., *Logic, Foundations of Philosophy Series* (Prentice-Hall, 3rd ed., New Jersey, 1984). （山下正男訳『哲学の世界1 論理学』培風館，1987年）

[67] Schopenhauer, Arthur, *Parerga und Paralipomena: Kleine Philosophische Schriften* (1851). （斎藤忍随訳『著作と文体』岩波書店，1960年，斎藤忍随訳『読書について 他二篇』岩波書店，1960年，細谷貞雄訳『知性について 他四篇』岩波書店，1961年）

[68] Schumpeter, Joseph A., *Theorie der wirtschaftlichen Entwicklung* (2. Aufl, 1926). （塩野谷祐一・中山伊知郎・東畑精一訳『シュムペーター 経済発展の理論—

企業者利潤・資本・信用・利子および景気の回転に関する一研究』岩波書店, 1977 年)

[69] Simon, Herbert Alexander, *The Sciences of the Artificial* (MIT Press, Massachusetts, 3 rd ed.,1996). (稲葉元吉・吉原英樹訳『システムの科学』パーソナルメディア, 第 3 版, 1999 年)

[70] Teubner, Gunther, *Recht als autopoietisches System* (Suhrkamp Verlag, Frankfurt am Main, 1989). (土方透・野崎和義訳『オートポイエーシス・システムとしての法』未来社, 1994 年)

[71] Thompson, James Westfall, *The Frankfort Book Fair* : *The Francofordiense Emporium of Henri Estienne Edited with Historical* Introduction (Chicago, 1911). (箕輪成男訳『出版産業の起源と発達―フランクフルト・ブックフェアの歴史』出版同人, 1974 年)

[72] Toffler, Alvin, *The Third Wave* (William Morrow & Company, New York, 1980). (徳岡孝夫監訳『第三の波』中央公論社, 1982 年)

[73] Vinogradoff, Sir Paul, *Common Sense in Law*, 3rd ed. revised by H. G. Hanbury (Oxford University Press, London, 1959). (末延三次・伊藤正己訳『法における常識』岩波書店, 1972 年)

[74] Wiener, Norbert, *The Human Use of Human Beings: Cybernetics and Society*. (鎮目恭夫・池原止戈夫訳『人間機械論―人間の人間的な利用』みすず書房, 第 2 版, 1979 年)

[75] Wiener, Norbert, *Invention* : *The Care and Feeding of Ideas* (MIT Press, 1993). (鎮目恭夫訳『発明―アイディアをいかに育てるか』みすず書房, 1994 年)

[76] Winograd, Terry and Fernando Flores, *Understanding Computers and Cognition* : *A New Foundation for Design* (Ablex Publishing Corporation, NJ, 1986). (平賀譲訳『コンピュータと認知を理解する―人工知能の限界と新しい設計理念』産業図書, 1989 年)

[77] Winston, Patrick Henry, *Artificial Intelligence* (Addison-Wesley Publishing Co., 3rd ed., 1992).

[78] Ziman, John, *Prometheus Bound* : *Science in a Dynamic Steady State* (Cambridge University Press (Trd), 1994).

[79] 碧海純一『法と社会―新しい法学入門』中央公論社, 1967 年。
[80] 芦部信喜『現代人権論―違憲判断の基準』有斐閣, 1974 年。
[81] 新井誠『信託法』有斐閣, 2002 年。
[82] 石井威望・小林登・清水博・村上陽一郎編『ヒューマンサイエンス 1 ミクロコスモスへの挑戦』中山書店, 1984 年。
[83] 石黒一憲『情報通信・知的財産権への国際的視点』国際書院, 1990 年。
[84] 伊藤正己『言論・出版の自由―その制約と違憲審査の基準』岩波書店, 1959 年。

- [85] 猪瀬博『デジタル時代―情報と文明』日本放送出版協会，1994年．
- [86] 今井賢一『情報ネットワーク社会の展開』筑摩書房，1990年．
- [87] 植木邦之編『最新 独占禁止法』商事法務研究会，1990年．
- [88] 上田修一・倉田敬子『情報の発生と伝達〈図書館・情報学シリーズ1.〉』勁草書房，1992年．
- [89] 梅棹忠夫『情報管理論』岩波書店，1990年．
- [90] 浦昭二他共編著『情報システム学へのいざない―人間活動と情報技術の調和を求めて』培風館，1998年．
- [91] 大家重夫『ニッポン著作権物語―プラーゲ博士の摘発録』青山社，改訂版，1999年．
- [92] 大河内暁男『発明行為と技術構想』東京大学出版会，1992年．
- [93] 大塚久雄『共同体の基礎理論』岩波書店，2000年．
- [94] 大平号声「情報経済の構造」『情報経済論』有斐閣，新版，1987年，123～154頁．
- [95] 川島武宜『日本人の法意識』岩波書店，1967年．
- [96] 川島武宜『所有権法の理論』岩波書店，新版，1987年．
- [97] 川野洋『芸術・記号・情報』勁草書房，1982年．
- [98] 北川善太郎『技術革新と知的財産法制』有斐閣，1992年．
- [99] 北原安定・小林登共編『NTT技術陣による情報/先端メディア 1.基礎技術，2.基本システム，3.応用システム』培風館，1986年．
- [100] 公文俊平『情報文明論』NTT出版，1994年．
- [101] 黒崎政男「電子メディア時代の「著者」」竹内郁雄著，養老孟司・中村桂子他対談『新科学対話』アスキー出版社，1997年，203～218頁．
- [102] 児玉晴男『ハイパーメディアと知的所有権』信山社，1993年．
- [103] 児玉晴男「社会システムとしての科学技術法制―科学技術と法のシンセシス」竹内啓監修『科学技術社会の分析』統計研究会，1996年，31～58頁．
- [104] 児玉晴男「著作権法制が直面する課題―著作権・著作隣接権と *sui generis* right」『CRIC賞入選論文集』著作権情報センター，1997年，64～73頁．
- [105] 児玉晴男「著作物のディジタル化・ネットワーク化に伴う著作権法の課題―情報サーヴィス提供としての出版者の権利と義務」『紋谷教授還暦記念論文集 知的財産権法の現代的課題』発明協会，1998年，529～547頁．
- [106] 児玉晴男「著作物の伝達に関するauthor's rightの法理とcopyrightの法理とのシンセシス」『現代先端法学の展開―田島裕教授記念論文集』信山社，2001年，441～467頁．
- [107] 児玉晴男『情報メディアの社会システム―情報技術・メディア・知的財産』日本教育訓練センター，2003年．
- [108] 小林宏一「メディア性とメディア秩序―メディア論の今日的課題」児島和人編『講座社会学8 社会情報』東京大学出版会，1999年．

- [109] 小林尋次『現代著作権法の立法理由と解釈』文部省社会教育局，1958年。
- [110] 小柳屯『木造図書館の時代』石風社，1999年。
- [111] 今野浩『カーマーカー特許とソフトウェア』中央公論社，1995年。
- [112] 齊藤博『人格価値の保護と民法』一粒社，1986年。
- [113] 齊藤博『概説 著作権法』一粒社，第3版，1994年。
- [114] 齊藤博「情報のデジタル化と著作者人格権」『民法学と比較法学の諸相II―山畠正男先生・五十嵐清先生・薮重夫先生古稀記念』信山社，1997年，157～182頁。
- [115] 齊藤博「デジタル環境下での著作物の利用と電子的許諾」『牧野利秋判事退官記念論文集―知的財産法と現代社会』信山社，1999年，675～687頁。
- [116] 齊藤博『著作権法』有斐閣，2000年。
- [117] 情報理論とその応用学会編『情報理論とその応用シリーズ1-I 情報源符号化―無歪みデータ圧縮』培風館，1998年。
- [118] 情報理論とその応用学会編『情報理論とその応用シリーズ1-II 情報源符号化―歪みのあるデータ圧縮』培風館，2000年。
- [119] 情報理論とその応用学会編『情報理論とその応用シリーズ4 暗号と認証』培風館，1996年。
- [120] 高階秀爾『ピカソ―剽窃の論理』筑摩書房，1995年。
- [121] 高野雄一『国際組織法』有斐閣，新版，1975年。
- [122] 多賀谷一照『行政とマルチメディアの法理論』弘文堂，1995年。
- [123] 竹内啓『高度技術社会と人間』岩波書店，1996年。
- [124] 竹内啓『科学技術・地球システム・人間』岩波書店，2001年。
- [125] 田島裕『法律情報のオンライン検索』丸善，1992年。
- [126] 田島裕『比較法の方法』信山社，1998年。
- [127] 田島裕「アメリカ著作権法の歴史的展開」『知的財産法の系譜・小野昌延先生古稀記念論文集』青林書院，2002年，607～630頁。
- [128] 舘・廣瀬監修/著『バーチャル・テック・ラボ』工業調査会，1992年。
- [129] 舘監修，廣瀬編『VR世界の構成手法―VR環境の創世・演出・コンピューティング（バーチャルリアリティの基礎3）』培風館，2000年。
- [130] 土井輝生『著作権の保護と管理』同文社，1985年。
- [131] 立花隆・利根川進『精神と物質―分子生物学はどこまで生命の謎を解けるか』文藝春秋，1993年。
- [132] 富永健一『社会学講義―人と社会の学』中央公論社，1995年。
- [133] 苗村憲司・小宮山宏之編著『マルチメディア社会の著作権』慶應義塾大学出版会，1997年。
- [134] 長尾真『電子図書館（岩波科学ライブラリー15）』岩波書店，1994年。
- [135] 中山信弘『発明者権の研究』東京大学出版会，1987年。
- [136] 中山信弘『ソフトウェアの法的保護』有斐閣，新版，1988年。

- [137] 中山信弘『マルチメディアと著作権』岩波書店，1996 年。
- [138] 名和小太郎『技術標準 対 知的所有権』中央公論社，1990 年。
- [139] 名和小太郎『知的財産権—ハイテクとビジネスに揺れる制度』日本経済新聞社，1993 年。
- [140] 名和小太郎『サイバースペースの著作権—知的財産は守れるのか』中央公論社，1996 年。
- [141] 名和小太郎『変わりゆく情報基盤—走る技術・追う制度』関西大学出版部，2000 年。
- [142] 西谷能雄『出版流通機構試論—取次店・書店・大学生協』未來社，1981 年。
- [143] 野口悠紀雄『情報の経済理論』東洋経済新報社，1974 年。
- [144] 橋本毅彦「コンピュータの歴史」立花隆・児玉文雄・南谷崇・橋本毅彦・安田浩＋立花隆ゼミ著『新世紀デジタル講義』新潮社，2000 年，143〜193 頁。
- [145] 浜田純一『情報法』有斐閣，1993 年。
- [146] 半田正夫『著作権法概説』一粒社，第 7 版，1994 年（法学書院，第 11 版，2003 年）。
- [147] 廣松毅「情報化指標の試みと情報流通センサス」林周二・中村隆英編『日本経済と経済統計』東京大学出版会，1986 年，97〜113 頁。
- [148] 廣松毅・大平号声『情報経済のマクロ分析』東洋経済新報社，1990 年。
- [149] 藤森善貢『出版技術入門』日本印刷出版社，1965 年。
- [150] 増田祐司「情報経済」東京大学社会情報研究所編『社会情報学Ⅰ　システム』東京大学出版会，1999 年，127〜145 頁。
- [151] 宮井均・市山俊治『NEC ライブラリー　電子図書館が見えてきた』NEC クリエイティブ，1999 年。
- [152] 三山裕三『著作権法詳説—判例で読む 16 章』東京布井出版，全訂新版，2000 年。
- [153] 村上陽一郎『科学と日常性の文脈』海鳴社，1979 年。
- [154] 村上陽一郎『近代科学を超えて』講談社，1986 年。
- [155] 村上陽一郎『科学者とは何か』新潮社，1994 年。
- [156] 紋谷暢男『無体財産権法概論』有斐閣，第 8 版，1999 年。
- [157] 薬師寺泰蔵『テクノヘゲモニー—国は技術で興り，滅びる』中央公論社，1989 年。
- [158] 湯川秀樹『創造への飛躍』講談社，1971 年。
- [159] 吉川弘之監修，日本インダストリアル・パフォーマンス委員会（JCIP）編集『メイド・イン・ジャパン—日本製造業変革への指針』ダイヤモンド社，1994 年。
- [160] 吉田夏彦『デジタル思考とアナログ思考』日本放送出版協会，1990 年。
- [161] 吉見俊哉「情報文化論への視座」田中一編『社会情報学』培風館，2001 年，113〜133 頁。
- [162] 脇英世『IBM 20 世紀最後の戦略』講談社，1991 年。

定期刊行物

[1] Andreessen, Marc "NCSA Mosaic Technical Summary 2.1"（May 8, 1993）.

[2] Atkins, Daniel K., Ranadall L. Frank, Wendy P. Lougee, Katherine F. Willis（杉本重雄訳）「ミシガン大学におけるディジタル図書館計画」情報処理, Vol.37, No.9（1996年）848～856頁。

[3] Boytha, György "National Legislation on Authors' Contracts in Countries Following Continental European Legal Traditions" *Copyright*（Oct. 1991）pp. 198-211.

[4] Bush, Vannevar "As We May Think" *The Atlantic Monthly*, 176（1）（July 1945）pp.101-108.

[5] Churchland, Paul M. and Patricia Smith Churchland "Could a Machine Think ?" *Scientific American*（January 1990）pp. 26-31.

[6] De Freitas, Denis "Copyright Contracts : A Study of the Terms of Contracts for the Use of Works Protected by Copyright Under the Legal System in Common Law Countries" *Copyright*（Nov. 1991）pp. 222-263.

[7] Gore, Al "Infrastructure for the Global Village" *Scientific American*（September 1991）pp. 150-153.

[8] Hori, K. "A System for Aiding Creative Concept Formation" *IEEE Transactions on Systems, Man, and Cybernetics*, Vol.24, No.6（1994）pp.882-894.

[9] Lesk, Michael "Going Digital" *Scientific American*（March 1997）pp.58-60.

[10] Mitchell, William J. "When Is Seeing Believing?" *Scientific American*（February 1994）pp. 68-73.

[11] Nelson, Theodor Holm "Transcopyright for GIF pictures on the WWWeb" EICIPR96-6-1（1996-06-06）.

[12] Paskin, Norman "Toward Unique Identifiers" *Proceedings of the IEEE*, 87（no.7）（July 1999）pp.1208-1227.

[13] Paskin, Norman, Digital Object Identifiers : *implementing a standard digital identifier as the key to effective digital rights manegement*（International DOI Foundation, April 2000）.

[14] Polanyi, Michael "The Creative Imagination" *Chemistry and Engineering News*（April 25, 1966）pp.85-93.（慶伊富長編訳『創造的想像力』ハーベスト社, 1986年, 24～31頁）

[15] Searle, John R. "Is the Brain's Mind a Computer Program?" *Scientific American*（January 1990）pp.20-26.

[16] Stent, Gunther S. "Prematurity and Uniqueness in Scientific Discovery" *Scientific American*（December 1972）pp.84-93.

[17] STM Japanese Chapter, STM Japan News, No.1（June 1996）.

[18] Stones, Cristopher D. "Should Trees Have Standing ? : Toward Legal Rights for

Natural Objects" 45 S. Cal. L. Rev.450 （1972）.
[19] UNESCO "Copyright and the Declaration of Human Rights" *Copyright Bulletin*, Vol. Ⅱ, No.1 （1949） pp.42-47.
[20] 相崎裕恒「デジタルコンテンツの取引の安定化・活性化に向けた課題について―産業構造審議会デジタルコンテンツ合同会議中間論点整理の概要」機械振興, Vol.31, No.10（1998年）61～66頁。
[21] 安達淳「電子図書館成立の条件」ディジタル図書館, No.1（1994年）23～27頁。
[22] 安達淳「学術情報センターのディジタル図書館プロジェクト」情報処理, Vol.37, No.9（1996年）826～830頁。
[23] 有馬朗人・金田康正・村上周三編『アドバンスト・コンピューティング―21世紀の科学技術基盤』培風館, 1992年。
[24] 安西祐一郎「情報革新と電子出版」三田評論, No.930（1991年11月）18～25頁。
[25] 石井威望「21世紀における日本の技術戦略」日本機械学会誌, Vol.104, No.986（2001年1月）3～6頁。
[26] 石塚英弘「電子出版―その概念と技術」電子情報通信学会誌, Vol.78, No.9（1995年）891～898頁。
[27] 石塚英弘・根岸正光「情報システム基盤技術としてのSGML―文書データベースからWWWそしてCALSまで」情報処理, Vol.37, No.3（1996年）207～212頁。
[28] 今井正和「大学における電子図書館の構築―奈良先端科学技術大学院大学電子図書館」ディジタル図書館, No.8（Oct. 1996年）16～24頁。
[29] 梅棹忠夫「情報産業論」『中央公論』（1963年3月）46～58頁（コンピュートピア（1985年1月）114～120頁）。
[30] 岡井元「マルチメディア社会への展望―制度的・文化的あいろの克服に向けて」情報通信学会誌, Vol.12, No.4（1995年）16～23頁。
[31] 小野厚夫「明治期における「情報」と「状報」」神戸大学教養部紀要論集, No.47（1991年）81～98頁。
[32] 梶博行・藤澤浩道「電子図書館システムの技術動向」電子情報通信学会誌, Vol.79, No.9（1996年）910～919頁。
[33] 梶野慎一「著作権を巡る当面の諸問題」コピライト, Vol.36, No.424（1996年7月）2～16頁。
[34] 加藤木理勝「二一世紀の不確実性への不安―電子技術と図書館」国立国会図書館月報, No.423（1996年6月）14～19頁。
[35] 岸本織江・越田孝夫「著作権法の一部を改正する法律」ジュリスト, No 1165（1999年）63～65頁。
[36] 北川善太郎「知的財産と模倣―法的に許される模倣と許されない模倣」日経エレクトロニクス, No.501（1990年）79～84頁。

[37] 北川善太郎「マルチメディアと著作権─コピー・マート（COPYMART）：著作権市場論」電子情報通信学会誌，Vol.77, No.9（1994 年）933～935 頁．
[38] 栗山正光「電子図書館と著作権処理」情報の科学と技術，Vol.48, No.8（1998年）435～439 頁．
[39] 児玉昭義「コピー管理技術とアクセス管理技術─映像コンテンツの権利管理技術を中心に」コピライト，Vol.40, No.473（2000 年 9 月）31～35 頁．
[40] 児玉晴男「メディア技術の開発・普及と知的財産権」企業法学，Vol.1（1992 年10 月）385～406 頁．
[41] 児玉晴男「出版とデータベースから見たマルチメディアと知的財産権」bit，Vol.27, No.2（1995 年 1 月）71～78 頁．
[42] 児玉晴男「高度情報通信社会における著作権法と工業所有権法の協調システム」パテント，Vol. 48, No. 5（1995 年 5 月）70～78 頁．
[43] 児玉晴男「アイディアの表現の保護とその社会的・経済的価値」パテント，Vol.49, No.5（1996 年 5 月）3～13 頁．
[44] 児玉晴男「*sui generis* right と著作権・知的所有権の相関関係について」パテント，Vol.50, No.5（1997 年 5 月）14～22 頁．
[45] 児玉晴男「情報の流通にかかわる知的所有権問題について」パテント，Vol.51, No.10（1998 年 10 月）61～69 頁．
[46] 児玉晴男「情報通信社会にフィットした知的財産権の制度デザインについて」『平成 10 年度 情報通信学会年報』（1999 年 3 月）95～108 頁．
[47] 児玉晴男「技術移転機関（TLO）における知的所有権の課題」パテント，Vol.52, No.5（1999 年 5 月）35～40 頁．
[48] 児玉晴男「ネットワーク系情報メディアにおける知的財産権の法理」パテント，Vol.53, No.5（2000 年 5 月）19～25 頁．
[49] 児玉晴男「情報財（出版物コンテンツ）の形成と流通─出版物のディジタル化によって出版産業が直面する課題」情報通信学会誌，Vol.18, No.3（2001 年1 月）126～129 頁．
[50] 児玉晴男「電子図書館における電子的「蔵書」の合理的な蓄積・利用システム」情報通信学会誌，Vol.20, No.2（2003 年 1 月）60～67 頁．
[51] 児玉晴男「新しいメディアと個人の権利との相関関係」武蔵工業大学環境情報学部情報メディアセンタージャーナル，No.4（2003 年 4 月）17～23 頁．
[52] 児玉晴男「知的財産における個人の権利の構造とその合理的な関係」パテント，Vol.56, No.5（2003 年 5 月）51～56 頁．
[53] 児玉晴男「情報教育における著作権と情報倫理のメディア環境」情報通信学会誌，Vol.21, No.1（2003 年 5 月）79～86 頁．
[54] 児玉晴男「情報教育における著作権と情報倫理」FIT2003 情報科学技術フォーラム 情報技術レターズ（Information Technology Letters），Vol. 2（2003 年 9 月）

371〜373 頁。
- [55] 児玉晴男「学術コンテンツの合理的な流通・利用のための立法政策的考察」企業法学, Vol.10（2003 年 9 月）351〜380 頁。
- [56] 児玉晴男「コンテンツの保護とセキュリティに関する社会技術的な考察」『コンピュータセキュリティシンポジウム 2003（CSS2003）論文集』情報処理学会シンポジウムシリーズ Vol.2003, No.15（2003 年 10 月）313〜318 頁。
- [57] 今野浩「アルゴリズムと特許 その 1. カーマーカー特許」オペレーションズ・リサーチ 8 月号,（1993 年）414〜418 頁,「アルゴリズムと特許 その 2. アルゴリズム特許と法律」オペレーションズ・リサーチ 9 月号（1993 年）494〜498 頁,「アルゴリズムと特許 その 3. カーマーカー事件その後」オペレーションズ・リサーチ 10 月号（1993 年）544〜548 頁,「アルゴリズムと特許 その 4. 時代は廻る」オペレーションズ・リサーチ 11 月号（1993 年）596〜601 頁,「アルゴリズムと特許 その 5. カーマーカー特許に対する異議申立て」オペレーションズ・リサーチ 12 月号（1993 年）645〜649 頁。
- [58] 齊藤博「著作権法の課題―複写問題の一つの側面」法律時報, Vol.55, No.7（1983 年）24〜28 頁。
- [59] 齊藤博「著作権法制の行くえ」ジュリスト, No.1000（1992 年）331〜336 頁。
- [60] 齊藤博「職務著作とベルヌ体制」民商法雑誌, Vol.107, No.4・5（1993 年）514〜538 頁。
- [61] 齊藤博「氏名・肖像の商業的利用に関する権利」特許研究, No. 5（1993 年）18〜26 頁。
- [62] 齊藤博「著作物のデジタル送信と「頒布権」」ジュリスト, No.1092（1996 年）37〜42 頁。
- [63] 齊藤博「著作者人格権の理論的課題」民商法雑誌, Vol.116, No.6（1997 年）815〜837 頁。
- [64] 清水英夫「表現の自由保障と著作物の再販制度」図書, No.586（1998 年 2 月）10〜13 頁。
- [65] 下條信輔「コマーシャルとコンテンツ―情報化新時代の複合化問題」bit, Vol.29, No.7（1997 年）3 頁。
- [66] 多賀谷一照「マルチメディア・ネットワークと NTT の役割」ジュリスト, No.1099（1996 年）5〜10 頁。
- [67] 玉井克哉「出版権と「出版者の権利」」ジュリスト, No.927（1989 年）66〜67 頁。
- [68] 玉井克哉「情報と財産権―報告」ジュリスト, No.1043（1994 年）74〜83 頁。
- [69] 玉井哲雄「ソフトウェアの抽象化指向特性と特許」オペレーションズ・リサーチ, Vol.40, No.10（No.418）（1995 年）571〜576 頁。
- [70] 玉井哲雄「ソフトウェア技術と法的保護」コピライト, No.445（1998 年 4 月）

3〜21 頁。

[71] 田村善之「技術の進歩と法制度—新たなデジタル・ソフトの保護法制の提案」電子情報通信学会技術報告書 ISEC94-17（1994-09），Vol.94，No.240（1994 年）33〜39 頁。

[72] 時実象一「インターネット時代の学術雑誌出版」学士会会報，No.828（2000 年7 月）77〜82 頁。

[73] 時実象一「電子ジャーナルの現状と動向」情報管理，Vol.43，No.5（2000 年 8月）391〜410 頁。

[74] 図書館研究所図書館情報学調査研究プロジェクト「主要国における国立図書館の将来構想」班「世界の国立図書館の将来構想と電子図書館への挑戦」国立国会図書館月報，No.431（1997 年 2 月）2〜21 頁。

[75] 中野捷三「電子図書館への挑戦—国際シンポジウム「二一世紀の国立国会図書館」から」国立国会図書館月報，No.423（1996 年 6 月）4〜13 頁。

[76] 中村雄二郎・酒田英夫・甘利俊一「記憶，能動する精神のリズム—脳の高次機能研究の新しいパラダイム」*imago*，Vol.2，No.7（1991 年）64〜88 頁。

[77] 中山信弘「情報と財産権—討論の概要と感想」ジュリスト，No.1043（1994 年）86〜88 頁。

[78] 中山信弘「著作権保護と情報の利用・流通促進の基本的視点」ジュリスト，No.1057（1994 年）49〜54 頁。

[79] 中山信弘「ディジタル時代と著作権」コピライト，Vol.37，No.436（1997 年）1頁。

[80] 名和小太郎「学術情報の電子化と著作権」コピライト，Vol.37，No.440（1997年 11 月）2〜12 頁。

[81] 西谷能英「未来の窓 15　著作権と出版権」未来，No.386（1998 年 6 月）40〜41 頁。

[82] 根岸哲「出版物の法定再販制度」ジュリスト，No.1086（1996 年）37〜43 頁。

[83] 橋本毅彦「標準化技術の起源をたずねて—互換性技術の歴史性と政治性」*iichiko*，Vol.48（1998 年）19〜34 頁。

[84] 半田正夫「著作権の私的複製（録音・録画）と西独方式」ジュリスト，No.692（1979 年）70〜75 頁。

[85] 半田正夫「過渡期における著作権制度」著作権研究，No.23（1997 年）99〜109 頁。

[86] 半田正夫「デジタル化時代の著作権」コピライト，Vol.38，No.446（1998 年 5月）2〜21 頁。

[87] 半田正夫「マスコミと著作権」コピライト，Vol.39，No.459（1999 年 6 月）2〜20 頁。

[88] 廣松毅・児玉晴男「情報財の形成と流通—出版物のディジタル化によって出版

産業が直面する課題」『平成11年度 情報通信学会年報』（2000年3月）29〜41頁。
- [89] 藤井一「デジタル・コンテンツ争奪戦の内幕」週刊ダイヤモンド（1997年4月19日）146頁。
- [90] 堀浩一「発想支援システムの効果を議論するための一仮説」情報処理学会論文誌，Vol.35, No.10（1994年）1998〜2008頁。
- [91] 正井良知「電子図書館をめざして―国立国会図書館関西館（仮称）構想」情報処理，Vol.37, No.9（1996年）831〜835頁。
- [92] 正田彬「書籍の再販制について」ジュリスト，No.1086（1996年）31〜36頁。
- [93] 松井甲子雄「電子透かし技術の最新動向」情報処理，Vol.40, No.2（1999年）178〜183頁。
- [94] 松岡正剛「脳の物語を編集する―編集工房の可能性」情報処理学会研究報告（情報メディア1-3），Vol.91, No.45（1991年5月24日）。
- [95] 松岡正剛「われわれはいかにして物語性を獲得したか」人工知能学会誌，Vol.8, No.3（May 1993年）297〜304頁。
- [96] 森亮一・河原正治「歴史的必然としての超流通」情報処理学会超流通・超編集・超管理のアーキテクチャシンポジウム論文集，Vol.95, No.1（1994年）67〜76頁。
- [97] 紋谷暢男「著作権と工業所有権との関係」ジュリスト，No.692（1979年）60〜64頁。
- [98] 山中喜義・中村高雄・小川宏・高嶋洋一・曽根原登「著作権保護技術の動向―コンテンツリサイクルマート創出の基盤技術」情報処理，Vol.41, No.4（2000年）382〜387頁。
- [99] 「特集：学術研究と特許」学術月報，Vol.51, No.12（No.649）（1998年）4〜75頁。
- [100] 「特集：日本学術会議136回総会「データベースの新たな保護権利制度導入反対への初の声明」」学術の動向，Vol.6, No.12（2001年）9〜22頁。
- [101] 「特集：「ディジタル図書館」」情報処理，Vol.37, No.9（1996年）813〜864頁。
- [102] 「特集＝メディアとしての人間―マクルーハンを超えて」現代思想，Vol.20, No.3（1992年）47〜225頁。
- [103] 『コピーマート：著作物の権利処理と流通に関する一提言』NIRA政策研究，Vol.10, No.12（1997年）2〜47頁。
- [104] 「電子図書館特集」つくばね（筑波大学附属図書館報），Vol.23, No.4（1998年）。

その他

[報告書]

[1] 21世紀の知的財産権を考える懇談会『21世紀の知的財産権を考える懇談会報告書』(1997年4月7日)。

[2] Information Infrastructure Task Force, Working Group on Intellectual Property Rights, *Intellectual Property and the National Information Infrastructure : A Preliminary Draft of the Report of the Working Group on Intellectual Property Rights* (July 1994).

[3] Information Infrastructure Task Force, Working Group on Intellectual Property Rights, *Intellectual Property and the National Information Infrastructure : the Report of the Working Group on Intellectual Property Rights* (September 1995).

[4] Commission of the European Communities, *Green Paper on copyright and related rights in the information society*, COM (95) 382 final (Brussels, 19 July 1995).

[5] ICOT-JIPDEC AIセンター編『知的ハイパーテキストに関する調査研究―編集版』 (1991年)。

[6] IFLA "Libraries, Copyright and the Electronic Environment" (November 1995).

[7] IPA "The Publisher in The Changing Markets" *Proceedings of The IPA Fourth International Copyright Symposium* (Tokyo, 1998).

[8] IPCC, *The Publisher in The Electronic World* (1994).

[9] IPCC "IPCC Response to IFLA's November 1995 Position Statement on Libraries, Copyright and the Electronic Environment".

[10] IPCC "Position Statement on Libraries Copyright and Electronic Environment" (April 1996).

[11] U. S. Congress, Office of Technology Assessment, *Intellectual Property Rights in an Age of Electronics and Information*, OTA-CIT-302 (U. S. Government Printing Office, 1986). (北川善太郎監修『電子・情報時代の知的所有権』日経マグロウヒル社, 1987年。)

[12] 活字文化懇談会「再販問題検討小委員会中間報告書について」(1995年7月31日)。

[13] 経済団体連合会「「著作権審議会第8小委員会(出版者の保護関係)中間報告書」に対する所見」(1988年12月2日)。

[14] 公正取引委員会事務局『流通・取引慣行に関する独占禁止法上の指針』(1991年7月)。

[15] 公正取引委員会事務局『書籍・雑誌の流通実態等に関する調査報告書』(1995年7月25日)。

[16] 公正取引委員会「著作物再販制度の取り扱いについて」(1998年3月31日)。

参 考 文 献   263

[17] 公正取引委員会「著作物再販制度下における関係業界の流通・取引慣行改善等の取組状況等について」（1998 年 12 月 2 日）．
[18] 公正取引委員会「著作物再販制度の取り扱いについて」（2001 年 3 月 23 日）．
[19] 高度情報通信ネットワーク社会推進戦略本部（IT 戦略本部）『e-Japan 戦略』（2001 年 1 月 22 日）
[20] 高度情報通信ネットワーク社会推進戦略本部（IT 戦略本部）『e-Japan 重点計画—高度情報通信ネットワーク社会の形成に関する重点計画』（2001 年 3 月 29 日）
[21] 高度情報通信ネットワーク社会推進戦略本部（IT 戦略本部）『e-Japan2002 プログラム—平成 14 年度 IT 重点施策に関する基本方針』（2001 年 6 月 26 日）
[22] 高度情報通信ネットワーク社会推進戦略本部（IT 戦略本部）『e-Japan 重点計画–2002』（2002 年 6 月 18 日）
[23] 高度情報通信ネットワーク社会推進戦略本部（IT 戦略本部）『e-Japan 戦略 II』（2003 年 7 月 2 日）
[24] 国立国会図書館電子図書館推進会議『知識・情報・文化の新しい基盤の構築をめざして—自由で創造的な情報社会のために』（1998 年 2 月）．
[25] 国立国会図書館『国立国会図書館電子図書館構想』（1998 年 5 月）．
[26] コンピュータ，インターネット等を活用した著作物等の教育利用に関する調査研究協力者会議「コンピュータ，インターネット等を活用した著作物等の教育利用について（報告）」（2000 年 9 月）．
[27] 大学図書館集計『1999 年版 日本の図書館—統計と名簿』．
[28] 知的財産研究所『Exposure（公開草案）'94—マルチメディアを巡る新たな知的財産ルールの提唱』（1994 年 2 月）．
[29] 知的財産戦略会議『知的財産戦略大綱』（2002 年 7 月 3 日）
[30] 知的財産戦略本部『知的財産の創造，保護及び活用に関する推進計画』（2003 年 7 月 8 日）．
[31] 著作権情報センター附属著作権研究所『著作権白書—著作権産業の側面からみて』（2000 年 11 月 1 日）．
[32] 著作権審議会権利の集中管理小委員会専門部会『著作権審議会権利の集中管理小委員会専門部会中間まとめ』（1999 年 7 月）．
[33] 著作権審議会権利の集中管理小委員会『著作権審議会権利の集中管理小委員会報告書』（2000 年 1 月）．
[34] 著作権審議会国際小委員会『著作権審議会国際小委員会報告書—情報技術（IT），電子商取引の進展に対応した国際著作権政策の在り方』（2000 年 11 月）．
[35] 著作権審議会第 1 小委員会「著作権審議会第 1 小委員会審議のまとめ（サービス・プロバイダーの法的責任について）」（2000 年 12 月）．
[36] 著作権審議会マルチメディア小委員会ワーキング・グループ『著作権審議会マルチメディア小委員会ワーキング・グループ検討経過報告—マルチメディアに

係る制度上の問題について』（1995 年 2 月）．
- [37] 著作権審議会マルチメディア小委員会ワーキング・グループ『著作権審議会マルチメディア小委員会ワーキンググループ（技術的保護・管理関係）中間まとめ―コピープロテクション等技術的保護手段の回避について』（1998 年 2 月）．
- [38] 著作権審議会マルチメディア小委員会ワーキング・グループ『著作権審議会マルチメディア小委員会ワーキング・グループ（技術的保護・管理関係）報告書』（1998 年 12 月）．
- [39] 通商産業省 機械情報産業局監修，データベース振興センター編『データベース白書 1993』．
- [40] 通商産業省 産業構造審議会 情報産業作業部会『ソフトウェア法的保護調査委員会中間報告』（1983 年 12 月）．
- [41] 通商産業省 産業構造審議会情報産業部会『高度情報化プログラム』（1994 年 5 月）．
- [42] 通商産業省 産業構造審議会情報産業部会『今後のソフトウェア政策に関する基本的な考え方』（1995 年 3 月 29 日）．
- [43] テクノエイド協会『障害者用電子化情報の取り扱いに関する調査研究報告書』（1995 年 3 月）．
- [44] デジタル化に係る知的財産権問題検討委員会『デジタル化・ネットワーク化に対応した知的財産権問題について』（1995 年 12 月）．
- [45] データベース振興センター『情報高度活用調査委員会報告』（1993 年 4 月）．
- [46] データベース振興センター『知的資源利用に関する調査研究 [中間報告]』（1994 年 3 月）．
- [47] データベース振興センター『平成 6 年度 知的資源利用調査研究報告書』（1995 年 2 月）．
- [48] データベース振興センター『知的資源の利用に関する委員インタビュー集 [報告書資料]』（1995 年 2 月）．
- [49] 電気通信審議会『21 世紀の知的社会への改革に向けて―情報通信基盤整備プログラム』（1994 年 5 月 31 日）．
- [50] 特許庁編『特許・実用新案審査基準』（発明協会，1993 年）．
- [51] トラスト 60『無体財産の信託の可能性に係る基礎研究』（信託協会，1988 年）．
- [52] 日本書籍出版協会 著作・出版権委員会『ニューメディアに関する第一分科会中間報告書』（1990 年 6 月 28 日）．
- [53] 日本書籍出版協会「出版契約に関する実態調査 集計結果」（1993 年 2 月）．
- [54] 日本書籍出版協会＝日本雑誌協会「出版物再販制の意義」新聞経営別冊『新聞の公共性と再販』（日本新聞協会，1995 年 2 月 28 日）．
- [55] 日本書籍出版協会『平成 10 年度報告書 出版者の電子出版に関する意識・実態調査報告書―電子出版における出版者の慣行上の権利について』（1999 年 3

月)。
- [56] 日本書籍出版協会『平成11年度報告書 出版物の複写に関する権利処理モデル―日米における集中処理機構の現状と個別的権利処理の取組』(2000年3月)。
- [57] 日本書籍出版協会『著作・出版権委員会第1分科会中間報告書 印刷媒体における出版者の権利について』(2000年3月)。
- [58] 日本書籍出版協会『平成12年度報告書IT(情報技術)と出版の近未来像―第3回コピーマート応用研究会』(2001年3月)。
- [59] 日本書籍出版協会・法律編集者懇話会『平成13年度調査報告書コピーマートのビジネスモデル構築のための諸問題』(2002年3月)。
- [60] 日本書籍出版協会『著作・出版権委員会第1分科会報告書 出版者の権利について』(2002年4月)。
- [61] 日本デザイン団体協議会『デザイン保護研究会報告書―デザインと著作権』(1995年10月)。
- [62] 日本マルチメディア・フォーラム『我が国がめざす"21世紀社会"への課題と提言』(2001年3月)。
- [63] 納本制度調査会『中間答申―電子的な媒体の出版物の納入に関する制度及び運用の在り方について』(1998年5月28日)。
- [64] 納本制度調査会法制部会「パッケージ系電子出版物の納入に係る法的諸問題―納本制度調査会法制部会報告」(1998年12月24日)。
- [65] 納本制度調査会『答申―21世紀を展望した我が国の納本制度の在り方―電子出版物を中心に』(1999年2月22日)。
- [66] 文化庁『著作権審議会第4小委員会(複写複製関係)報告書』(1976年9月)。
- [67] 文化庁『著作権審議会第5小委員会(録音・録画関係)報告書』(1981年6月)。
- [68] 文化庁『著作権審議会第6小委員会(コンピュータ・ソフトウェア関係)中間報告』(1984年1月)。
- [69] 文化庁『著作権の集中的処理に関する調査研究協力者会議報告書―複写問題』(1984年4月)。
- [70] 文化庁『著作権審議会第7小委員会(データベース及びニューメディア関係)報告書』(1985年9月)。
- [71] 文化庁『著作権審議会第8小委員会(出版者の保護関係)中間報告書』(1988年10月)。
- [72] 文化庁『著作権審議会第8小委員会(出版者の保護関係)報告書』(1990年6月)。
- [73] 文化庁『著作権審議会第10小委員会(私的録音・録画関係)報告書』(1991年12月)。
- [74] 文化庁『コンピュータ・プログラムに係る著作権問題に関する調査研究協力者会議報告書―コンピュータ・ソフトウェアと法人著作について』(1992年3月)。

- [75] 文化庁『著作権審議会マルチメディア小委員会第一次報告書―マルチメディア・ソフトの素材として利用される著作物に係る権利処理を中心として』(1993 年 11 月).
- [76] 文化庁『著作権審議会第 9 小委員会(コンピュータ創作物関係)報告書』(1993 年 11 月).
- [77] 文部省社会教育局著作権課「著作権制度審議会第 6 小委員会審議結果報告要旨(仲介業務制度の改善について)」(1966 年 4 月).
- [78] 文部省『著作権制度審議会答申―著作権等に関する仲介業務制度の改善について』(1967 年 5 月).
- [79] 『出版年鑑 2000』(2000 年 5 月 24 日).
- [80] 『出版指標・年報 2000 年版』(2000 年 4 月 25 日).
- [81] 『大学出版部協会 35 年の歩み』大学出版部協会事務部(1998 年 7 月 31 日).
- [82] 『日本の出版社 2000』(1999 年 11 月 19 日).
- [83] 『マルチメディア社会実現のために必要な知的所有権ルールに関する調査研究』(1995 年 7 月).

［判 例］

- [1] American Geophysical Union v. Texaco Inc., 802 F. Supp. 1 (S.D.N.Y. 1992).
- [2] Apple Computer, Inc. v. Microsoft Corp., 759 F. Supp. 1444 (N. D. Cal. 1991).
  Apple Computer, Inc. v. Microsoft Corp., 779 F. Supp. 133 (N. D. Cal. 1991).
  Apple Computer, Inc. v. Microsoft Corp., 821 F. Supp. 616 (N. D. Cal. 1993).
  Apple Computer, Inc. v. Microsoft Corp., 709 F. Supp. 925 (N. D. Cal. 1989).
  Apple Computer, Inc. v. Microsoft Corp., 717 F. Supp. 1428 (N. D. Cal. 1989).
  Apple Computer, Inc. v. Microsoft Corp., 799 F. Supp. 1006 (N. D. Cal. 1992).
- [3] Baker v. Selden, 101 U.S.99 (1879).
- [4] Campbell v. Acuff-Rose Music, Inc., 114 S.Ct.1164 (1994).
- [5] Digital Communications Associates v. Softklone Distributing & Foretec Development Corp., 659 F. Supp. 449 (N. D. Ga. 1987).
- [6] Feist Publications, Inc. v. Rural Telephone Service Co., 499 U. S. 340 (1991).
- [7] Folson v. Marsh, 9 F. Cas. 342 (C. C. D. Mass. 1841) (No. 4,901).
- [8] Lotus Development Corp. v. Paperback Software International & Stephenson Software, Limited, 15 USPQ 2d 1577 (D.Mass.1990).
- [9] Lotus Development Corp. v. Borland Intern. Inc., 907 F.3d.807 (1st Cir.1995).
- [10] Religious Tech. Center v. Netcom On-Line Comm., 907 F.Supp. 1361 (N.D.Cal. 1995).
- [11] Sony Corp. of America v. Universal City Studios, Inc., 464 U.S.417 (1984).
- [12] Whelan Associates, Inc. v. Jaslow Dental Laboratory, Inc., 797 F. 2d 1222 (3rd Cir,

1986).
- [13] Williams & Wilkins Company v. United States, 487 F. 2d 1345 （1973）.
- [14] 最一判昭 53.9.7 民集 32 巻 6 号 1145 頁
- [15] 最三判昭 55.3.28 民集 34 巻 3 号 244 頁
- [16] 最三判昭 63.3.15 民集 42 巻 3 号 199 頁
- [17] 最三判平 9.7.1 民集 51 巻 6 号 2299 頁
- [18] 最二判平 11.4.16 民集 53 巻 4 号 627 頁
- [19] 最一判平 12.9.7 民集 54 巻 7 号 2481 頁
- [20] 最二判平 13.3.2 民集 55 巻 2 号 185 頁
- [21] 最一判平 13.6.28 民集 55 巻 4 号 837 頁
- [22] 最一判平 14.4.25 民集 56 巻 4 号 808 頁
- [23] 最一判平 15.2.27 民集 57 巻 2 号 125 頁
- [24] 東京高判昭 49.12.24 判タ 319 号 178 頁
- [25] 東京高判平 3.12.19 判時 1422 号 123 頁
- [26] 東京高判平 6.10.27 判時 1524 号 118 頁
- [27] 東京高判平 7.3.23 判時 1524 号 3 頁
- [28] 東京高判平 12.4.25 判時 1724 号 124 頁
- [29] 東京高判平 13.3.27 判時 1747 号 60 頁
- [30] 東京高判平 13.6.13（平成 12 年（行ケ） 310)
- [31] 東京高判平 13.11.29 判時 1779 号 89 頁
- [32] 東京高判平 14.9.12 判時 1809 号 140 頁
- [33] 大阪高判平 13.3.29 判時 1749 号 3 頁
- [34] 東京地判昭 43.5.13 判タ 222 号 227 頁
- [35] 東京地判昭 51.5.26 無体例集 8 巻 1 号 219 頁
- [36] 東京地判平 2.4.27 判時 1364 号 95 頁
- [37] 東京地判平 5.8.30 知的裁集 25 巻 2 号 380 頁
- [38] 東京地判平 6.7.22 判時 1501 号 70 頁
- [39] 東京地判平 10.2.20 判時 1643 号 176 頁
- [40] 東京地判平 10.10.29 判時 1658 号 166 頁
- [41] 東京地判平 10.11.27 判時 1675 号 107 頁
- [42] 東京地判平 11.5.27 判時 1679 号 3 頁
- [43] 東京地判平 13.5.16（平成 12 年（ワ） 7932)
- [44] 東京地判平 13.5.30 判時 1752 号 141 頁
- [45] 東京地判平 13.6.13 判時 1757 号 138 頁
- [46] 東京地判平 13.8.27 判時 1758 号 3 頁
- [47] 東京地判平 13.10.30 判時 1772 号 131 頁
- [48] 東京地判平 13.12.3 判時 1768 号 116 頁

- [49] 東京地判平 13.12.25（平成 13 年（ワ）788）
- [50] 東京地判平 13.12.25（平成 12 年（ワ）17019）
- [51] 東京地判平 14.1.24 判時 1814 号 145 頁
- [52] 東京地判平 14.1.31 判時 1818 号 165 頁
- [53] 東京地判平 14.2.14 判時 1817 号 143 頁
- [54] 東京地判平 14.2.25 判時 1788 号 129 頁
- [55] 東京地判平 14.3.25 判時 1789 号 141 頁
- [56] 東京地判平 14.3.28 判時 1793 号 133 頁
- [57] 東京地判平 14.4.15 判時 1792 号 102 頁
- [58] 東京地判平 14.4.15 判時 1792 号 129 頁
- [59] 東京地判平 14.8.27 判時 1810 号 102 頁
- [60] 東京地判平 15.3.28 判時 1834 号 95 頁
- [61] 東京地判平 15.10.22（平成 15 年（ワ）3188）
- [62] 大阪地判昭 44.6.9 無体例集 1 巻 160 頁
- [63] 大阪地判昭 45.2.27 判時 625 号 75 頁
- [64] 大阪地判平 11.10.7 判時 1699 号 48 頁
- [65] 大阪地判平 14.5.25 号 116 頁

和文索引

あ

アイコン　78
アイディア　82
アインシュタイン　67
青空文庫　57
アーカイビング　94
アクセス　83
　——管理技術　100, 103
アナログ／ディジタル変換　98
アメリカ出版協会　101

い

生ける法　121
意匠法
　——15条　130
　——20条　123
　——23条　171
　——26条　171, 244
　——27条　244
　——28条　244
維持・履歴管理　94
委託　37
　——契約　89
　——販売制度　88
　——表示マーク　141
一元論　90
入会権　202
入れ子　200, 227
印刷出版物　19, 30, 76

印税　158
引用　12, 68, 81, 82, 147, 188, 189

う

ウェブカスティングコンテンツ　215

え

映画の著作物　234
英米法システム　14
エキスパンドブック　118
閲覧　175
エポネミー　152

お

オトゥール　80
オトグラフ　192
オブジェクトコード　72
お布施の原理　33
オープン・アクセス方式　97
オープンソースソフトウェア　154
オペレーティングシステム　153
オング　75
オンデマンド出版　55

か

買切　37
書いたもの　237
価格　32
科学　1
科学・工学・医学出版者国際連盟（STM）

27, 97
科学的発見　85
書換え　131
学協会　26
学習オブジェクトメタデータ　218
学　術　1
学術出版　2, 7, 10
　──の社会的機能　3, 35, 49, 100, 208
学術出版社　1
学術出版物　2, 173
学術情報データベース　8
学術著作権協会　185
学術著作権処理システム　185
学　問　1
　──の自由　7
瑕疵担保責任　144
画　像　200
学校教育法52条　1
カットアンドペースト　81, 148
活版印刷術　5, 80
合併と買収（M & A）　24
家電産業　20

き

疑似シンクパルス方式　101
技術移転機関　126
技術的保護手段　100, 112
北川善太郎　106
機能的著作物　146
給　付　241
キュビスム　86
教育基本法2条　1
行政機関の保有する情報の公開に関する法律　178
共通鍵暗号方式　103
共同著作物　147
共同利用権　203
共　有　190
寄与者　218
許諾権　141
金銭的価値　197

く

グーテンベルク　5
グーテンベルク計画　57

け

掲　載　12, 68, 188, 190
経済的価値　197
形而上学　121
芸術的創造　85
芸術的著作物　146
研究者　5
研究成果の発表の自由　7
研究の自由　7
言語著作物　72, 169
原　典　192
憲法23条　1, 7
権利管理　218
権利管理システム　108, 212
権利管理情報　100, 112, 216
権利の制限　108, 237
権利の保護　13
言論・出版の自由　7

こ

公開鍵暗号方式　103
光学式文字読取装置　81
工学書協会　27
工業所有権　224
公共図書館　4, 9, 11, 42, 48, 53, 205
構　成　72
公正な利用　13

構　造　72
合　有　190
国際高等研究所　114
国際出版者著作権協議会　62, 97
国際出版連合（IPA）　8
国際消尽　109
国際人権規約 15 条　5
国際図書館協会連盟　62
国際標準逐次刊行物番号（ISSN）　29
国際標準図書番号（ISBN）　29
国内消尽　109
国立国会図書館　48, 131
　　——法 24 条　40
　　——法 25 条　39, 40
　　——法 25 条の 2　40
コピー VAN　106
コピー管理技術　101, 103
コピー世代コントロールシステム　101
コピープロテクション　115
コピーマート　106, 107
コピー問題　3, 11
コンテンツ　1, 8, 46, 67
コンテンツ ID　102, 120, 219
コンピュータ・グラフィックス　72
コンピュータ・セキュリティ技術　107
コンピュータ・プログラム　72
　　——の法的保護に関する指令　151

さ

債　権　236
財産的要素　90
サイバースペース　11
再販行為　36
再販制度　34, 37
再販売価格維持行為　36
再販売価格維持制度　34, 35
再利用　146

索　引　48
作　者　80
差止請求　145
サービス提供者　8
産業財産権　224
産業上の収集　84

し

自然科学書協会　27
自然資源効率性　114
自然資本　114
思　想　82
視聴覚著作物　169
実　演　231
実演及びレコードに関する世界知的所
　　有権機関条約　112
　　—— 5 条　231
実演家人格権　231
実演家の権利　231
実行可能性　209
実用新案法
　　—— 9 条　130
　　—— 14 条　123
　　—— 17 条　171, 244
　　—— 18 条　244
　　—— 19 条　244
私的使用のための複製　12
私的独占の禁止及び公正取引の確保に
　　関する法律　36
私的録音録画補償金　191
品切れ　10, 54
資本主義的所有　161
氏名表示権　231
社会情報　6
社会的選択　187
集合著作物　147, 148
シュールレアリスム　86

出版契約　54, 88
出版契約書　166
出版権設定　88
出版産業　2, 9, 20
出版社　1
出版者　4, 40
　　——の権利　173
出版者組合　135
出版物の版面を利用した複写に関する
　権利　141
循環型社会　114
準共有　203
順　序　72
準著作物性　228
準複製権保護可能性　228
使　用　7
商業出版社　1, 26
使用権　65
消　尽　108
消尽理論　108
肖像権　233
冗長性　79
譲渡権　162
衝突（conflict）　43
常備寄託　37
消費財　34
商標法
　　——18条　123
　　——29条　171, 244
　　——30条　244
　　——31条　244
　　——73条　125
情　報　1, 6
情報圧縮　73
情報公開法　178
情報財　15
情報産業　2, 9, 23

情報資源　85
情報社会における著作権及び関連権の一
　定の側面のハーモナイゼーションに関
　する欧州議会及び理事会指令　113
情報処理振興事業協会（IPA）　47
情報スーパーハイウェイ　61
情報通信サービスの基本条件の規制に
　関する法律　199
情報通信倫理　169, 199
情報情報ネットワーク社会　24
情報の価値　32
情報保護法　64
情報様式　75
情報利用権　203
消耗財　34
職務著作　130, 176, 233
職務発明　130, 233
書　店　205
書　物　19
所　有　161
所有権　192
所有権世界　71
所有者　203
知る権利　202
人格権　65
人格的要素　90
新結合の遂行　31
人工システム　98
人工物　98
新古書店　21
信　託　236
信託管理　192
信託法　236
人的資源　85
新　品　34
新　聞　19

す

透かし　102
スキャナー　81
図　像　78

せ

正誤表　200
制作物　150
精神世界　71
世界人権宣言27条　5, 229
世界知的所有権機関　123
設定出版権　138
絶　版　10
絶版条項　54
全欧州情報基盤　61
先願主義　245
先行性　83
先取権　152
先発明主義　245
全米情報基盤　61
占　有　161
占有者　203
専用使用権の設定　244

そ

創作者　5, 218
創作性　14, 67
送　信　95, 159
創　造　86
相対性理論　86
相反性　245
属地主義　110
測量法28条　189
測量法29条　189
ソースコード　72
ソフトカバー　32

損害賠償責任　145

た

大学出版部　26
大学等技術移転促進法　129
大学等における技術に関する研究成果の民間事業者への移転の促進に関する法律　129
大学図書館　4, 9
耐久財　34
貸与権　162, 198
大陸法システム　14
タトゥーイング　102
ダビング　202
単行本　29, 30, 74

ち

知識ユニット　106
知的財産　237
　　　──基本法2条　238
知的財産権　224, 238
　　　──戦略大綱　224
　　　──法制　224
知的資源　45, 85, 87, 100
　　　──の循環機能　10
知的所有権　224
注意義務違反　144
仲介業務法　128
　　　──1条　143
中古品　34
抽　出　146
超流通　105
直接侵害　145
著作権　53, 80, 230
　　　──及び特定の関連する権利の保護期間を調和させる1993年10月29日の理事会指令　198

――管理情報　128
――管理団体　128
――権利情報集中システム　128, 225
――産業　23
――譲渡　88
――等管理事業法　128, 143
――に関する世界知的所有権機関条約　112
――ニ関スル仲介業務ニ関スル法律　128
――の譲渡　236
著作権法
　――1条　221, 222
　――2条　2, 6, 90, 135, 147, 222, 226
　――7条　223
　――10条　147, 150, 238
　――12条　147, 226
　――12条の2　147, 226
　――15条　176, 233
　――17条　122
　――18条　178, 230
　――19条　178, 230
　――20条　177, 230, 236
　――21条　89, 111, 138, 181, 230, 244
　――22条　230
　――22条の2　230
　――23条　230
　――24条　230
　――25条　230
　――26条　230
　――26条の2　108, 111, 162, 230
　――26条の3　198, 230
　――27条　177, 230, 236
　――28条　230, 236
　――30条　12, 112, 186, 238
　――31条　4, 12, 174, 195
　――32条　12, 83, 147, 189, 226
　――33条　12, 189, 190
　――34条　189
　――35条　189, 195
　――36条　189
　――38条　189
　――46条　189
　――48条　189
　――51条　108
　――52条　108
　――53条　108
　――54条　108
　――63条　178, 244
　――75条　122
　――76条　122
　――76条の2　122
　――77条　122, 244
　――79条　4, 7, 89, 111, 138, 171, 178, 236, 244
　――80条　138, 140, 236
　――81条　138
　――83条　139
　――89条　223
　――90条の2　231
　――90条の3　231
　――104条の2　191
　――113条　113
　――施行令1条　191
　――施行令1条の2　191
　――の目的　13
著作者　5, 229
　――の権利　230
著作者人格権　53, 164, 230
　――の不行使特約　90, 236
著作物　5, 147, 229

著作物性　168, 228
著作物編集権　176
著作隣接権　164, 230

つ

追跡可能性　108
通常実施権の許諾　244
通信品位法　199
通　有　203

て

定期刊行物　29
ディジタルオブジェクト識別子　101
ディジタル化　2
ディジタル署名　102
ディジタルミレニアム著作権法　113
ディスカバリ　202
ディスクロージャ　202
ディスプレイ複製権　197
デカルト　67
テキスト　76
適用除外　237
デジタルブック　76
データベース著作物　147, 226
データベースの法的保護に関する1996年3月11日の欧州議会及び理事会指令　46
デュプリケーション　79
転　載　12, 68, 188, 189
転載許諾　89
電子化辞書　127
電子出版　118
電子出版物　76
　——の納本制度　11
電子商取引　187
電子情報　210, 215
電子情報通信学会の倫理綱領　199

電子書籍　47, 118
電子透かし技術　103
電子的情報資源　49
電子的著作権管理システム（ECMS）　16, 97
電子図書館　8, 9, 11, 53, 118
　——の閲覧システム　131
　——の社会的機能　49
　——の「蔵書」　49, 118
電子図書館構想　11
電子荷札　108
電子ブック　76
電子ライブラリー　44
伝　達　242
天然資源　85

と

ドイツ出版権法　139
　——9条　139
同一性保持権　231, 236
同族経営　22
独占禁止法　36
　——23条4項　36
特定新規事業実施円滑化臨時措置法　126
図書館相互貸借　174
特許性　168, 228
特許法　14
　——1条　221, 227
　——2条　6, 227, 238
　——15条　234
　——29条　227, 234
　——33条　231
　——35条　130, 233
　——66条　123
　——69条　83, 153
　——72条　171, 227, 244

——77条　244
——78条　244
トラッキング　102
トランスコピーライト　105
取次制度　88
トレーサビリティ　108

な

苗村憲司　107

に

二元論　90
二次的著作物　147, 148, 226
二重性　151
二重保護　228
日本音楽著作権協会　128, 143
日本書籍出版協会　27, 114
日本著作出版権管理システム　185
日本標準規格（JIS）　29
日本標準産業分類（JSIC）　23
日本複写権センター（JRRC）　33, 117, 120, 128, 141, 173
日本複写権センター委託出版物　185
——の一般扱い　141
——の特別扱い　141
ニュートン　67
ニューメディア　76

ね

ネットワークアクセス機能　204
ネットワーク化　2
ネットワーク系電子出版支援システム　212
ネットワーク系電子出版システム　59
ネットワーク系電子出版物　210, 215
ネルソン　98, 105

の

納本制度　39
ノンバーバルメディア　78

は

排他的許諾　92
ハイパーテキスト　76
配列　48
バージョンアップ　202
派　生　159, 242
派生物　83
バーチャル書店　56
バーチャル著作物マーケット　225
パッケージ系電子出版物　40
発　見　152
発行者　40, 218
発　明　5, 86, 229
発明者　5, 229
ハードカバー　30, 32, 74
パブリシティ権　233
パリ条約　5
　4条の2　110
版　200
パン・アメリカン条約　125
版　権　136
版権条例　65
版権法　139
万国著作権条約　125
パンデクテン体系　236
半導体集積回路の回路配置に関する法律　65, 152
頒　布　95
版面権　138, 140, 173
汎用標準マーク付け言語　50

ひ

被引用度　152
ピカソ　67
額に汗の理論　84
筆写術　75
表現　197
　——の自由　7
標準化　153
表象　72
剽窃　67, 80, 84
ビル・ゲイツ　172

ふ

フェアユース　237
不確定性原理　86
複製　79, 98, 159, 169, 242
複製権　169, 181, 242
　——保護可能性　228
複製防止技術　101
不正競争防止法　6
　——2条1項　83
ブックオンデマンド　55
物権　236
物質世界　71
ブッシュ　99
プライバシー　113
　保護　202
フラクタル　68
フランス著作権法131の1　126
フリーソフトウェア　192
プログラム権法　65, 151
プログラムの著作物に係る登録の特例
　に関する法律2条　123
プログラムの著作物に係る登録の特例
　に関する法律5条　123
文化　201

文化的遺産　86
文庫本　30, 74

へ

並行輸入　109
ベイ・ドール法　130
ペティの法則　25
ペーパーバック　30, 74
ベルヌ条約　5, 125
　——5条　122
編集　73, 74, 85, 150, 229
編集者　2
編集者　100
編集著作物　147, 158, 226

ほ

方式主義　125, 245
報酬請求権　141
法定再販商品　36
北米産業分類システム（NAICS）　23
ポスター　75
本文　48

ま

マイグレーション　94
マイニング　94
マクルーハン　75
マクロビジョン方式　101
孫引き　92
マルチメディア　3, 70
マルチメディア法　199

み

民法
　——34条　129
　——206条　161
　——263条　203

――264 条　203

む

無方式主義　125, 245

め

メタデータ　216
メディア教育開発センター　210

も

森亮一　105

や

薬事法 14 条　83
安田浩　102

ゆ

有形的媒体への固定　75, 237
輸入権　111
ユビキタスネットワーク社会　65, 246

よ

用　尽　108

読出し　131

り

リテラシー　75
リバースエンジニアリング　83
粒　度　219
利用（exploitation）　7, 226
利用権　171
利用する権利　90
履　歴　200

る

類似性　83

れ

レポジトリ　216
レンダリング　72
レンタル品　34

ろ

ロイヤリティ　153

欧文索引

A

AAP　　101
ACM 暫定著作権方針　　235
array　　48
author's right　　230
　　――アプローチ　　14, 164

C

©　　124
CAPTAIN　　76
CCC (Copyright Clearance Center)
　　117, 185, 194
CCI　　104
CD-ROM　　52
CG　　72
Communication Decency Act of 1996
　　199
copyright　　80, 136, 230
Copyright Clearance Center　　185
copyright アプローチ　　14, 164
Copyright, Design and Patent Law of 1988
　　90, 143
　　――§87 (2)　　90
　　――§94　　90
copyrightability　　228
Council Directive of 14 May 1991 on the legal protection of computer programs　　151
Council Directive of 29 October 1993 harmonizing the term of protection of copyright and certain related rights　　198
CPPM　　104
CPRM　　104

D

DCMES　　218
derivative works　　83, 148, 226
Digital Millennium Copyright Act of 1998
　　113
DMCA　　113
　　――§103　　113
DOI　　101, 120, 219
DTCP　　104
DTP　　77
Dublin Core Metadata Element Set
　　218
duplication　　79, 169
DVD　　52

E

EC　　187
ECMS　　97
editing　　85
EDR 電子化辞書　　127
e-Japan 計画　　225
e-Japan 計画 II　　225
European Parliament and Council Directive on the harmonization of certain aspects of copyright and related rights in

the Information Society　113
exformation　99
exhaustion　108
exploitation　226

F

first sale doctrine　108
fixation　75

G

Gesetz zur Regelung der Rahmenbedingungen für Informations-und Kommunikationsdienst　199
GPL　154
GUI　78

H

HTML　50

I

ICT　1
IDタグ　108
IEEE　27
──著作権方針　235
IFLA　62
ILL　174
InDesign　50
index　48
industrial property　224
Informations-und Kommunikationsdienste-Gezetz-InKDG　199
INS　76, 99
intellectual property　224
Internet Explorer　78
IPCC　62, 97
ISBN　102, 120, 219
ISSN　102, 120, 219

IT　1

J

JASRAC　128, 143
J-CIS　128, 225
JRRC　33, 117, 120, 128, 141
J-STAGE　58

L

Linux　154
LOM　218

M

M　125
Ⓜ　125
MD　52
moral right　164, 230
Mosaic　78
MPEG　153

N

neighboring rights　164, 230
nesting　227
Netscape Navigator　78
NII　61
NIME　210

O

occupation　161
OCR　81
OSS　154
ownership　161

P

patentability　228
PDF　51
PICS　107

plagiarism 80

R

Ⓡ 124
redundancy 79
replication 169
reproduction 169
right of common access 203

S

SCMC 101
SGML 50
splicing 74, 150, 229
Statute of Queen Anne 135
STM 97
sui generis right 144, 164

T

TeX 50
text 48
time-sift 191
TLO 126
™ 124
traceability 108
Transcopyright 105

W

WCT 112
WIPO 123
WIPO Copyright Treaty 112
WIPO Performances and Phonograms 112
WPPT 112
writing 237
WWW 78

X

XANADU 99
XML 50

17 U.S.C.§107（1） 186
17 U.S.C.§1201 113
17 U.S.C.§1202 113
17 U.S.C.§201 147, 148
17 U.S.C.§401 182
17 U.S.C.§408 182
17 U.S.C.§909 125
2001/29/EC 113
——§6 113
——§7 113
91/250/EEC 151, 198
——§1 198
——§2 198
96/9/EEC 144
——7条（1） 46
——前文（14） 46

〈著者紹介〉
児 玉 晴 男（こだま・はるお）

昭和46年3月	埼玉県立浦和高等学校卒業
昭和51年3月	早稲田大学理工学部資源工学科卒業
昭和53年3月	早稲田大学大学院理工学研究科資源及金属工学専攻博士課程前期修了
平成4年7月	筑波大学大学院修士課程経営・政策科学研究科企業法学専攻修了
平成13年9月	東京大学大学院工学系研究科先端学際工学専攻博士課程修了　博士（学術）
平成14年1月	株式会社培風館編集部退職（昭和53年4月〜）
現　在	文部科学省大学共同利用機関メディア教育開発センター研究開発部助教授（平成14年2月〜）

情報メディアの社会技術
——知的資源循環と知的財産法制——

2004（平成16）年2月20日　第1版第1刷発行　3307-0101

著　者　児　玉　晴　男
発行者　今　井　　　貴
発行所　株式会社　信　山　社
〒113-0033 東京都文京区本郷6-2-9-102
電　話　03-3818-1019
FAX 03-3818-0344
編　集　信山社出版株式会社
販売所　信山社販売株式会社

Printed in Japan

©児玉晴男, 2004. 印刷・製本／亜細亜印刷
ISBN4-7972-3307-9 C3332
3307-012-040-025
NDC328.501

石黒一憲 著
ＩＴ戦略の法と技術　　　　　　10,000円

寺岡寛 著
ブリッジブック日本の政策構想　　2,200円

寺岡寛 著
中小企業の社会学　　　　　　　　2,500円

伊藤嘉博 著
管理会計のパースペクティブ　　　3,600円

王能君 著
就業規則判例法利の研究　　　　 10,000円

野崎道哉 著
景気循環と経済政策　　　　　　　6,980円

黒澤満 著
軍縮国際法　　　　　　　　　　　5,000円

高桑昭 著
国際商事仲裁法の研究　　　　　 12,000円

石黒一憲 著
グローバル経済と法　　　　　　　4,600円

伊藤紀彦 著
ニューヨーク州事業会社法史研究　6,000円

山田剛志 著
金融自由化の法的構造　　　　　　8,000円

今川嘉文 著
過当取引の民事責任　　　　　　 10,000円

虞健新 著
中国国有企業の株式会社化　　　　5,000円

信山社

白田秀彰 著
コピーライトの史的展開　　　　　8,000円

平嶋竜太著
システムLSIの保護法制　　　　　9,000円

清川寛 著
プロパテントと競争政策　　　　　6,000円

ロバート・ゴーマン/ジェーン・ギンズバーグ共著内藤篤訳
米国著作権法詳解　原著第6版（上）30,000円

ロバート・ゴーマン/ジェーン・ギンズバーグ共著内藤篤訳
米国著作権法詳解　原著第6版（下）30,000円

パメラ・サミュエルソン著　知的財産研究所訳
情報化社会の未来と著作権の役割　6,000円

財）知的財産研究所 編
特許クレーム解釈の研究　　　　12,500円

J.ノートン/C.リード/I.ウォルデン編著　泉田栄一 訳
国際電子銀行業　　　　　　　　　8,000円

谷岡愼一 著
IMFと法　　　　　　　　　　　　9,000円

高木多喜男編
金融取引Q&A　　　　　　　　　 3,200円

ブランシェ・スズィー・ルビ著　泉田栄一訳
ヨーロッパ銀行法　　　　　　　18,000円

御室 龍 著
金融法の理論と実際　　　　　　　9,515円

児玉晴男著
ハイパーメディアと知的所有権　　2,718円

信山社

法律学の森シリーズ

青竹正一 著
会社法　　　　　　　　　　　　　3,800円

潮見佳男 著
債権総論〔第2版〕I　　　　　　　 4,800円
　　－債権関係・契約規範・履行障害

潮見佳男 著
債権総論〔第2版〕II　　　　　　　4,800円
　　－債権保全・回収・保証・帰属変更

潮見佳男 著
契約各論 I　　　　　　　　　　　 4,200円
　　－総論・財産移転型契約・信用供与型契約

潮見佳男 著
不法行為法　　　　　　　　　　　4,700円

藤原正則 編
不当利得法　　　　　　　　　　　4,500円

小宮文人 編
イギリス労働法　　　　　　　　　3,800円

信山社

ブリッジブックシリーズ
好評発売中！

永井和之 編
ブリッジブック 商　法　　　　　　2,100円

土田道夫・高橋則夫・後藤巻則 編
ブリッジブック 先端法学入門　　　2,000円

山野目章夫 編
ブリッジブック 先端民法入門　　　2,000円

横田耕一・高見勝利 編
ブリッジブック 憲　法　　　　　　2,000円

小島武司 編
ブリッジブック 裁判法　　　　　　2,100円

植木俊哉 編
ブリッジブック 国際法　　　　　　2,000円

寺岡 寛 著
ブリッジブック 日本の政策構想　　2,100円

田中孝彦 編
ブリッジブック 国際関係学　　　　近 刊

町野朔 編
ブリッジブック 刑　法　　　　　　近 刊

長谷川晃・角田猛之 編
ブリッジブック 法哲学　　　　　　近 刊

大村敦志・水野紀子 著
ブリッジブック 家族法　　　　　　近 刊

五十川直行 著
ブリッジブック 日本民法学への招待　近 刊

信 山 社

リーガルクリニック叢書
新しいテーマと切り口で実務と理論の架け橋を

編集代表 藤岡康広／編集委員 上村達男
・首藤重幸・亀本洋・水谷英夫・小島妙子

水谷英夫 著
労働の法　　　　　　　　　　　　2,000円

酒匂一郎 著
インターネットと法　　　　　　　2,000円

亀本洋 著
法と法律家の役割　　　　　　　　近刊

小川浩三 著
ローマ法学の遺産と法曹養成　　　近刊

藤岡康宏・潮見佳男 著
法制度の基礎―契約／不法行為の協働

飯村佳夫・安木建・清水正憲・西村建 著
弁護士倫理　　　　　　　　　　　近刊

曽野裕夫 著
消費生活と法　　　　　　　　　　近刊

小島妙子・水谷英夫 著
ジェンダーと法　　　　　　　　　近刊

榊原富士子・折井純・布施憲子 著
離婚と法　　　　　　　　　　　　近刊

手嶋豊・甲斐克則 著
医療・生命と法　　　　　　　　　近刊

伊藤博義 著
社会保障の法　　　　　　　　　　近刊

信山社